Rolf-Richard Grauhan
Wolf Linder

Politik der Verstädterung

Athenäum Fischer Taschenbuch Verlag

Athenäum Fischer Taschenbuch Verlag GmbH & Co., Frankfurt am Main

Umschlagentwurf Endrikat + Wenn
Satzherstellung Gutfreund & Sohn, Darmstadt
Druck und Bindearbeit Clausen & Bosse, Leck (Schleswig)
Printed in Germany
ISBN 3-8072-4030-6

Vorwort

Das vorliegende Buch ist Ergebnis eines Forschungsprojekts, das von 1969 bis 1972 am Fachbereich Politische Wissenschaft der Universität Konstanz unter dem Titel »Politik der Verstädterung – Regionalpolitische Entscheidungsprozesse im Verflechtungsraum München« durchgeführt wurde. Es wurde von der Deutschen Forschungsgemeinschaft finanziert. Außer den beiden Autoren haben Georg Green und Wendelin Strubelt an diesem Projekt mitgearbeitet. Außerhalb der Reihe »Verwaltete Politik« sind bisher folgende Beiträge veröffentlicht worden, die aus der Projektarbeit hervorgegangen sind:

- Green, Grauhan, Linder, Strubelt: »Politikanalyse am Beispiel des Verstädterungsproblems«, in: Politische Vierteljahresschrift 1971, Heft 3, S. 413–451.
- Grauhan, Strubelt: »Political Rationality Reconsidered«, in: Policy Sciences, 2. Jahrgang (1971), S. 249–270.
- Linder: »Nahverkehrsplanung und städtische Lebensbedingungen«, in: Grauhan (Hrsg.), Großstadt-Politik, Bauwelt Fundamente, Bd. 38, Gütersloh 1972, S. 212–236.
- Grauhan: »Strukturwandlungen planender Verwaltung – am Beispiel der Münchner Stadtentwicklungsplanung«, in: Österreichische Zeitschrift für Politikwissenschaft 1972, Heft 4, S. 15–37.
- Grauhan: »Zur Teilhabe Betroffener an der Stadtentwicklungsplanung«, in: Gesellschaftlicher Wandel und politische Innovation, Sonderheft 4/1972 der Politischen Vierteljahresschrift, S. 84–94.

Sie wurden auch für diese Arbeit ausgewertet.

Das vorliegende Buch wendet sich an alle, die von dem Entwicklungsprozeß, der sich gegenwärtig in den Städten der Bundesrepublik abspielt, im doppelten Sinne *betroffen* sind. Wir haben uns deshalb Mühe gegeben, so allgemeinverständlich wie möglich zu schreiben und Fachausdrücke, wo sie nötig sind, zu erklären.

Rolf-Richard Grauhan, Wolf Linder

Inhaltsverzeichnis

Einleitung

»Was wird aus der Stadt?«

Verstädterung gilt als Kennzeichen des Entwicklungsstandes einer Gesellschaft. Es gibt Prognosen, wonach in den entwickelten westlichen Gesellschaften im Jahre 2000 zwischen 70 und 90 Prozent der Bevölkerung in »Städten« mit über 100 000 Einwohnern leben werden. Das Leben in der Stadt: Merkmal des gesellschaftlichen Fortschritts, aber doch heute schon für unerträglich gehalten – das Problem liegt (wieder einmal) in diesem Widerspruch. Doch die gegenwärtige Stadtkritik – von der Klage über die »Unwirtlichkeit der Städte«[1] bis zum Urteil: »Stadt – Medium der Ausbeutung«[2] – ist nicht vom Heimweh nach der Vergangenheit diktiert. Die Frage ist vielmehr: »Was wird aus der Stadt«?[3] Wie ist die Art von Verstädterung, die sich gegenwärtig bei uns in der Bundesrepublik abspielt, einzuschätzen? Was bleibt eigentlich von dem »Fortschritt«, der ursprünglich von zunehmender Verstädterung erwartet worden war? Anders ausgedrückt: Ist »Stadt« für eine entwickelte westliche Gesellschaft wie die Bundesrepublik noch »eine Möglichkeit aufklärerisch gelungener Vergesellschaftung«, von der Wolf-Dieter Narr einmal gesprochen hat[4]?

Die Anzeichen städtischer Fehlentwicklung sind in jüngster Zeit mehrfach plastisch geschildert worden. Der Arzt und Psychoanalytiker Alexander Mitscherlich schreibt:

»Die Probleme, die sich heute auftun, sind durch den Übergang zu Stadtformen entstanden, die keine geschichtlichen Vorgänger haben; weder ihrer Größe noch ihrer Struktur nach. So sehr uns das Bild der Polis, die eingefaßte, die von Mauern umringte Stadt, als Symbol des Städtischen vor Augen stehen mag, auf dieser Einbahnstraße nach Magalopolis ist keine Umkehr möglich. Man gehe einmal 10 km auf dem fast menschenleeren Bürgersteig einer Ausfallstraße entlang, durch die die Fernlastzüge donnern. Je länger die Marter eines solchen Ganges dauert, desto schärfer bilden sich neue Wahrnehmungs-

[1] *Alexander Mitscherlich,* Die Unwirtlichkeit unserer Städte, edition suhrkamp 123, Frankfurt 1965.
[2] *Hans G. Helms,* Die Stadt – Medium der Ausbeutung, in: *Helms/Janssen* (Hrsg.), Kapitalistischer Städtebau, Sammlung Luchterhand 29, Neuwied 1971.
[3] *Gerd Albers,* Was wird aus der Stadt? Aktuelle Fragen der Stadtplanung, Serie Piper 27, München 1972.
[4] *Wolf-Dieter Narr,* Im Dickicht städtischer Gewalt, in: *Grauhan* (Hrsg.), Großstadt-Politik, Bauwelt Fundamente 38, Gütersloh 1972, S. 267.

gestalten heraus. Städte erscheinen auf solchen Gängen als die Ausgeburten des technischen Allmachtswahns einer absurden Vernunft, die zwanghaft alles Machbare machen muß. Sie muß sich ihren »Fortschritt«, so zweifelhaft er eben ist, eben dadurch beweisen, daß sie von Verbesserung zu Verbesserung »fortschreitet« – in immer unerträglichere Zustände. Es wird notwendig, die Realität aus solchen Wahrnehmungsgestalten eines unheimlichen irrationalen Unsinns neu zu begreifen.«[5]

Nicht weniger pointiert drückt sich der Städtebauprofessor Gerd Albers aus:

»Verlängert man die Trends der letzten Jahrzehnte in die Zukunft, so kann man der Stadt keine Chance geben. Vor uns steht das Gespenst des sich über viele Quadratmeilen erstreckenden Häuserbreis, teils sich in maßstabslosen Betongebirgen chaotisch auftürmend, teils in monotoner Flachbebauung die Landschaft überwuchernd, von Autobahnen, Kleeblattkreuzungen, Auf- und Abfahrtsrampen durchschnitten, von Auto- und Industrieabgasen zugedeckt. Irgendwo außerhalb, weit zurückgedrängt, die Landschaft, auseinandergefallen in die durchrationalisierte Produktionsstätte der Landwirtschaft ... und in eine domestizierte »Erholungslandschaft« für den Städter mit Großparkplätzen, Snack-Bars und Feriensiedlungen.«[6]

Und Hans-Jochen Vogel, Oberbürgermeister der Stadt München während der Zeit, aus der unsere dortigen Fall-Studien berichten, faßt am Ende seines »Erlebnisberichts« über seine 12 Münchner Amtsjahre zusammen:

»Die Symptome der Krise sind Legion. Da ist das uferlose, scheinbar durch nichts zu bremsende breiartige Auseinanderfließen der Stadtstrukturen. Da ist das Absterben der vom Individualverkehr lahmgelegten und erstickten Innenstädte, die ihre Funktionen an die Randzonen, an die Einkaufszentren auf der grünen Wiese abgeben und sich zunächst in eine Ansammlung von Verwaltungsgebäuden und dann rasch in Slums verwandeln. Da ist die zunehmende Verschmutzung, ja Vergiftung der Luft und des Wassers, die das Atmen im Freien zur Qual und das Baden und Schwimmen zu einer Gesundheitsgefahr macht. Da ist der Raubbau an der Natur, am Boden, an der Fauna und Flora, der das ökologische Gleichgewicht in irreparabler Weise bedroht. Da ist der sich ständig steigernde und ausbreitende Lärm. Da ist die öffentliche Armut, die in hartem Kontrast zum privaten Wohlstand steht und sich im Fehlen von Schulen, Krankenhäusern, modernen Schienenverkehrsmitteln und anderen Gemeinschaftseinrichtungen zeigt. Und da ist schließlich die Entpersönlichung der Städte, die sich anschicken, immer farbloser und einander immer ähnlicher zu werden.«[7]

[5] *Alexander Mitscherlich,* Thesen zur Stadt der Zukunft, Frankfurt 1971, S. VIII.
[6] *Albers,* a.a.O., S. 105 f.
[7] *Hans-Jochen Vogel,* Die Amtskette – Meine 12 Münchner Jahre, München 1972, S. 304 f.

Welche Gründe werden für die offenkundigen Mangelerscheinungen gegenwärtiger Verstädterung angegeben? Es gibt verschiedene Teilantworten:

Aus *städtebaulicher Sicht* wird vor allem argumentiert, die baulich-technisch geschaffene Umwelt verdichteter Besiedelung entspreche nicht individuellen und kollektiven Lebensbedürfnissen. Hat der Städtebau Mängel des physischen Bereichs aufgedeckt, so wurden sie zumeist auch in gestalterische Gegenpositionen umgesetzt: das gilt für die städtebaulichen Forderungen nach Durchgrünung, nach Normen für Wohnraum, Besonnung, dem Bezug zur natürlichen Umwelt von der Periode der Industrialisierung an bis zu den Vorstellungen städtebaulicher Gesamtkonzepte, in denen die menschlichen Aktivitäten des Wohnens, Arbeitens, Zirkulierens und Erholens besser als bisher organisiert werden sollten. Eines zieht sich als roter Faden städtebaulicher Kritik hindurch: die unbefriedigende Lage städtischer Lebensbedingungen wird analysiert als *räumliche Unordnung*, und es wird ihr ein Utopiemodell räumlicher *Ordnung* in Gestalt eines »Meisterplans« *entgegengesetzt*. Von daher ist wohl auch zu verstehen, wieso städtebauliche Konzepte so oft die Bodenfrage zum zentralen Punkt erheben: die aktuelle Nichtverfügbarkeit städtischen Bodens für kollektive Bedürfnisse wird als das Haupthindernis einer an der Bodenordnung orientierten Raumplanung wahrgenommen.

Zwar hatte dem städtebaulichen Ansatz das sozialkritische und utopische Element einst wahrhaftig nicht gefehlt[8], doch ist er heute im Begriffe, gerade von den sozio-ökonomischen Prozessen, die Verstädterung überhaupt erzeugen und bestimmen, zu abstrahieren, sie auszuklammern, als »Randbedingungen« zu setzen. Konkrete städtebauliche Utopien verkümmern zu architektonisch-technischen Entwürfen für die »Freizeitstadt«, die »Kunststoffstadt«, und wenn die Randbedingung »Bodenrecht« zuwenig Spielraum läßt, konstruiert man die Städte auf dem Meer, auf dem Meeresgrund oder in der Arktis unter schützender Kunststoffhülle. Derartige »Alternativen« sind leicht durchschaubar; ihr Rückzug auf die technische Utopie ist oft selbst bewußt und wird zugegeben[9]. Nicht so eindeutig ist die Lage bei den städtebaulichen Leitbildern: nachdem der Kreis von der räumlichen Trennung der Funktionen Arbeiten, Wohnen, Zirkulieren, Konsumieren, Erholen zur multifunktionalen Durchmischung, von Entballung zur Ballung in allen Kombinationen sich wieder geschlossen hat, sind städtebauliche Leitbilder heute auf dem Weg zur formalen Verkümmerung. Darin werden, im Gegensatz zur städtebaulichen Tradition, bestehende soziale Pro-

[8] Zur sozialen Entleerung der Stadtutopien, vgl.: *Mechthild Schumpp*, Stadtbau-Utopien und Gesellschaft – Der Bedeutungswandel utopischer Stadtmodelle unter sozialem Aspekt, Bauwelt Fundamente 32, Gütersloh 1972.

bleme und Widersprüchlichkeiten nicht mehr aufgegriffen, sondern durch schillerndes Vokabular überdeckt. So schreibt Karolus Heil zum gegenwärtig gängigen Leitbild einer »urbanen Stadt der Zukunft«:

»Ein Satz von drei Begriffen hat in diesem Planungsleitbild besondere Bedeutung: Dichte, Flexibilität, Mobilität. Sie bestimmen das Grundraster eines Komplexes gesellschaftlicher Anschauungen, die ein Echo auf gegebene Verhältnisse sind: etwa die Armut der großen Städte, ein antisoziales Bodenrecht, die Pressionen und Ausflüsse der Konsumgesellschaft auf die Umwelt; doch es geht eher um ein Arrangement innerhalb dieser Verhältnisse und kaum um deren grundlegende Veränderung, um ein Leitbild, das sich als Nicht-Ideologie versteht, da es, indem es sich auf Prognosen, Projektionen, Kosten, Wissenschaft beruft, bloß noch der Rationalität verpflichtet ist: wertfreie Technologie, die den angeblichen Entwicklungstrend der Gesellschaft und den daraus fließenden Notwendigkeiten folgt.«[9]

Auch die Beiträge der *Stadtsoziologie* sind zunächst aus der Kritik am Städtebau hervorgegangen: dazu gehört Bahrdt's Kritik, der auf die Privatisierung sozialer Lebensbeziehungen, den Verlust eines Bereichs der »Öffentlichkeit« in der Stadt hingewiesen hat[10], oder das Buch Jane Jacobs': »Tod und Leben großer amerikanischer Städte«, in welchem der Vorwurf gemacht wird, der Mensch falle mit seinen Bedürfnissen durch die Konzepte der Architekten und Planer hindurch[11].

A. Mitscherlich hat die »zermürbenden, einschüchternden Lebensbedingungen« in den Verflechtungsräumen für psychische Entwicklungsstörungen und Schädigungen verantwortlich gemacht[12].

Aus den Perspektiven der *Planungstheorie* wird oft darauf hingewiesen, daß Großstädte heute so komplexe, von soviel widersprüchlichen Zielsetzungen bestimmte, in ihren dynamischen Gesetzmäßigkeiten so undurchschaubare Gebilde darstellten, daß sie als »Systeme« nicht mehr kontrollierbar seien. Dabei weist etwa J. Forrester nach, daß staatliche Wohlfahrtspolitik oft gerade das Gegenteil ihrer Intentionen erreicht: daß Wohnungsprogramme für Unterprivilegierte in den USA mehr Slum-Abbrüche erzeugten und ihre Wohnungssituation im Ergebnis verschlechterten[13],

[9] *Karolus Heil*, Urbanität – Stadt der Zukunft, Analyse eines Leitbildes, in: Urbane Information, Heft 5/6, 1971 (urbanistic verlag) München.
[10] *Hans-Paul Bahrdt*, Die moderne Großstadt, Soziologische Überlegungen zum Städtebau, 2. Aufl. Hamburg 1969.
[11] *Jane Jacobs*, Tod und Leben großer amerikanischer Städte, Bauwelt Fundamente 4, Berlin 1963.
[12] *Alexander Mitscherlich*, Die Unwirtlichkeit unserer Städte, a.a.O., S. 81, vgl. auch seinen Beitrag: Großstadt und Neurose, im gleichen Band, S. 140 ff.
[13] *Jay W. Forrester*, Urban Dynamics, New York 1969, Beispiel S. 65 ff.

Den bisherigen Antworten ist eines gemeinsam: sie behandeln die Probleme der Stadt als die Probleme einer örtlich begrenzten Gemeinschaft: es sind die begrenzten räumlichen Strukturen eines Verflechtungsraumes, die sozialen, wirtschaftlichen und politischen Probleme einer zumindest regional definierten Gesellschaft, an denen die Kritik und die Gegenvorschläge gleichermaßen ansetzen. Davon abzugrenzen ist ein anderer in den letzten Jahren wieder stärker hervortretender Strang von Großstadtanalyse und -kritik, der aufzuzeigen versucht, daß die Probleme der Verstädterung *Erscheinungsformen gesamtgesellschaftlicher* Struktur-Probleme und -Widersprüche sind, die auch auf dieser Ebene zu lösen sind.

Auch diese Linie ist zuerst von Architektplanern entwickelt worden. Die Arbeiten von Helms/Janssen und Evers/Lehmann[14] stehen dafür. Vogel schließt sich *in der Analyse* dieser Richtung an: Nach seiner Aufzählung der Symptome der städtischen Krise antwortet er auf die Frage »Warum ist dem so?«[15]:

»Ganz offenbar kann es – jedenfalls in den fortgeschrittenen Industrienationen – nicht am materiellen Mangel liegen; denn unsere Produktionskraft ist in einem enormen Umfang gestiegen und die Krise ist gerade dort am weitesten fortgeschritten, wo die Produktionskraft und demgemäß das Sozialprodukt und der Konsum pro Kopf den höchsten Stand erreicht haben: in den Vereinigten Staaten. Der Fehler steckt also an anderer Stelle, er steckt in den Entscheidungskriterien unseres Systems. In den Entscheidungskriterien dafür, wofür unsere natürlichen Ressourcen, darunter der Grund und Boden, genutzt werden, was produziert wird und wofür wir das Produzierte verwenden.

Die Krise ist die Krise des über seine Grenzen hinauswuchernden ökonomischen Systems, es ist die Krise der ökonomischen Stadt ... Unser System produziert an den wirklichen Bedürfnissen vorbei. Es lenkt unsere Kräfte auf die Gebiete, die Zuwachs und rasche Rendite versprechen, und entzieht sie den öffentlichen, vor allem den kommunalen Investitionen und Dienstleistungen, von denen die Qualität unseres Lebens in Wahrheit abhängt. Es mobilisiert Armeen flächenfressender Automobile dort, wo wir flächensparende Massenverkehrsmittel brauchen, es überschwemmt uns mit Kosmetika und Pharmazeutika, wo Krankenhäuser und Rehabilitationszentren fehlen, es nötigt noch dem letzten Mitbürger ein Farbfernsehgerät auf, bevor es den Bedarf an Schulen, Bibliotheken, Einrichtungen der Erwachsenenbildung deckt, und es ist viel eher bereit, Transportmittel zum Mond zu entwickeln, als neue Technologien, die auf der Erde die Vorteile des Autos und der U-Bahn miteinander verbinden.«

Hieraus leitet Vogel eine düstere Prognose ab:

[14] *Adalbert Evers, Michael Lehmann,* Politisch-ökonomische Determinanten für Planung und Politik in den Kommunen der Bundesrepublik, Offenbach 1972.

[15] *Vogel,* a.a.O., S. 305–307.

»Lassen wir die Dinge weiter treiben, so sind die Folgen unschwer abzusehen ... Die Städte werden ihr Wesen so verändern, daß sie nicht mehr Orte des Friedens, des Wohlbefindens, des erfüllten Lebens sind, sondern sich in steinerne Dschungel verwandeln, in denen Gewalt, Haß, Verderben und Untergang herrschen, die im Schmutz ersticken, die in Subkulturen der Kriminalität, des Rauschgifts, der Fluchtbewegungen zerfallen und sich schließlich entvölkern, weil sie sich jeder ordnenden, planenden und korrigierenden Einwirkung entziehen.«

»Städte, die noch vor kurzem leuchtende Metropolen waren, gehen diesen Weg mit bestürzender Geschwindigkeit. New York zum Beispiel, aber auch andere Städte in manchen Teilen der Welt. Und die europäischen Städte, die Städte in der Bundesrepublik sind vor der gleichen Entwicklung keineswegs gefeit. Die Ursachen und Mechanismen, die Städte sterben lassen, sind auch bei uns schon zu hören. Und die Gegenwart der einen Stadt New York kann die Zukunft aller Städte sein.«

Vogel zieht daraus den Schluß:

»Wer das verhindern will, muß unser System verändern.« Das heißt: die Probleme der Städte lassen sich auf der Ebene der Städte nicht lösen: »Sicher muß auch im Bereich der Urbanistik vieles geschehen. Wir brauchen zum Beispiel intensivere Stadtforschung, durchdachtere Konzeptionen für die Stadtentwicklung, ein neues Verständnis der Stadtplanung, bessere Techniken der Partizipation, der Verwaltung und der Steuerung und eine bessere regionale Kooperation. Aber hier fällt die Entscheidung nicht ... Die Entscheidung fällt vielmehr auf dem Feld der allgemeinen Gesellschaftspolitik.«

Nachdem das Problem der Städte so als Problem der zentralen – also der Bundes- – Politik definiert ist, legt Vogel seine politischen Lösungsvorschläge dar[16]:

Das »ökonomische System« brauche strukturell nicht geändert zu werden, insbesondere eine »Sozialisierung« löse »keines der aktuellen Probleme«, denn die »Macht« in den Unternehmen habe sich von den Eigentümern auf die »Technostruktur« verlagert, so daß es auf eine interne Machtkontrolle durch die Mitbestimmung zur »Vermenschlichung der Arbeitsverhältnisse« ankomme. »Markt und Wettbewerb« seien dagegen zur Sicherung der »Freiheit des einzelnen« erforderlich. Dagegen müsse »die Wirtschaft aus der herrschenden in die dienende Rolle verwiesen« werden, indem »die Politik« ihr Ziele steckt und deren Einhaltung kontrolliert. Dabei seien drei »reale Reformen« vordringlich: eine *Steuerreform* zur »Abflachung der Konsumzuwachskurve« mittels höherer Steuerquote, wobei der Mehrertrag »zu einem wesentlichen Teil den Städten zufließen« müsse; eine *Bodenrechtsreform* (keine »Kommunalisierung«, da Wettbewerb und »Knappheits-

[16] *Vogel,* a.a.O., S. 308–316.

preis« erhalten bleiben müßten, sondern Abführung der Planungsgewinne, Erweiterung der Bau- und Veränderungsgebote, in einem späteren Stadium: Umwandlung des Bodeneigentums in ein »befristetes Nutzungseigentum«); schließlich eine *Verkehrsreform* zugunsten neuer Nahverkehrssysteme in den Verflechtungsräumen. Diese Reformen müßten durchgesetzt werden durch einen »starken Staat«, »ja notfalls erzwingenden Staat«.

Wir nehmen bei diesem Stand der Diskussion den Faden auf. Ein Kennzeichen dieses Diskussionsstandes ist, daß »lokal« und »global« orientierte Analyserichtungen noch zu weit auseinanderfallen. Erstere bleiben dicht an den Einzelproblemen des lokal erfahrbaren Alltags der Verstädterung, sind aber stets in Gefahr, den Wald vor Bäumen nicht zu sehen und darum nicht zu begreifen, was sie zur Kenntnis nehmen. Die an der Struktur der Gesellschaft ansetzende Analyse mag zwar zu den gemeinsamen Grundproblemen vorstoßen, bleibt aber darin allgemein und ist darum auch in Gefahr, mit sehr allgemeinen Redensarten abgetan zu werden.

Wie wir noch genauer zeigen werden, hat diese Auseinanderkopplung auch der wissenschaftlichen Analyse in der Dimension: global/zentral – lokal/Detail in der praktischen Politik der Verstädterung eine äußerst fragwürdige politische Funktion. Wir verstehen unseren Beitrag deshalb auch als einen neuerlichen Versuch zur Verknüpfung beider Ansätze.

Hierzu müssen wir zunächst versuchen, die gegenwärtig als grundlegend diskutierten gesellschaftlichen Strukturprobleme genauer zu klären: Was heißt denn eigentlich, die in mannigfachen Symptomen geschilderte städtische »Krise« sei eine »Krise der ökonomischen Stadt«, »das ökonomische System« wuchere »über seine Grenzen hinaus«? Was sind das für »Grenzen«? Und was hat es mit dem »starken Staat« auf sich, der es wieder »in die dienende Rolle« verweisen soll? Worin also liegt die politische Problematik des gegenwärtigen Verstädterungsprozesses?

Darauf werden wir analysieren, wie sich der Staatsapparat gegenwärtig in dieser Problematik verhält. Am Beispiel des Verflechtungsraums München werden wir den von der strukturellen Analyse aufgeworfenen Fragen soweit es uns möglich war bis ins anscheinend winzige lokale Detail nachgehen. Denn im konkreten Detail hört die notwendige Vagheit des Allgemeinen auf und zunächst abstrakt erscheinende Positionen, Widersprüche, Strategien und Gegenstrategien füllen sich mit faßbarem und Entscheidung forderndem Inhalt. Doch bleibt eine Analyse, die sich im lokalen Detail der unmittelbaren Gegenwart verliert, ebenso ohnmächtig wie eine Analyse des großen Raum- und Zeithorizonts, die im Allgemeinen stecken bleibt. Wir werden uns deshalb nach dem Durchgang durch die Einzelfall-Analyse wieder der Frage zuwenden: Was sind in einer schon verstädterten, entwickelten Gesellschaft wie der Bundesrepublik die Perspektiven einer über den gegenwärtigen Zustand hinausgehenden »Politik der Verstädterung«? Und zwar nicht im Sinne einer – unzulässigen – »Verallgemeinerung« unserer Münchner Befunde, sondern als Versuch, jene Verknüpfungen zwischen Konkretem und Allgemeinem sichtbar zu machen, die sich uns bei der Arbeit aufgedrängt haben.

1. Teil: Verstädterung als Politikum

1. Der Weg der Verstädterung in politischer Perspektive

Die europäische Stadt und die territoriale Herrschaft: Gütermarkt, Güterknappheit und Beginn der industriellen Produktion

Die alte europäische Stadt[1] war eine Insel im Land, ökonomisch und vielfach auch politisch. Ihre Funktion war, »Markt« zu sein, Stätte des Austauschs zwischen den Gütern der das Land bestimmenden Agrarwirtschaft, des städtisch-handwerksmäßigen Gewerbes und des Fernhandels, mit dessen Reichtümern sich die Kaufleute der Handelszenzen von feudalen Bindungen »frei« kauften und damit die »Stadt« auch politisch gegen das »Land« abgrenzten.

Die moderne Form der politischen Herrschaft entstand als Problem des *Territoriums*: die zersplitterte Vielfalt feudaler Herrschaften und inselartig darin eingelagerter freier Städte zu größeren territorialen Einheiten in der Hand *souveräner* Fürsten zusammenzufassen. Herrschaftsproblem und Knappheitsproblem gingen dabei zusammen: das Problem des auf strenger hierarchischer Über- und Unterordnung von Souverän und Untertanen beruhenden »Staates« war das der großräumlichen gesellschaftlichen Organisation auf der Basis der Güterknappheit. *Thomas Hobbes*[2], der grundlegende Theoretiker des herrschaftlichen Staatsapparats, hat diesen Zusammenhang formuliert und damit eine ganz spezifische historische Situation im Auge. Hobbes ging davon aus, daß die Menschen »von Natur aus *gleich*« seien, da sich die verschiedenen Über- und Unterlegenheiten der einzelnen »alles zusammen« gesehen, zu Null addieren: so könne z. B. der körperlich Schwächere »auch den Stärksten vernichten«, wenn er sich einer List bediene usw. Er fuhr dann fort: »dieser Gleichheit der Fähigkeiten entspringen die gleichen Hoffnungen, ein Ziel zu erreichen. So werden zwei Menschen zu Feinden, wenn beide zu erlangen versuchen, was nur einem von ihnen zukommen kann. Um ihr Ziel zu erreichen (welches fast immer der Selbsterhaltung dient, nur selten allein der größeren Befriedigung ihrer Bedürfnisse) trachten sie danach, den anderen zu vernichten oder ihn sich untertan zu machen.«

Die Annahme des natürlichen »Krieges aller gegen alle«, die nach

[1] Zum Folgenden vgl. *Sigmar Gude,* Der Bedeutungswandel der Stadt als politischer Einheit, in: *Hermann Korte* (Hrsg.), Zur Politisierung der Stadtplanung, Düsseldorf 1971, S. 85 ff., wiederabgedruckt in: *Grauhan,* Großstadt-Politik, a.a.O., S. 19 ff. (Seitenzahlen nach dieser Ausgabe).

[2] *Thomas Hobbes,* Leviathan oder Wesen, Form und Gewalt des kirchlichen und bürgerlichen Staates, rororo-Klassiker 187/189, Reinbek 1969, S. 96 f.

Hobbes die Menschen dazu bringt, sich der allgemeinen Gewalt des Souveräns zu unterwerfen, damit er sie voreinander schütze, beruht also auf der Voraussetzung, daß die zur Selbsterhaltung erforderlichen Güter nicht für alle reichen, so daß der Herrscher gewissermaßen die Rationierung vornehmen muß.

Auf dieses Ausgangsproblem verweist in der historischen Entwicklung die frühe »merkantilistische« Wirtschaftspolitik der Territorialfürsten, die Produktion von Fertigwaren zu fördern, den Güterumschlag zu vermehren und die Ausfuhr zu verstärken. Dabei verfolgten sie freilich weniger menschenfreundliche Ziele als vielmehr den Zweck, höhere Einkünfte zur Finanzierung ihrer Machtpolitik zu erzielen, sei es direkt über die staatlichen Produktions- und Handelsmonopole, sei es indirekt über eine gestiegene Steuerkraft der Bevölkerung.

Doch geht eben mit der geschichtlichen Herausbildung staatlich-territorialer Herrschaft die Entwicklung der Manufaktur – und daraus der industriellen Güterproduktion einher, die jene Güterfülle hervorgebracht hat, die in den entwickelten Gesellschaften zum Begriff der »Überflußgesellschaft« geführt hat.

In diesem geschichtlichen Vorgang übernehmen die Städte eine entscheidende ökonomische und politische Rolle: als Ausgangspunkte der industriellen Güterproduktion und zugleich als Zentren des politischen Widerstandes gegen die fürstlich-»absolutistische« Herrschaft. Die Auflösung der alten Zunftordnungen in den Städten wie die langsame Entlassung der Bauern aus den feudalen Bindungen setzen jene Klasse von Lohnarbeitern frei, die sich in den Städten sammeln und in den neuen Produktionsstätten verdingen. »Die Stadt war weithin der einzige Ort, wo manufakturelle und industrielle Produktion aus rechtlichen und aus Gründen der Arbeitskräftebeschaffung möglich war. Nur die Stadt war durch die Verkehrswege und Kommunikationskanäle mit dem Markt verbunden, für den produziert werden sollte. Die Stadt bot weiterhin den Bürgern die Möglichkeit, schnell zu kommunizieren, um rechtzeitig die eigenen Interessen formulieren und politische Maßnahmen ergreifen zu können.«[3]

Der Markt als Modell einer freiheitlichen Vergesellschaftung von Gleichen

In den Städten sammelte sich die bürgerliche Opposition gegen die Koalition von monarchischem Staat und agrarischem Adel, die sich nach der Zerschlagung seiner feudalen Selbständigkeit herausbildete.

[3] *Gude*, a.a.O., S. 40.

Die Grundfunktion der Stadt, der Markt, wurde nun vor dem Hintergrund steigenden Warenaustauschs von der Aufklärungsphilosophie zum ökonomischen und politischen Gegenmodell zum herrschaftlichen Staat erhoben. Der *territorialen* Vergesellschaftungsform auf der Basis des Untertanengehorsams gegenüber den Befehlen des Souveräns wurde nun in Anknüpfung an ein idealisiertes Bild der antiken *Polis* der öffentliche Austausch auf dem Markt als ein »städtisches« Modell freiheitlicher Sozialbeziehungen unter Gleichen gegenübergestellt. Nun allerdings nicht mehr für städtische »Inseln« allein, sondern für die Gesellschaft des ganzen Territoriums. *Gude* schreibt dazu[4]: »Die Öffentlichkeit ist gleichermaßen der Markt der Argumente, wie der Markt die Öffentlichkeit der Warenangebote ist. Beide benötigen zu ihrem Funktionieren das vollständige Angebot der Waren beziehungsweise der Argumente, die uneingeschränkte Überschaubarkeit des Angebots sowie die allgemeine Zugänglichkeit zu ihm, um eine rationale Entscheidung zuzulassen. Markt und Öffentlichkeit finden diese Bedingungen nur in der Stadt. Das ausgehende 18. und das beginnende 19. Jahrhundert ist der geschichtliche Moment, für den die Definition der Stadt als die räumliche Kristallisation von Markt und Öffentlichkeit zutrifft.«

Was Gude hier die »rationale Entscheidung« nennt, ist im Vergesellschaftungsmodell des freiheitlichen Marktes gegenüber dem souveränen Befehl des zentralen Herrschers das Ergebnis einer offenen Auseinandersetzung unter Gleichen – was, gegenüber der Hobbes'schen Grundannahme, voraussetzt, daß bereits so viel Güter da sind, daß der Kampf nicht »ums Überleben« geführt zu werden braucht. Die »rationale Entscheidung« ist in diesem Modell also, was *Max Weber* als »rationalen Tausch« bezeichnet hat[5]. »Jeder rational orientierte Tausch«, heißt es bei Max Weber, »ist Abschluß eines vorhergehenden offenen oder latenten Interessenkampfs durch Kompromiß«. Das »liberale« Programm hieß deshalb: der Markt als Grundmuster des rationalen Tausches, d. h. der Zivilisierung des Interessenkampfes zu einer auf Kompromiß angelegten friedlichen Auseinandersetzung unter Gleichen. Dieses Grundmuster sollte sowohl für die politische Auseinandersetzung in der Form von Wahlkampf und Parlamentsdebatte, wie für das private Tauschgeschäft gelten. Dieses Grundmodell führte dazu, daß sich die gegen den monarchischen Staat gerichteten Forderungen nach Gleichheit und Freiheit auf die Stellung des Marktteilnehmers bezogen und vom politischen Liberalismus in den Rechtskategorien des bürgerlichen Rechts durchgesetzt wurden: als die gesetzliche Garantie der

[4] *Gude*, ebd.

[5] *Max Weber*, Wirtschaft und Gesellschaft, hrsg. v. *Johannes Winckelmann*, Erster Halbband, Köln und Berlin 1964, S. 50.

gleichen Rechtsfähigkeit der Person, der gleichen Geschäftsfähigkeit der Volljährigen und der Willensfreiheit der vertragschließenden Individuen.

Die Warenform und die Herrschaftsdynamik der industriellen Produktion für den Markt

Dieses Ergebnis zeigt, daß vom aufklärerischen Modell freier Austauschbeziehungen unter Gleichen im Stadium der Verwirklichung bereits nur noch ein reduzierter Abzug übriggeblieben war: der Warenmarkt und jene »Form der Freiheit als Tauschbeziehung von Warenbesitzern, die nur im Tausch von Waren ihre Freiheit realisieren können«[6]. Wie der einzelne zu tauschbaren Waren oder dem entsprechenden Gegenwert in Geld kommt, ist in diesem Modell seine *Privatsache* und darum auch nicht der Aufmerksamkeit wert. Waren, bzw. das entsprechende Geld »hat man«: diese stillschweigende Voraussetzung ist das Kennzeichen der »bürgerlichen« Freiheit – zugeschnitten auf eine bürgerliche Existenz.

Die gewaltige Entwicklung der industriellen Produktion während des 19. Jahrhunderts lenkte jedoch die ökonomische und politische Aufmerksamkeit gerade auf diesen Entstehungsprozeß, der als Produktion *für den Markt*, den Prozeß des Tauschens von Ware gegen Geld und von Geld gegen Ware, eben *Waren*produktion war und in den entwickelten Gesellschaften des Westens bis heute geblieben ist.

Aus der begrifflichen Analyse der *Ware* als der zentralen Durchgangsform der Produktion für den Markt leitet Marx[7] den Herrschaftscharakter dieser Produktionsweise ab: in Gestalt des sogenannten »Kapitalverhältnisses«. Die fertig produzierte und zum Tausch auf dem Markt bereite Ware hat danach drei Wertbestandteile: einmal den pro Wareneinheit verauslagten Betrag für die sächlichen Produktionsmittel, also Gebäude, Maschinen, Rohstoffe, zum anderen den Betrag, der für die zur Produktion erforderliche Arbeitskraft verauslagt wurde – und drittens schließlich den Betrag, der den im Produktionsprozeß erarbeiteten zusätzlichen Wert, den von Marx so genannten *Mehrwert* repräsentiert, und der im Tausch der Ware gegen Geld in Geld »realisiert« wird. Dieser im Produktionsprozeß neu geschöpfte Wert fällt nun demjenigen zu, dem im Tauschakt die Ware gehört.

[6] *Ulrich K. Preuß*, Legalität und Pluralismus, edition suhrkamp 626, Frankfurt 1973, S. 19.

[7] *Karl Marx*, Das Kapital, Bd. I, Der Produktionsprozeß des Kapitals, Ullstein-Ausgabe, Frankfurt 1969, hier: 7. Kap., S. 179 ff.

Und das ist eben jenes Unternehmen in seiner Rechtsform als Person oder Personenmehrheit des privaten Rechts, das das in die beiden ersten Wertbestandteile der Ware eingegangene Kapital vorgeschossen hat, und das nun die Ware am Markt ver*äußert*. D. h., der im Produktionsprozeß geschaffene Wertzuwachs fällt der Kapitalseite zu, da die zur Produktion erforderliche Arbeitskraft bereits aus dem vorgeschossenen Kapital entlohnt worden und insofern schon vorab als Wertbestandteil in die Ware eingegangen war. Da der neu geschöpfte Wert im Markttausch von Ware gegen Geld in Geld anfällt, kann er »akkumuliert«, d. h. gesammelt, wieder in die Warenproduktion investiert und über erweiterten Warenabsatz fortlaufend vermehrt werden – nach Maßgabe dessen, was der »Markt hergibt«. Das ist das Wachstumsprinzip der kapitalistischen Warenproduktion, das gegenüber der Hobbes'schen *Situation* jene gewaltige Produktionsausweitung hervorgebracht hat, die uns heute von den entwickelten Gesellschaften des Westens sprechen läßt. Aber hat diese uns auch von dem Hobbes'schen *Problem* der gesellschaftlichen Herrschaft befreit oder hat sie es nur verschoben?

Zur Beantwortung dieser Frage müssen wir schärfer präzisieren, was mit dem Begriff des »Kapitalverhältnisses« gemeint ist. Der Begriff kennzeichnet die Struktur der sozialen Beziehungen unter den am Produktionsprozeß Beteiligten, für die nach der Organisationsform des Produktionsprozesses die Rollenbeschriebe »Kapital« und »Lohnarbeit« vorgesehen sind. Der Rollenbeschrieb der »Lohnarbeit« umfaßt die Zurverfügungstellung der zur Wertschöpfung erforderlichen Arbeitskraft, von der einfachsten bis zur qualifiziertesten und spezialisiertesten, die von der Kapitalseite am »Arbeitsmarkt« – also bereits als »Ware« – angekauft und in Form von Lohn oder Gehalt abgegolten wird und über deren Einsatz und Verwendung im Produktionsprozeß sie deshalb disponieren kann. Der Rollenbeschrieb des gegenüber der Arbeit verselbständigten Kapitals ist die ebenso verselbständigte Akkumulation, d. h. die fortlaufende Vermehrung des eingesetzten Kapitals: die Renditeerzielung als das entscheidende Kriterium des wirtschaftlichen Erfolgs und als Motor der weiteren Produktion. Da der produzierte Wertzuwachs nach der Struktur der Warenproduktion primär denjenigen zufällt, die das zur Produktion erforderliche Kapital vorgeschossen haben, ist es zur Fortsetzung der Produktion erforderlich, die »Investitionsneigung« der Kapitalanleger aufrechtzuerhalten, d. h. ihnen günstige Gewinnaussichten zu eröffnen. Ihre Interessen haben deshalb vor den Interessen der im Produktionsprozeß Arbeitenden strukturell Vorrang, da von der Erhaltung ihrer »Investitionsneigung« der Fortgang der Produktion und damit auch der Fortbestand der Arbeitsplätze abhängt. Lohnerhöhungen können deshalb auch immer nur so weit gehen, daß die »Investitionsneigung« nicht gefährdet ist, d. h. das Kapital sich nicht ergiebigere Anlagefelder sucht, bei internationaler Freizügigkeit z. B. im Ausland. Das Kapital hat gegenüber der Arbeit auch den Vorzug weitaus größerer Mobilität. Dem strukturellen Vorrang des Kapitalkalküls entspricht so die strukturelle Abhängigkeit der im Produktionsprozeß Arbeitenden.

Die Merkmale der Herrschaftlichkeit: Ungleichheit zugunsten Weniger und zu Lasten der Vielen, und Abhängigkeit der Vielen von den Wenigen ergeben sich also aus der *Struktur,* in der die Warenproduktion organisiert ist, nicht aus individuellen Befehls- und Gehorsamsbeziehungen, auch wenn sie im Einzelbetrieb in dieser Form vielfältig wirksam und erlebbar werden.

Aus dem Gegenentwurf zur herrschaftlichen Vergesellschaftung, dem auf ökonomische und politische Freiheit und Gleichheit zugleich zielenden Marktmodell wächst so historisch mit der Entwicklung der industriellen Warenproduktion eine neue gesellschaftliche *Herrschaftsstruktur* hervor, die in dem Maße Schutz beim staatlichen Gewaltapparat sucht, in dem die von ihr Abhängigen in Gestalt der politischen Arbeiterbewegung ab der Mitte des 19. Jahrhunderts ihrerseits das als natürlich und unveräußerlich proklamierte Menschenrecht der Freiheit in Anspruch nehmen. Hinter dem Rücken der vom politischen Liberalismus durchgesetzten rechtlichen Gleichheit der Tauschenden auf dem Markt entwickelt sich mehr und mehr die unheimliche Ungleichheit zwischen jenen, deren von der Eigentumsgarantie abgesicherte »Privatsphäre« das ganze Arsenal riesiger Produktionsbetriebe umfaßt, und jenen, deren Privatsphäre nur den Gegenwert für die im Produktionsapparat der anderen geleistete Arbeit umfaßt.

Die Verstädterung des Territorialstaats: Von der Stadt zum Verflechtungsraum

Der Widerspruch zwischen der Zielrichtung des Marktmodells als einer städtischen Vergesellschaftungsform gesellschaftlicher Freiheit und Gleichheit als Gegentyp zur territorialen Herrschaft und den fortbestehenden und neu entstehenden Herrschaftsstrukturen wurde zunehmemend in die gesellschaftliche Entwicklung eingebaut. »Städtische« Formen politischer Willensbildung, wie die freie und gleiche Wahl der Vertretungskörperschaft durch die Stimmbürger, die parlamentarische Wahl der Exekutive (in reiner Form erst unter dem Grundgesetz), die öffentliche Diskussion der politischen Programme und Maßnahmen, die öffentliche Kontrolle der Regierenden wurden »verallgemeinert«, als Verfassungsgebote auf den Territorialstaat übertragen – um dessen aus der Epoche des Absolutismus gewachsene und weiterhin ausgebaute, bürokratisch-herrschaftliche Organisationsstruktur »von außen« und »von unten« demokratisch anzuleiten. Freiheit und Gleichheit wurden vom Grundgesetz nochmals feierlich zu Zielnormen erhoben, denen gegenüber politisches Handeln sich rechtfertigen muß.

Mit dieser Entwicklung der politischen Institutionen geht die Verstädterung der gesamten Gesellschaft einher, sowohl quantitativ im Verhältnis der Anteile von Stadt- und Landbewohnern, wie qualitativ. Die städtische Lebensweise wird zur gesellschaftlich bestimmenden, »die Stadt« verliert ihren Charakter als Insel im Territorium. Betrug 1873 der Anteil der Großstadt- an der Gesamtbevölkerung des Reiches noch unter 3 %, so machte er 1965 über 30 % der Bevölkerung der Bundesrepublik aus[8]. Im Bereich der Bundesrepublik verschoben sich allein zwischen 1950 und 1965 die Anteile der Bevölkerung in Landgemeinden und Landstädten (bis 5000 Einw.) und der Bevölkerung in den größeren »Städten« von 42,4 % zu 57,6 % auf 34,4 % zu 65,6 %[9].

Der Entwicklungsprozeß der Industrialisierung macht die städtische industrielle Warenproduktion mit den dazugehörigen städtischen Konsummustern zur gesellschaftlich bestimmenden – und die einst vorherrschende agrarische Produktion zu einem problemträchtigen Restbereich, der selbst unter dem Druck großbetrieblich-industrieller »Rationalisierung« steht. Für England ist dieser Umschlagpunkt schon für die erste Hälfte des 19. Jahrhunderts berechnet worden: Das Bruttosozialprodukt der Branchen 1. Land- und Forstwirtschaft, Fischerei, 2. Bergbau, Industrielle Produktion, Baugewerbe und 3. Handel und Transport stand 1801 noch im Verhältnis 75,7 zu 54,3 zu 40,5. 1851 hatte die industrielle Produktion die agrarische bereits überflügelt. Das Verhältnis betrug nun: 106,5 zu 179,5 zu 97,8 und im Jahre 1924 168,5 zu 1655,9 zu 1234,0 (berechnet in Mill. Pfund Sterling zu konstanten Preisen)[10].

Zugleich wird auch die einst bürgerlich-städtische Herrschaftsform des Kapitalverhältnisses zur allgemein gesellschaftlichen: 83,5 % der Erwerbspersonen der Bundesrepublik sind heute abhängig beschäftigte Arbeitnehmer[11].

[8] *Helmut Brede, Carlos Ossorio-Capella,* Die Agglomerationsräume in der Bundesrepublik Deutschland – Demographische und ökonomische Aspekte des Agglomerationsprozesses, hrsg. vom IFO-Institut für Wirtschaftsforschung, München (1967), S. 9.

[9] *Brede, Ossorio,* ebd.

[10] *A. H. John, A. Zaubermann,* Industrialisierung, in: Sowjetsystem und Demokratische Gesellschaft, eine vergleichende Enzyklopädie, Bd. III, Freiburg u. a. 1970, S. 84.

[11] Materialien zur Lebens- und Arbeitssituation der Industriearbeiter in der BRD, Studienreihe des Soziologischen Forschungsinstituts Göttingen, Frankfurt 1973, S. 27.

Die Entwicklung der industriellen Warenproduktion und der zugehörigen, für Produktion und Absatz erforderlichen Dienstleistungen (Handel, Verkehr, Banken, Versicherungen) bestimmt auch die spezifische Form der Verstädterung in den entwickelten Gesellschaften des Westens: die Ausbildung von »Verflechtungsräumen« um – meist alte – städtische Zentren. Das Kapitalkalkül orientiert zwar die Produktion an territorialen Wirtschaftsräumen, nationalen wie internationalen, ohne länger an die Fesseln der Rechts- und Organisationsformen eigenständiger städtischer »Inseln« gebunden zu sein. Doch bleiben lokale Faktoren für den Standort der Produktionsstätten relevant: alte, aus der Anfangsperiode an die historischen Städte gebundene Vorausinvestitionen zogen Folgeinvestitionen nach sich, Vorwärts- und Rückwärtsverknüpfungen zu Abnehmern und Lieferbetrieben ergaben Rentabilitätsvorteile räumlicher Nähe, öffentliche Infrastruktur- insbesondere Verkehrseinrichtungen, die »Agglomeration« (Ansammlung) von Bevölkerung als Arbeitskraft- und Absatzpotential ließen räumliche Konzentration einen beachtenswerten Rechnungsposten im Kapitalkalkül bleiben.

Die Konzentration der Arbeitsstätten an bereits vorhandenen Siedlungsschwerpunkten, die weitere Bevölkerungskonzentration nach sich zieht, ist das Grundmuster der Verstädterung um die alte europäische Stadt, ohne an deren rechtliche Grenzen gebunden zu sein. Von den zehn großen Verflechtungsräumen der Bundesrepublik: Hamburg, Bremen, Hannover, Rhein-Ruhr, Rhein-Main, Rhein-Neckar, Saar, Stuttgart, München und Nürnberg haben acht einen oder mehrere vorindustrielle Stadtkerne. Nur Ruhr- und Saargebiet bildeten sich über der Kohle als einem »natürlichen« Industriestandort und haben mit deren abnehmender Bedeutung für die industrielle Produktion ihre entsprechende »Strukturkrise«. Die »Wachstumsindustrien« der Chemie, der Elektrotechnik, des Fahrzeugbaus dagegen haben ihre Standorte vorwiegend in den anderen Verflechtungsräumen, wie Rhein-Main, Rhein-Neckar, Stuttgart – und eben auch München.

Die Bevölkerungskonzentration in den Verflechtungsräumen geht dabei nach dem Abebben der Bevölkerungsexplosion des 19. Jahrhunderts in den entwickelten westlichen Gesellschaften vorwiegend zu Lasten der ländlichen »Entflechtungsräume« – und zunehmend auch auf das Konto der Arbeitskraftimporte. Die Betrachtung prozentualer Zuwachsraten, noch dazu nach Gemeindegrößenklassen, hat hierfür oft den Blick verstellt. Wenn auf der Basis von Verwaltungsgrenzen für »Mittelstädte« höhere Wachstumsraten als für »Großstädte« registriert wurden, so wurde daraus fälschlich bereits auf eine Verlangsamung oder schon eine Umkehrung des Agglomerationstrends geschlossen. Sieht man jedoch auf die absoluten Zahlen und rechnet sie auf städtische Verflechtungsräume statt auf Gemeindegrenzen um, so ergibt sich ein anderes Bild[12]: Allein zwischen 1961 und 1965 erhöhte sich die Bevölkerungsdichte in ländlichen Räumen nur um 6 von 116 Einw. pro qm auf 122 Einw., in Kerngebieten dagegen um 80 von 1815 auf 1895 und in den Umlandzonen der Verflechtungskerne von 183 auf 207. Gegenüber dem durchschnittlichen Anstieg der Bevölkerungsdichte in der Bundesrepublik von 218 auf 230 stieg sie in den Stadtregionen von 704 auf 746 Einw. pro qm.

Die Stadt ist als ökonomisch und politisch selbständige Einheit in der verstädterten Gesellschaft aufgegangen und darum auch räumlich, als Siedlungseinheit, nicht mehr eindeutig vom »Land« abgrenzbar. Doch der Verstädterungsprozeß der Gesellschaft hat das Territorium nicht gleichmäßig erfaßt, sondern in Gestalt der Verflechtungsräume Knoten der Verstädterung ausgebildet, die auch zugleich Problemknoten dieser Art von Gesellschaft sind.

12 *Bruno Dietrichs*, Eine Analyse der Wanderungsbewegungen in der Bundesrepublik Deutschland – unter besonderer Berücksichtigung der Infrastruktur, in: *Reimut Jochimsen, Udo E. Simonis* (Hrsg.), Theorie und Praxis der Infrastrukturpolitik, Berlin 1970, S. 516.

2. Ökonomische Bestimmungskräfte städtischer Entwicklung und ihre gegenwärtigen Probleme

»Arbeitsplatzbezogene« Stadtentwicklung

Verstädterung wird in den entwickelten westlichen Gesellschaften hauptsächlich von der wirtschaftlichen Entwicklung geprägt und getragen. Wenn etwa der Städtebauer *Rudolf Hillebrecht* bereits vor Jahren »die Wirtschaft« als das Gesetz für die städtische Entwicklung bezeichnete[13], so vor allem aus der empirischen Beobachtung der Umsetzung wirtschaftlicher Aktivitäten im Siedlungsprozeß. Als Strukturwandel der Wirtschaft notierte er die Entwicklung von der Agrarproduktion über die industrielle hin zur Dienstleistungsproduktion, welche zentrale Lagen benötigt und sich deshalb in den Zentralbereichen der bereits vorhandenen Städte niederläßt, die Loslösung der Industrieproduktion von historischen Standortbindungen durch neue Möglichkeiten des Gütertransports und des Personenverkehrs, den erhöhten Raumbedarf und die sinkende Personalintensität automatisierter Industrieproduktion, die daher von der Stadt ins Umland ausweiche, den erhöhten Bedarf schließlich von Wohnraum für den steigenden nichterwerbstätigen Anteil der Bevölkerung. Unter dem Prozeß ökonomischen Wachstums wandelt sich daher das Bild der abgeschlossenen, von ihrer ländlichen Umgebung getrennten Stadt: es bilden sich regionale Wirtschaftsräume mit erhöhter Konzentration des Dienstleistungsbereiches in »Geschäftscities«, dem Ausweichen der Industrieproduktion und der Wohnungen in die Peripherie, wobei die Stadt-Umlandverflechtung zwischen Arbeiten und Wohnen durch einen steigenden Verkehrsbereich vermittelt wird.

Daß dieser Entwicklungsvorgang durch die Standortbedingungen und Verwertungschancen für Privatinvestitionen vorangetrieben wird, trifft sich mit Hillebrechts Feststellung, daß die Stadtentwicklung arbeitsplatzbezogen verlaufe: es sind neue Arbeitsplätze, welche das Wachstum der Verflechtungsräume bestimmen, und diesem Wachstum folgt die übrige Entwicklung.

Eine ganz grobe Betrachtung der Entwicklung im Münchner Verflechtungsraum 1960–1970 würde in der Tat für die These »arbeitsplatzbezogener« Stadtentwicklung sprechen: Der Umstand, daß der

[13] So in einem Vortrag, den *Hillebrecht* in München 1962 über Probleme der Stadtentwicklung hielt. Abdruck in: Münchner Stadtanzeiger vom 9. 2. 1962. Vgl. im übrigen: ders., Die Auswirkungen des wirtschaftlichen und sozialen Strukturwandels auf den Städtebau, Köln und Opladen 1964.

Wanderungsgewinn einen überdurchschnittlichen Anteil Erwerbstätiger, Lediger, junger Schichten von 16–35 Jahren, qualifizierter und hochqualifizierter Berufe enthält, mag darauf hindeuten, daß die Zuwanderer letztlich dem qualitativ hohen, von 550 000 auf 785 000 wachsenden Arbeitsplatzangebot folgen.

Indessen mögen die ökonomischen Bestimmungsgrößen für das städtische Wachstum und für die qualitative Entwicklung im einzelnen höchst unterschiedlich und nicht über einen Leisten zu schlagen sein: etwa für den Verflechtungsraum München mit seinen Wachstumsindustrien und seiner Solitärstellung für zentrale Funktionen im bayerischen Raum, für die Freie und Hansestadt Hamburg mit ihrer Abhängigkeit von globalen Entwicklungen der Handelsschiffahrt, für die Entwicklung des Verflechtungsraumes Ruhrkohlebezirk mit den dominanten Anforderungen des Strukturwandels der Grundstoffindustrie, oder für eine kleinere Stadt wie Zürich, deren metropolitane Bedeutung und Entwicklungsdynamik vermutlich überaus stark von der Erfüllung von Funktionen für den internationalen Gold-, Devisen- und Kapitalmarkt abhängt. Dennoch soll hier versucht werden, generelle ökonomische Determinanten für den Prozeß städtischer Entwicklung genauer zu bestimmen – und zwar anhand der Faktoren »Wachstum«, »Differenzierung« sowie »Zunahme des Dienstleistungsbereichs«.

2.1. Siedlungskonzentration als Folge wachsender Warenproduktion

Verschiedene ökonomische Theorien beschäftigen sich modellhaft mit der Frage, warum die räumliche Konzentration wirtschaftlicher Aktivitäten Vorteile ermöglicht, die von wachsenden Unternehmen benötigt und genutzt werden. Dabei wird etwa angeführt, daß bei steigender Siedlungsgröße höhere »Skalenerträge« erzielbar sind (vereinfacht gesagt: in einer größeren Siedlungseinheit, in der doppelt soviele Investitionen getätigt werden wie in einer kleineren, kann mehr als ein doppeltes Produktionsergebnis erzielt werden). Neben diesen sog. »economies of scale« wird der Umstand wirksam, daß eine steigende Zahl von Einzelunternehmen am gleichen Ort die positiven »externen Effekte« (näheres dazu siehe S. 38) nicht verloren gehen läßt. Die einzelnen Unternehmen können sie vielmehr gegenseitig nutzen. Gleichzeitig nimmt die Fähigkeit einer örtlichen Wirtschaft zu, unrentable Gemeinschaftsanlagen – z. B. ein öffentliches Verkehrssystem – bereitzustellen, weil sie von einer größeren Anzahl von Unternehmen und Haushalten genutzt und getragen werden, damit auch besser ausgelastet werden können. Die wachsenden Skalenerträge, die innerhalb örtlich verdichteter Wirtschaftsräume erzielbar sind, können von den Unternehmen als Wachstumschancen in zwei Dimensionen genutzt werden: einerseits zur Senkung der Produktionskosten, andererseits zur quantitativen und qualitativen Entfaltung der Güter- und Dienstleistungsproduktion: die Siedlungskonzentration bietet nicht nur günstige Anlagemöglichkeiten für neue Kapitalinvestitionen an, sondern bildet über die steigende Bevölkerung mit einem großen Anteil spezialisierter und hochqualifizierter Arbeitskräfte zugleich einen verbesserten Arbeitsmarkt.

Diese Überlegungen vermögen zunächst zu beantworten, warum ökonomische Aktivitäten sich nicht gleichmäßig im Raum verteilen, sondern mit der Folge der Bildung von Verflechtungsräumen und Entleerungsgebieten, von Räumen höchster und niedrigster Zentralität, stagnierender und beschleunigter Entwicklung verbunden sind.

Die autonomen Wachstumsimpulse der Agglomeration

Von einer Theorie des Wirtschaftswachtums, wie sie etwa *Joseph Schumpeter*[14] vertreten hatte, würde sich als weiteres erklären lassen, wieso Agglomerationsbildung nicht nur – gewissermaßen passiv – Vorteile für wachsende Unternehmen abgibt, sondern wieso von der Bildung von Verflechtungsräumen *autonome Wachstumsimpulse* im Sinne einer »push-and-pull-Automatik« mit den Einzelunternehmen ausgehen. Kern der Überlegungen Schumpeters, die bereits kurz angeführt wurden, ist, daß unter Bedingungen privater Renditeerzielung das allgemeine wirtschaftliche Gleichgewicht nur zufällig und kurzfristig herstellbar sei, und daß die ökonomischen Ungleichgewichte – etwa in Form unterschiedlicher Produktionsvoraussetzungen, Standortbedingungen, technologischer Entwicklung etc. – den Wachstumsprozeß veranlaßten: Möglichkeiten kurzfristiger und sektoraler Sondergewinne schafften stets neue Innovations- und Investitionsschübe in den entsprechenden Marktnischen.

Agglomerationsbildung nun ist gerade ein Musterbeispiel der Schaffung ökonomischer Ungleichgewichte im Sinne von Differenzen örtlicher Standortgunst für Produktion, Zirkulation und Verbrauch. Dies gilt einmal für ein Gefälle zwischen verstädterten und ländlichen Gebieten, sodann aber auch innerhalb der Verflechtungsräume, die zumeist verschiedene Kombinationen und Anordnungen von Haupt- und Nebenzentren unterschiedlicher Größe, Zentralität und Standortgunst aufweisen.

Hier ist zudem von Bedeutung, daß der Staat bei seiner Aufgabe, durch Infrastrukturleistungen die nicht rentablen, allgemeinen Produk-

[14] *J. Schumpeter*, Business Cycles, New York 1939.

tionsvoraussetzungen zu schaffen, dem Trend privater Investitionen zur Erzeugung lokaler Ungleichgewichte zumeist folgt – entweder als Anpassung an die lokalen Präferenzen privater Investitionen, aus Rücksicht auf die ebenfalls einzelbetriebliche Rentabilität öffentlicher Unternehmen, oder aber aus der Art der Infrastruktur selbst, die, wie etwa ein Eisenbahnsystem, ohne die Effekte regionaler Standortgunstdifferenzen kaum angelegt werden kann. So schreibt Fritz Voigt mit Bezug auf das Verkehrssystem:

»Das Verkehrssystem ... ist in der Lage, besondere Impulse für den volkswirtschaftlichen Wachstumsprozeß von sich aus selbst zu entwickeln. Seine hauptsächliche Wirkung liegt also in der Differenzierung vorhandener Entwicklungschancen, in der Schaffung von Differentialgewinnen. Aus diesen Vorzugsstellungen erwächst eine besonders günstige Grenzleistungsfähigkeit des Kapitals, die zu Nettoinvestitionen anreizt. Die Investitionen wiederum ziehen eine unterschiedliche Befruchtung des Raumes nach sich, weil sich Einkommenseffekt und volkswirtschaftliche Auswirkungen des Kapazitätseffekts örtlich unterschiedlich abgrenzen und auch die Intensität der beiden Folgewirkungen der Investitionstätigkeit sogar innerhalb dieses abgegrenzten Raumes unterschiedlich ist. Aus dieser Differenzierung erwächst einer der wesentlichen Impulse für das sich selbst Nähren des Industrialisierungsprozesses.«[15]

Was Voigt hier für die Verkehrsinfrastruktur festhält, gilt für sehr viele andere Bereiche staatlicher Infrastrukturtätigkeit ebenso, und es liegt auf der Hand, daß mit ihrer festzustellenden Konzentration in den Verflechtungsräumen, aber auch mit der Schaffung von Standortgunstdifferenzen innerhalb dieser Räume, Wachstumsimpulse selbständiger Art erzeugt werden.

Die »städtische Wachstumswirtschaft«

Zur zureichenden Beschreibung von Verstädterung als ökonomischem Wachstumsprozeß wären weitere Momente genauer auszuführen – etwa der Umstand, daß die lokale Verflechtungswirtschaft sich meist zu einer »Exportwirtschaft« für ein regionales, nationales oder internationales Einzugsgebiet entwickelt. Der großen Zahl von Modellen, welche bestimmte Aspekte der Verstädterung als ökonomischen Wachstumsprozeß herausgreifen, steht jedoch ein auffälliger Mangel zusammenfassender Beschreibungen gegenüber, welche die zum Teil widersprüchlichen Ergebnisse der Einzelmodelle verarbeiten könnten. Der englische Ökonom Harry Richardson macht dazu folgenden Versuch:

[15] *F. Voigt,* Die volkswirtschaftliche Bedeutung des Verkehrssystems, Berlin 1960, S. 306 f.

»Das Wachstumspotential einer Stadt hängt ab von deren Fähigkeit, produktive Ressourcen, welche für das Wachstum benötigt werden, zu schaffen und von außen heranzuziehen. Es hängt aber auch ab von deren Fähigkeit, die Güter und Dienstleistungen für regionale, nationale und internationale Märkte zu produzieren. Das Wachstum einer Stadt bestimmt sich – wie dasjenige einer Region oder einer Nation – grob gesagt aus Bevölkerungszuwachs- und Kapitalzuwachsrate, sowie aus deren technologischem Fortschritt. Aber es gibt Grenzen für die Stadt, ihre Mittel zur Expansion selbst bereitzustellen: Bevölkerungswachstum, Kapitalersparnisse der lokalen Firmen, die Neigung des lokalen Managements und der örtlichen Innovatoren, Produktivität zu erhöhen, sind solche. Intern geschaffene Expansion ist normalerweise nicht ausreichend zur Erzielung großer städtischer Wachstumsraten. Um schnell zu wachsen, muß eine Stadt produktive Ressourcen von außen erhalten, und muß als Anziehungspunkt wirken für Zuwanderer, fremdes Kapital, nicht-örtliche Management-Fähigkeiten, qualifizierte technische Arbeitskraft und Innovation. Große Städte können diese Aufgabe normalerweise weit besser bewältigen als kleine Zentren. Ihre entwickelten Arbeitsmarktmöglichkeiten sind für den Zuwanderer attraktiver, besonders für jene aus entfernteren Gegenden. Große Städte werden von auswärtigen Investoren sehr bevorzugt – speziell von jenen der Konsumgüterindustrie und der Dienstleistungen, für welche ein großer potentieller Markt die Risiken vermindert. Metropolen haben oft eine Vielfalt von Vorzügen, kulturellen und Freizeitangeboten, welche Anziehungskraft auf Manager, Wissenschaftler und qualifizierte Berufsleute aus andern Regionen ausüben. Auch sind Metropolen zumeist Zentren der Innovation, teils wegen der sich gegenseitig verstärkenden Konzentration großer Firmen, Wissenschaftler und Techniker, sowie von Forschungsinstituten ... Aus all diesen Gründen tendiert das Wachstum großer Städte dahin, sich selbst zu erzeugen, insbesondere weil die Agglomerationseffekte – vor allem die externen »economies of scale« – der großen Stadt maßgebliche Vorteile verschaffen, zusätzliche Wachstumsimpulse von außen zu erhalten ...«[16]

Das »Wachstumsproblem« eines Verflechtungsraumes: Wachstum ohne Ende oder gesellschaftliches Verlustgeschäft?

Wir hatten vorher aufzuzeigen versucht, wie das Ziel ökonomischen Wachstums sich niederschlägt als Verstädterungsprozeß der Konzentration von Kapitalinvestitionen, von Warenproduktion, Zirkulation und Verbrauch. Ökonomisches Wachstum hat bis in die jüngste Zeit eine hohe Legitimitätskraft besessen: man versprach sich von ihm die Verbesserung der Lebensbedingungen der Massengesellschaft durch Erhöhung des allgemeinen Lebensstandards, und man tut dies heute noch, indem etwa die Ziffer des Bruttosozialprodukts als Maßstab und Grad-

[16] *H. W. Richardson*, Urban Economics, Harmondsworth 1971, S. 95 f.

messer gesellschaftlichen Wohlergehens verwendet wird. Man versprach sich von diesem Wirtschaftswachstum aber auch den Abbau der sozioökonomischen Ungleichheiten etwa durch paritätische Verteilung des Wachstumsgewinns zwischen Kapital und Arbeit, dann aber auch die Entschärfung von Konflikten und gesellschaftlichen Interessengegensätzen – nach dem berühmten Ausspruch Ludwig Erhards: es sei wichtiger und besser, sich anzustrengen, den Kuchen zu vergrößern, als seine Stücke gleich zu machen.

Mittlerweile ist das Wachstumsziel der Maximierung des Bruttosozialproduktes nicht mehr unangefochten. Man sagt etwa, die Erhöhung des Lebensstandards stehe in Widerspruch zur Lebensqualität unserer Umwelt, und die Erkenntnis, daß die natürlichen Ressourcen, die der Mensch umwandelt und verbraucht, endlich sind und nicht unendlich, hat das gesellschaftliche Bewußtsein zumindest über die Wahrnehmung ökologischer Grenzen verändert.

Die Frage, ob Wachstum in seiner spezifischen Form der Verstädterung als endlose Fortsetzung sinnvoll sei, ist in den oben angeschnittenen Fragen nach »Lebensqualität« und nach ökologischen Grenzen des Wachstums eigentlich schon enthalten. Aber es läßt sich zeigen, daß schon bei einer Betrachtung nur ökonomisch zählbarer Größen – also unter Vernachlässigung qualitativer Aspekte, die nicht in der gesamtwirtschaftlichen Rechnung erscheinen – zusätzliches Wachstum in einem beschränkten Siedlungsraum nicht beliebig lange sinnvoll ist. Vielmehr gibt es Punkte der Entwicklung, wo Nutzen des Wachstums in Verluste umschlagen und wo die gesamten Nachteile zusätzlichen Wachstums seine Gesamtvorteile aufheben.

Dieses Problem wird gängig aufgefaßt als die Frage nach der »optimalen Stadtgröße«, die – wenn auch theoretisch noch nicht befriedigend gelöst – von ihrer Aktualität nichts verloren hat[17].

Ausgangspunkt der Überlegungen bildet die allgemeine Beobachtung, daß Durchschnitts- sowie Grenzerträge und -kosten bei Wachstum eines ökonomischen Systems (das sich im Falle der Stadt etwa durch Verdichtung der Aktivitäten auf demselben Raum, oder durch Ausweitung der Grenzen bei gleicher Dichte vollziehen kann) ungleich verlaufen.
Im vorliegenden Modell[18] wird angenommen, Durchschnitts- und Grenzerträge würden mit wachsender Größe des ökonomischen Systems stetig zunehmen (vor allem wegen der Skaleneffekte). Für ein solches System ist nun allerdings typisch, daß die Durchschnitts- und Grenz-

[17] Als Übersicht vgl. z. B.: *Richardson, H. W.*, Optimality in City Size, Systems of Cities and Urban Policy: A Sceptic's View, Urban Studies, London 1972.

[18] In Anlehnung an: *Aldo Rossi*, Theorien der optimalen Stadtgröße, Disp.-Nr. 28, ORL-Institut, Zürich 1973.

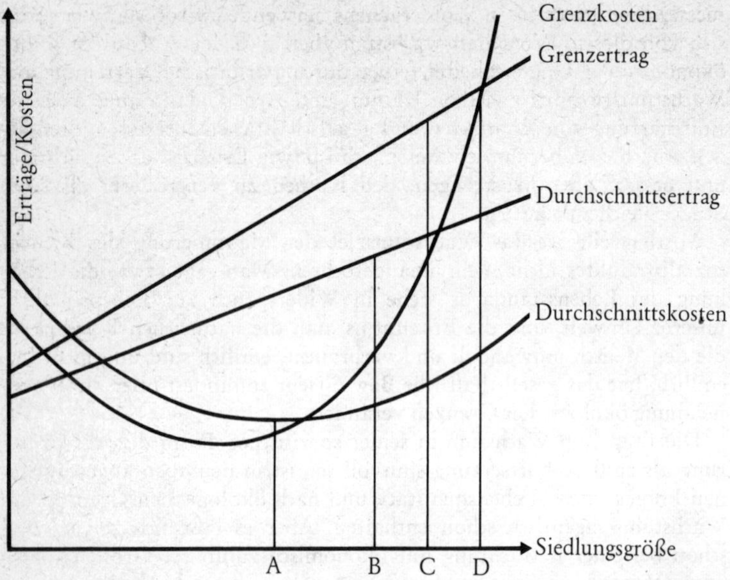

kosten U-förmig verlaufen (z. B. wegen zunächst sinkenden, dann aber ansteigenden privaten Verkehrs- oder öffentlichen Infrastrukturaufwandes). Zunehmende Größe ist für ein solches wirtschaftliches Siedlungssystem nicht einfach immer besser, sondern es gibt unter einem Kosten-/Nutzenvergleich verschiedene Optima:

A Minimierung der Durchschnittskosten: dieses Optimum bedeutet, daß jene Siedlungsgröße erreicht ist, bei der ein bestimmtes Niveau unrentabler Versorgung die niedrigsten Pro-Kopf-Beiträge erfordert, die einzelnen Steuerzahler also z. B. am meisten Infrastruktur für ihr Geld erhalten.

B Maximierung der Differenz zwischen Durchschnittsertrag und und Durchschnittskosten: dieses Optimum ist für die Bevölkerung interessant unter der Annahme, daß sie im gleichen Verhältnis an Durchschnittsertrag- und -kosten der Wirtschaft beteiligt ist.

C Optimierung nach dem Opportunitätskostenprinzip: hier ist jener Punkt erreicht, wo alternative Standorte (andere Agglomerationen) für zusätzliche Investitionen ein gesamtwirtschaftlich günstigeres Kosten-/Nutzenergebnis erzielen lassen.

D Maximierung des Bruttosozialprodukts: hier ist jener Punkt erreicht, wo die Kosten zusätzlichen Wachstums höher sind als dessen Erträge.

Die nähere Bedeutung dieser verschiedenen Optima kann hier nicht näher dargestellt werden; sie hängt von der konkreten Verteilung von Kosten und Nutzen zwischen Unternehmen und Haushalten, zwischen privatem und öffentlichem Sektor ab. Die grobe Vereinfachung berührt aber einen prinzipiellen Systemzusammenhang nicht: den Umstand nämlich, daß denkbare optimale Größen für einen Verflechtungsraum unter gesamtwirtschaftlichen Kriterien nicht einzuhalten sind, und daß der Wachstumsprozeß nicht nur theoretisch, sondern in vermutlich nicht wenigen Fällen auch praktisch über den Punkt E des Modells hinausläuft. Einer der Hauptgründe liegt darin, daß die »optimale« Größe nach gesamtwirtschaftlichen Kriterien nicht übereinstimmt mit den Investitionskriterien der privaten Unternehmen[19]. In diesem Widerspruch zwischen gesamtwirtschaftlichem und einzelbetrieblichem Nutzenkalkül sind auch die Steuerungsmöglichkeiten, über die vom Staat etwa die Wahrung der »gesamtwirtschaftlichen Belange« erwartet werden, praktisch nicht vorhanden. So bestehen keine Mechanismen der Erfassung, Beteiligung und Verteilung von Grenzkosten und Grenzerträgen zwischen privatem und öffentlichem Wirtschaftssektor nach gesamtwirtschaftlichen Kriterien. Der Umstand etwa, daß zusätzliche Privatinvestitionen nicht mit den Grenzkosten, sondern bloß mit den Durchschnittskosten des Infrastrukturaufwandes belastet werden, bedeutet im Modell von Punkt B an die Abwälzung von Wachstumskosten auf nichtwachsende Unternehmen und auf den Staat.

Schon eine vereinfachte Betrachtung, welche die ökonomisch nicht zählbaren sozialen Kosten und Nutzen unberücksichtigt läßt, weist auf Unmöglichkeiten hin, die spontanen einzelbetrieblichen Wachstumsprozesse, welche sich gesellschaftlich in der Bildung der Verflechtungsräume niederschlagen, auch nach gesellschaftlichen Prinzipien zu lenken und zu bestimmen.

2.2. Verstädterung und die Differenzierung wirtschaftlicher Produktion

Der Zusammenhang zwischen »Zentralität« und »Produktionsdifferenzierung«:

Die Beobachtung, daß die Entwicklung und Produktion neuer Güter und Dienstleistungen, generell die Ausweitung des »Warenkorbs« des Marktes gerade in den Städten geschieht und von diesen ausgeht, wird

[19] Näher dazu: *Böventer, E.*, Optimal Spatial Structure in Regional Development, Kyklos 1970.

von den Ökonomen zumeist im Rahmen der »Zentrale-Orte-Theorien« gedeutet: danach haben Verflechtungsräume als große örtliche Märkte die Möglichkeit, in einem ersten Schritt bisherige Importe aus anderen Regionen zunächst abzulösen durch eigene Produktion, dann aber in einem zweiten Schritt die Innendifferenzierung der lokalen Produktion zunehmend für Exporte auf einem überlokalen Markt einzusetzen. Dabei wird von der Vorstellung ausgegangen, daß, grob gesprochen, der Zentralitätsgrad den Maßstab für die mögliche Ausdifferenzierung der Produktion abgibt: je spezialisierter die einzelnen Güter oder Dienstleistungen sind, um so höhere Zentralitätsgrade und Erreichbarkeitswerte muß der örtliche Markt aufweisen, damit jene überhaupt hergestellt werden. Solcher Differenzierung entspricht ebenso eine steigende Arbeitsteilung im Produktionsprozeß.

Städtische Produktion: Ort der Differenzierung durch »neue Arbeit« oder der »Produktdifferenzierung«

Die Städtebau-Kritikerin *Jane Jacobs* hält das Moment der Differenzierung für das Entscheidende städtischer Entwicklung; sie belegt dies mit einer Fülle empirischen Materials und liefert damit zumindest Anhaltspunkte und Zusammenhänge, die von fachlich entwickelteren Theorien kaum berührt werden. Jane Jacobs begreift den *Arbeits*prozeß in Unterscheidung vom ökonomischen Verwertungsvorgang als Prozeß mit weiterer, sozio-kultureller und politischer Bedeutung. Der Verstädterungsprozeß werde bestimmt durch die ökonomische Differenzierung im Sinne der Hinzufügung neuer Arbeit zu alten, bisherigen Tätigkeiten. Differenzierung entstehe nicht durch die Arbeitsteilung selbst, die bloß eine Neuorganisation der bereits bestehenden Produktion darstelle, sondern eben durch Ergänzung alter Tätigkeiten durch neue Arbeit, aus der neue Güter und Dienstleistungen entstünden. Entscheidend für den Prozeß der Entwicklung neuer Tätigkeit erscheinen in der Sicht von Jacobs die von der alten Arbeit gelieferten Anregungen: neue Arbeit entstehe einerseits aus Ideen, die von bereits genutztem Material oder den angewandten Kenntnissen und Fertigkeiten angeregt werden, oder aus Ideen, die aus den besonderen Problemen des bestehenden Arbeitsprozesses entstehen. Die Folgerichtigkeit dieses Differenzierungsprozesses der Ergänzung alter Arbeit durch neue Tätigkeit wird zumeist vom Produzenten, nicht etwa vom Abnehmer der alten Arbeit bestimmt, und erst als Folge der Entwicklung neuer Arbeit kommen Strukturveränderungen bereits organisierter Arbeit zustande (Arbeitsteilung, neue und spezialisiertere Kapitalinvestitionen)[20].

Diese Pespektive ist zunächst deshalb interessant, weil sie ein *allgemeines* Modell der Entwicklung und Differenzierung des Arbeitsprozesses, sowie seiner gesellschaftlichen Bedeutung enthält und im weiteren zu erklären versucht, wieso diese Entwicklung gerade unter Verhältnissen lokaler Verdichtung und Konzentration zustandekommt – was hier nicht referiert wurde. Jacobs' Modell will sowohl erklären, wie die Minnesota Mining and Manufacturing Company vom kleinen Schleifsand- zum weltumspannenden Scotch-Band-Hersteller unter völliger Umwälzung der lokalen Wirtschaft wurde, als auch die Differenzierungs- und Entwicklungsprozesse antiker Städte, die sich ohne Kapitalwirtschaft und mit einem Tauschmarkt erst als *Folge* des Produktionsprozesses entwickelten.

Aufschlußreich sind aber weitere Aspekte des Modells. Jane Jacobs meint, Großunternehmen und der Einsatz von ungeteiltem Großkapital seien nicht fähig zur Entwicklung »neuer Arbeit«, durch die *neu auftauchende Probleme* gelöst werden könnten, sondern allenfalls noch zur Modifizierung vorhandener Produkte. Wo örtliche Wirtschaft *nur noch diese »Produktdifferenzierung«* betreibe, nähmen die ungelöst bleibenden Probleme zu, was Stagnation oder Rückfall der Entwicklung für die betreffende Stadt bedeute.

Wie weit der Umschlag von der echt innovativen Differenzierung durch neue Arbeit in bloße Produktdifferenzierung – deren Folgen Jacobs an Beispielen des 19. und 20. Jahrhunderts aufzeigt – sich auch in der heutigen Warenproduktion generell und über die Form der Verstädterung vollzieht, mag dahin gestellt bleiben. Der Erkenntnis-Wert des Gedankengangs bleibt, wenn man daran erinnert, daß die strukturellen Änderungen hin zu einer Kapital- und Unternehmenskonzentration in vollem Gange sind. Daß dieser Bereich nicht mehr Innovation durch neue Arbeit entwickelt, sondern sich allenfalls solche in Form von Kleinunternehmen aufkauft, im übrigen aber nur noch Produktdifferenzierung betreibt, mag etwa das Beispiel der Automobilindustrie aufzeigen. Es ist wohl nicht ungebührlich, den Fortschritt individuellen, motorisierten Verkehrs in den letzten 40 Jahren als reine Produktdifferenzierung des Automobils zu bezeichnen, und selbst für diesen haben selten die »Giganten«, sondern kleine und kleinste Unternehmen gezeichnet.

Die Vorteile industrieller Massenproduktion, die oft erst möglich machen, daß eine Innovation neuer Arbeit auch tatsächlich den »Massen« zugänglich gemacht werden kann, sollen hier keineswegs verkannt

[20] *Jane Jacobs,* The Economy of Cities, New York 1969, dt.: Stadt im Untergang, Frankfurt 1970, S. 64 ff.

werden. Wo aber Ressourcen nur noch zur Produktdifferenzierung eingesetzt werden, ist diese nicht bloß aus den oben dargelegten Gründen fragwürdig. Die höhere Leistungsfähigkeit der Produktion durch ihre Rationalisierung führt oft nur zu einer Komplizierung des Gebrauchs des Konsumgutes. Um beim Beispiel zu bleiben: der Unterschied zwischen einem Volkswagen des Modells 1949 und einem solchen des Modells 1973 besteht nicht zuletzt darin, daß jener mit einem Satz beliebiger Schraubenschlüssel zu reparieren war, diesem aber ohne elektronische Diagnostik-Apparaturen und Spezialwerkzeuge kaum mehr zu helfen ist. Man könnte sagen, konkreter Gebrauchswert von Volkswagen und Schraubenschlüssel hätten sich in dieser Zeit vermindert. Der Sachverhalt kann aber auch in dem Sinne ausgelegt werden, daß die produktdifferenzierte Warenproduktion die Befriedigung ein und desselben Bedürfnisses über einen immer größeren, zusammengehörigen Kreis von Einzelgütern und Dienstleistungen sucht.

Ökonomische Differenzierung und das Problem externer Kosten und Nutzen

Wir sind bereits früher auf den Ausdruck der externen Effekte gestoßen. Damit ist der Sachverhalt gemeint, daß die Effekte, welche eine einzelne Aktivität bewirkt (und ökonomisch in Kosten und Nutzen ausgedrückt werden), sich nicht notwendigerweise decken mit den Grenzen der Organisation, welche diese Aktivitäten veranlaßt: Wenn zu fünf Verkaufsläden ein sechster stößt, dessen Angebot sich mit dem der übrigen ergänzt, so nutzen diese Verkaufsgeschäfte gegenseitig *positive* externe Effekte: die alten Läden, daß die geschlossene Angebotslücke ihre eigenen Umsatzchancen verbessert, der neue, daß er die örtliche Nähe zum Kundenkreis der andern Läden nutzen kann. Stößt hingegen zu Läden eines alten Ortskerns ein Großverteiler, der sich auf grüner Wiese niederläßt und das Gesamtangebot dieser Läden umfaßt, können sich *negative* externe Effekte bemerkbar machen: nicht nur gehen die fünf alten Läden wegen direkter Konkurrenz eines leistungsfähigeren Betriebs ein, sondern die gesamte Kaufkraft aus dem alten Ortsteil wird möglicherweise abgesogen mit dem Effekt, daß die Versorgung in Bereichen, die der Großverteiler nicht anbietet, sich verschlechtert. Für die alten Verteiler und für die Versorgung der Bevölkerung in alten Ortsteil ergeben sich durch Ansiedlung des Shopping Centers auf grüner Weise negative externe Effekte.

Die städtische Ökonomie nun ist in ihrer Arbeits- und Produktdifferenzierung ein Bereich ausgesprochen wachsender Verflechtung im Sinne externer Effekte. Daran knüpfen mehrere Probleme:

- wenn die Auswirkungen einzelner ökonomischer Aktivitäten sich immer mehr verflechten, so heißt dies gleichzeitig, daß die gesellschaftlichen Auswirkungen einer Einzelaktivität immer wichtiger werden gegenüber dem, was sich einzelbetrieblich in Kosten und Nutzen, damit der Betriebsrechnung niederschlägt. Erfolg und Mißerfolg eines Unternehmens auf dem Markt sagen stets weniger aus über die soziale Kosten-/Nutzenbilanz seiner Aktivitäten.
- Im Binnenverhältnis auf dem ökonomischen Markt ergibt sich das Problem, daß nicht alle Marktsubjekte die gleichen Chancen haben, an externen Nutzen teilzuhaben. Unter den Bedingungen zunehmender externer Effekte haben Großunternehmen strukturelle Vorteile: Konzentrations- und Differenzierungspolitik ermöglichen sowohl bessere Chancen, positive externe Nutzen einzubehalten, wie auch, externe Kosten abzuwehren. Hier deutet sich an, wie Unternehmenskonzentration und Verstädterung als örtlicher Konzentrationsprozeß zusammenhängen.
- allgemein wird heute bemerkt, daß nicht bloß die Zurechenbarkeit von Kosten und Nutzen einzelner ökonomischer Aktivitäten untereinander sinkt, sondern daß der gesamte technisch-industrielle Produktions- und Verwertungsprozeß gesellschaftliche Kosten verursacht, für die er nicht aufkommt. Diese Diskussion kreist heute vor allem um das Problem der Umweltschädigung und Umweltvernichtung. In ihr gibt es zahlreiche Belege für eine generelle Struktur der ökonomisch externalisierten Kosten. Zum einen treffen solche Kosten gerade *allgemeine* Problembereiche und Bedürfnislagen – also etwa die Verschlechterung oder Verteuerung von Lebensbedingungen, die der Möglichkeit nach alle betreffen, oder die schlechte Ausnutzung begrenzter materieller Ressourcen. Zum zweiten bedeutet die Externalisierung von Kosten der Warenproduktion in den entwickelten westlichen Gesellschaften, daß die höheren Renditen privaten Kapitals verbunden sind mit einer Sozialisierung von Verlusten[21].

2.3 Die relative Zunahme des Dienstleistungsbereichs

Seit Jean Fourastié wird davon gesprochen, daß der Dienstleistungsbereich ständig auf Kosten der landwirtschaftlichen und der industriellen Güterproduktion zunehme. Wenn wir an den Begriff der Dienst-

[21] Grundlegend dazu: *William Kapp*, Volkswirtschaftliche Kosten der Privatwirtschaft, Tübingen – Zürich, 1958, dazu aus neuerer Zeit: *William Kapp/Fritz Vilmar* (Hrsg.), Sozialisierung der Verluste? Die sozialen Kosten eines privatwirtschaftlichen Systems, München 1972.

leistung erinnern, wonach sie – im Gegensatz etwa zu einem materiellen Gut – im selben Moment produziert und verbraucht wird, so wird der Zusammenhang zwischen gleichzeitiger Entwicklung zu Dienstleistungs- und verstädterter Gesellschaft deutlich: Verstädterung als Konzentration ökonomischer Aktivitäten schafft offenbar notwendige physische Voraussetzungen der Dienstleistungsproduktion, nämlich gegenseitige Erreichbarkeiten, Dichte von Kommunikation und Interaktion. Auf der anderen Seite scheint die Differenzierung der Produktion zusätzliche Dienstleistungen zu bedingen: Hersteller von Computern z. B. verkaufen ja nicht bloß allein technisches Gerät, sog. »hard ware«, sondern zugleich einen Kranz von »soft ware« – Zubehör in Form von Dienstleistungen: Einrichtung, Programme, die Arbeitskraft von Spezialisten, die zeitweise angemietet werden, und erst das ganze macht ein verkaufbares »System« aus.

Verstädterung und Ansteigen der Dienstleistungsproduktion scheinen sich gegenseitig zu bedingen und zu begünstigen.

Wir wollen bei den Dienstleistungen allerdings noch den Versuch einer Unterscheidung machen, die uns wesentlich erscheint:

Ein gewisser Anteil der Dienstleistungen sind keine Leistungen eigenständiger Art. Ihr Charakter ist vielmehr derjenige eines *produktiven Hilfsdienstes* für Produktion, Verteilung und Verbrauch materieller Güter. Der Dienst der Elektronischen Datenverarbeitung, mit dem Produktionsablauf, Warenlager und Verkauf gesteuert werden, die Dienste der Händler, der Industriebankiers und -versicherer, der Service- und Reparaturfachleute, sind auf die Güterproduktion bezogen.

Ohne diese Produktion fallen diese Dienstleistungen sofort aus: weder an ihrer Darbietung noch an ihrem Verbrauch besteht mehr ein Interesse.

Neben diesen Diensten für Produktion, Verteilung und Verbrauch von materiellen Gütern gibt es allerdings Leistungen, die wir *selbständige Dienstleistungen* nennen wollen. Wesentlich für sie ist, daß sie ein selbständiges Moment der »Interaktion«, des Umgangs von Menschen untereinander, enthalten. Jürgen Habermas hat, unter Berufung auf Hegel, unterschieden zwischen Arbeit als dem gesellschaftlichen Prozeß der Unterwerfung der Natur, in dem der Mensch diese für sich ausbeutet, und dem Bereich der Interaktion, als Prozeß der Vermittlung von Bedürfnissen durch Beziehungen von Menschen untereinander[22]. Die Verhältnisse von Arzt und Patient, von Lehrer und Schüler, von Musikant und Zuhörer, von Eltern und Kindern sind offenbar eine Vermittlung von Bedürfnissen über den Umgang von Menschen untereinander, nicht über den Umgang mit Dingen in Form materieller Güter.

[22] *Jürgen Habermas,* Arbeit und Interaktion, in: ders., Technik und Wissenschaft als Ideologie, Frankfurt 1968, S. 9 ff.

Zwei Bemerkungen sind hier anzuschließen:

In der Form »Selbständiger Dienstleistungen«, deren Bedarf im Prozeß der Verstädterung offenbar mitwächst, werden Interaktionsbereiche durch die Warenproduktion vereinnahmt. Diese erzeugt nur Güter und Dienstleistungen, die abgrenzbar sind, individuell konsumierbar sind und daher auf dem Markt einen Preis erzielen, der die Erhaltung und Vermehrung von Kapital gestattet. Die Produktion und der Konsum von Interaktionsbeziehungen in Form selbständiger Dienstleistungen zwängt diese in die Form des Tausches, der monetären Berechnung von Leistung und Aufwand, und damit verbunden, der Entpersönlichung und Verdinglichung: die selbständige Dienstleistung ist gerade dann »rationalisiert« und »kommerzialisiert«, wenn es nicht mehr darauf ankommt, wer sie an wen erbringt, wenn also Produzent und Konsument als Personen austauschbar geworden, ihre persönliche Begabung zur Interaktion nicht mehr wichtig ist gegenüber dem Tauschwert der Leistung.

Aber gerade im Bereich selbständiger Dienstleistungen werden die Grenzen der »Durchrationalisierung« am deutlichsten sichtbar: Aus den Leistungen von Arzt und Rechtsanwalt etwa, die heute tauschmäßig vermittelt werden, sind Momente gegenseitigen Vertrauens und der Anerkennung sicherlich noch wichtig, haben sich behaupten können. Und noch besteht die Meinung, die ökonomisch produktivere Lernmaschine ersetze den Lehrer nicht.

Der ökonomische Warenproduktionsprozeß ist freilich von einer Entwicklung gekennzeichnet, welche eine höhere Produktivität über den Ersatz menschlicher Arbeit durch Kapital sucht. Dienstleistungen selbst sind nur beschränkt rationalisierbar in diesem Sinne. Der Schluß läge nahe, daß langfristig der Bereich der Dienstleistungen aus der Kapitalverwertung herausfalle, da in der Güterproduktion höhere Produktivitäten erzielbar seien.

Dies braucht aber keinesfalls einzutreffen für die produktiven Hilfsdienste für materielle Güter, für die – etwa in Form von Reparatur und Unterhalt eines Autos – ein Zwangskonsum besteht, und die zur durchrationalisierten Güterproduktion nicht in Konkurrenz stehen und daher ihre Rentabilität halten. Sodann setzt das Renditekalkül der Kapitalverwertung der Entwicklung und Produktion neuer Güter und Dienstleistungen überhaupt keine Grenzen. Die Differenzierungsprozesse städtischer Ökonomie sind kaum beschränkt in der Fähigkeit, aus Ideen »neuer Arbeit«, wie dies Jacobs genannt hat, eine profitable Warenproduktion zu erzielen: als Beispiel sei auf das »Arabella-Park«-Wohnhaus in München verwiesen: dort wird ein Großteil jener Aktivitäten, die z. B. in der Familie unentgeltliche »Interaktionen« sind, in Form von Gütern und Dienstleistungen zu Tausch und Kauf angeboten: Essen im Restaurant, Erholen im Fitness-Center, Geselligkeit im Club, Körperpflege im Beauty-Saloon, Reinigung als professioneller Service, Erziehung im privaten Kindergarten – alles unter einem Dach als Kombination eines neuartigen Angebots.

Aber hier werden jene Punkte deutlich, die die Problematik der Bedürfnisbefriedigung durch Warenproduktion ausmachen: das Erfordernis der Rendite für dieses Angebot nicht rationalisierbarer Dienstleistungsproduktion erheischt Preise, welche seinen Luxuscharakter deutlich machen. Dieses Angebot ist zugespitzt nicht auf einen Markt chancengleicher Konsumenten, sondern den einer Elite von Spitzenverdienern. Und als zweites ist zu vermerken, daß die spontane Bedürfnisäußerung und Befriedigung, die im Familienbereich bis zu einem gewissen Grade möglich war, unter »Arabella-Park«-Bedingungen sinkt und Knappheitsentscheidungen unter Warenangeboten erzwingt für jeden, dessen Geldmittel nicht unbeschränkt sind.

2.4. Warenproduktion und öffentliche Leistungen

Städtische Zentren gelten als die Bereiche mit dem größten Angebot kaufbarer Güter und Dienstleistungen. Dieses Angebot ist – neben dem Angebot der Arbeitsstellen – mit ein Grund für die Konzentrationsbewegung der Bevölkerung in die Verflechtungsräume: höherer »Lebensstandard« fällt zusammen mit verstädterten Gebieten.

Wenn wir von ökonomischem Wachstum, von Differenzierung und vom Ansteigen der Dienstleistungen gesprochen haben, so haben wir bisher keine Unterscheidung zwischen »privatem« und »öffentlichem« Sektor gemacht. Nun ist es aber so, daß die *allgemeinen Produktionsvoraussetzungen* für die Herstellung privater Güter und Dienstleistungen gerade *nicht* von den Kapitalgesellschaften geschaffen, sondern über die Steuer-Abschöpfung durch den Staat erstellt und den Unternehmen und Haushalten in Form von Infrastruktur (Verkehr, Ver- und Entsorgung, öffentliche Dienste etc.) zur Verfügung gestellt werden. Als Kennzeichen dieser »öffentlichen Güter« sind etwa Nicht-Rentabilität, hohe und langfristige Investitionen, Unteilbarkeit, externe Effekte u. a. m. angegeben worden[23]. Ganz allgemein wird die Bedeutung der Infrastruktur für die Agglomerationsbildung als außergewöhnlich hoch eingeschätzt: als notwendige Bedingung privater wirt-

[23] Näher dazu etwa: *R. Musgrave*, Infrastruktur und die Theorie der öffentlichen Güter, in: *Arndt, H./Swatek, D.* (Hrsg.), Grundfragen der Infrastrukturplanung für wachsende Wirtschaften, Schriften des Vereins für Socialpolitik, N. F. Band 58, Berlin 1971, S. 43 ff.

schaftlicher Aktivitäten stellt sie beispielsweise die mögliche Obergrenze städtischer Konzentration dar, und sie gilt in den öffentlichen Entwicklungsplanungen zumeist als das Medium, über das politisch eine physische und soziale Steuerung des Verflechtungsprozesses erreicht werden kann. Sodann macht ein vorhandenes Angebot öffentlicher Güter und Dienste als Vorleistung einen wesentlichen Bestandteil der Entscheidungsfaktoren für private Investitionen aus.

Ein erstes Problem stellt sich dadurch, daß die Produktion privater und »öffentlicher« Güter nicht gleichzeitig verlaufen kann: für jedes denkbare ökonomische System gilt etwa, daß gewisse Grundleistungen für die Gesamtproduktion – wie etwa ein Verkehrssystem – nur realisierbar sind in Form schubweiser Kapazitätserhöhungen oder Qualitätsverbesserungen. Es kommt zum Nachhinken oder Vorauslaufen z. B. von Konsumgüterproduktion gegenüber Infrastrukturleistungen, in unseren Verhältnissen damit zu periodischer Unter- oder Überversorgung mit öffentlichen Gütern.

Im Prozeß der Verstädterung insgesamt und über längere Zeit jedoch kann gezeigt werden, daß die private Produktion ihr Angebot zwar laufend vervielfältigt und erhöht, aber auf Kosten eines steigenden Bereichs bisheriger Produktion, den sie als unrentabel aus der Bedürfnisbefriedigung ausscheidet: Während die Produktion von Luxusgütern oder Gütern des gehobenen Bedarfs sich laufend ausdifferenziert, zieht sie sich oft gerade aus lebenswichtigem »Basisbedarf« zurück: Erholungsraum – und sei es nur in Form städtischer Vorgärten – verschwindet, ebenso Kleinläden oder Cafés; Wohnungsbau kalkuliert grundsätzlich »von oben herab« – also mit einer Mietzinsfestsetzung (und damit einem Ausbauniveau), die das Maximum dessen ist, was gerade noch gezahlt werden kann, und aus unmittelbarer Citynähe verschwindet er ganz. Überall ist nun beobachtbar, daß diese vom ökonomischen Produktionsprozeß verdrängten oder vernachlässigten Bedürfnisbefriedigungen an das politische System verwiesen werden: statt daß dieses nur die allgemeinen Voraussetzungen privaten Produzierens schaffe, wird von ihm verlangt, daß es jene allgemeinen, lebensnotwendigen, aber von der privaten Ökonomie in Verflechtungsräumen nicht mehr hergestellten Güter in der Form *direkter sozialstaatlicher Leistungen* befriedige. Dies bringt nicht nur eine *Ausweitung des Bedarfs* an öffentlich produzierten und zur Verfügung gestellten Gütern und Leistungen, sondern macht die *Doppelfunktion der Infrastruktur* aus: wo eine Kommune Tausende von Sozialwohnungen finanziert oder gar in Eigenregie betreibt, da stellt sie nicht bloß Infrastruktur im »produktiven« Sinne her, indem sie Arbeitskraft, die von den Unternehmen im Produktionsprozeß benötigt wird, als »Versorgungsleistung« unterbringt, sondern sie verschafft damit den Arbeitskräften die

Befriedigung des Bedürfnisses der Wohnung, die auf dem Markt nicht mehr oder nur zu unerschwinglichen Preisen zu haben ist: Infrastruktur in »konsumtivem« Sinne.

Dieser Vorgang sei am Prozeß der städtischen Funktionsentmischung verdeutlicht. Darunter wollen wir das überall beobachtbare Phänomen verstehen, daß Arbeit, Wohnen, Konsumieren, Zirkulieren und Erholen in den Verflechtungsräumen nicht mehr wie früher dicht beieinanderliegen, sondern immer mehr entflochten werden. In den Zentren (der »City«) konzentrieren sich gewisse Dienstleistungsbetriebe, deren Leistungen auf Zentralität am meisten angewiesen sind, weil sie in einem Akt produziert und konsumiert werden, und weil sie – auf die Fläche bezogen – den höchsten individualisierbaren Ertrag abwerfen. Die »sekundäre« oder Güterproduktion und die Wohnungen werden in die Peripherie verdrängt – erstere, weil sie veränderte Standortpräferenzen aufweisen (höherer Flächenbedarf für Anlagen mit automatisierter Produktionsweise, geringere Personalintensivität, Loslösung von Schienenverkehrsbindungen im Zentrum), letztere, weil sie von teurer in billige Fläche ausweichen müssen, und weil sich städtische Umweltbedingungen für das Wohnen verschlechtern. Erholungsraum schließlich muß in nicht-entwickelten Entleerungsgebieten gesichert werden.

Die ökonomische Erklärung dieses Vorgangs ist relativ einfach, wenn man sich an die plausible Annahme hält, daß innerhalb der Verflechtungsräume unterschiedliche Erreichbarkeiten bestehen und aufrechterhalten werden, und falls man davon ausgeht, daß die Erreichbarkeit das maßgebliche Kriterium für die Bodenpreisbildung darstellt[24]. Die Entmischung ergibt sich nun großteils aus den Beziehungen zwischen dem Boden als Marktgut einerseits und den Erträgen aus Erwerbszwecken in der Struktur der privaten Warenproduktion sowie der Kaufkraft für »Reproduktionszwecke« (Wohnen, Erholen, Freizeit) der Bevölkerung. Für den Nachfrager nach Boden für Reproduktionszwecke der Bevölkerung ist die Kaufkraft unabhängig vom Besitz eines bestimmten Grundstückes gegeben, und zwar aufgrund der vorhandenen Einkommensrestriktionen. Für den Nachfrager zu Erwerbszwekken jedoch besteht eine direkte Beziehung zwischen dem Besitz des Produktionsmittels Boden und seiner Kaufkraft. Dieser Zuteilungsmechanismus hat zur Folge, daß die Erwerbsnachfrage vor allem die Nachfrage nach Reproduktionsgütern der Bevölkerung auf dem besser erreichbaren Boden überbieten kann. Er zieht aber auch eine Entmi-

[24] Die empirische Überprüfung dieser These aufgrund von Regressionsanalysen am Beispiel der Stadt Zürich, vgl. bei: *Frick, A. / Kiener, U. / Vieli, K.* Bodenpreise und Stadtentwicklung, in: Schweiz. Zeitschrift für Volkswirtschaft und Statistik, Heft 1, 1973.

schung unter verschiedenen kaufkräftigen Erwerbsnachfragen (die Schnell-Imbißecke über das Schachcafé z. B.) nach sich[25].

Dieser großmaßstäbliche Entmischungsvorgang – ein einzelbetriebliches Renditekalkül also – bringt zunächst schlechte Auslastungen oder einen sprunghaft ansteigenden Bedarf öffentlicher Leistungen. Das fünfmalige Ein- und Ausatmen der regionalen Wirtschaftsräume im Rhythmus der Fünftage-Arbeitswoche bedingt eine je auf den Spitzenbedarf ausgerichtete Ver- und Entsorgung in Arbeitscity und Schlafstädten, ein überhand nehmendes Verkehrssystem, das – im Falle des schienengebundenen Nahverkehrs – immer zur Hälfte Leerkapazitäten herumschieben muß. Wird Wohnbevölkerung aus der City verdrängt, so müssen dort zugleich einwohnergebundene öffentliche Einrichtungen (Schulen z. B.) geschlossen und verlegt werden.

Dann aber steigt das Spektrum der *Folge*bedürfnisse, zu deren Befriedigung das politische System herangezogen wird, immer mehr an. Neben der Einrichtung z. B. eines Nahverkehrsmittels wie U- oder S-Bahn werden Park-and-Ride-Anlagen, Tarifsubventionierungen, Parkhäuser u. a. m. erforderlich. Sollen in einer Geschäftscity wertvolle Bausubstanz, einige grüne Bäume, kleine Läden des einfachen Bedarfs, gemütliche Kneipen oder einige Wohnungen stehenbleiben, so hat die öffentliche Hand zu subventionieren oder zu kaufen. Die Korrektur der totalen Entmischung muß gleich doppelt bezahlt werden: in den Zentren durch Subventionierung wenig gewinnträchtiger Nutzungen, in der Peripherie durch Anreize, Arbeitsplätze in reine Schlafzentren hineinzubringen.

Dabei geht es nicht um »Nostalgien«, um den Luxus der Erinnerung und Erhaltung der Stadt, wie sie einmal war, sondern um Funktionserfordernisse der »modernen« Stadt selbst: sie funktioniert nicht mehr bei Gewährenlassen ihres eigenen Mechanismus, dem Trend zur totalen Entmischung, und sie kann auch nicht mehr funktionieren, wenn im Zuge ökonomischer Rationalisierung Wohnungen abgerissen, aber keine neuen mehr gebaut werden, wenn der Bevölkerung bei Verlust nicht-ökonomischer Entfaltungsmöglichkeiten in der Stadt keine »Naherholungsgebiete« gesichert, erschlossen und erreichbar gemacht werden.

Das alles wäre in den Augen des »Systems« unproblematisch, wenn die steigende Produktivität der privaten Wirtschaft es erlauben würde, den sich ausweitenden öffentlichen Folgebedarf zu decken. Manches spricht gegen diese Annahme: die Realität der Verschlechterung der »allgemeinen Lebensbedingungen« in den Städten, die Realität des Nachhinkens der Qualität jener Güter und Bedürfnisbefriedigungen,

[25] Dazu näher: *Frick, A./Kiener, U./Vieli, K.*, a.a.O.

die nicht individuell kaufbar, sondern politisch zu vermitteln sind, die Finanznot der Gemeinden, die steigenden Defizite öffentlicher Dienste, die, um ein Beispiel zu nennen, nach Einführung des U- und S-Bahnbetriebes in München von zwei Dutzend auf 300 Mio DM anwuchsen – allein schon ein Zehntel des städtischen Haushalts. Diesen Problemen haben wir uns nunmehr im Folgenden zuzuwenden.

3. Verstädterung als Ungleichheit sozialer Vorteils- und Lastenverteilung

Wir hatten im vorherigen Abschnitt versucht, die Verstädterung vor allem aus dem Gesichtspunkt der Wirkungsweise ökonomischer Faktoren aufzuweisen. Wir sind dabei auf einige Probleme gestoßen, die der Verstädterung als ökonomischem Prozeß unterliegen. Probleme dieser Art sind nun allerdings nicht bloß »Systemprobleme«, welche eine Änderung oder Verbesserung von »Systemmanagement« notwendig erscheinen lassen. Vielmehr haben diese Probleme eine gesellschaftlich-soziale Dimension. Es läßt sich aufzeigen, daß Verstädterung nicht nur eine »Ungleich-Lösung« von Problemen darstellt, sondern verbunden ist mit einer strukturellen Ungleichheit sozialer Vorteils- und Lastenverteilung.

»Horizontale Disparitäten«

Die Ausweitung und Differenzierung der Warenproduktion, die gerade über die spezifische Form der Verstädterung und unter dem Einsatz komplementärer öffentlicher Mittel ermöglicht wird, hat die Lebenssituation des Städters auf der einen Seite nachhaltig verbessert: sein Lebensstandard in Form des Warenkorbs hat sich ständig vergrößert, seine Vielfalt ist gewachsen. Und es ist auch gelungen, über Massenproduktion und höhere Realeinkommen die Menge und Vielfalt dieser Waren auf dem Markt einem Großteil der gesamten Bevölkerung real zugänglich zu machen. Städtische Bevölkerung verdient und konsumiert stets mehr, und in vielen Bereichen ist Knappheit dem Überfluß gewichen.

Auf der anderen Seite aber stagniert die Befriedigung jener Bedürfnisse, wird unerschwinglich oder gar unmöglich, für die die Mittel nicht mehr individuell kaufbar sind, für die kein ökonomischer Markt da ist: Lärm, Abgase, die Gefahren des individuellen Verkehrs belasten den Städter in wachsendem Maße, natürliche Umwelt zur Erholung ist nur noch in anstrengenden Wochenendfahrten erreichbar, Krankenhaus-, Schul- und Wohnungsnot sind für verstädterte Gebiete notorisch und chronisch. Gerade für Gruppen, die nicht konsumieren im Sinne des Kaufs, oder denen durch Warenkonsum wenig gedient ist, ist die Stadt ein lebensfeindlicher Raum geworden: Kind-Sein, Krank-Sein, Alt-Sein, Deprimiert- oder Verlassen-Sein ist in der Stadt am härtesten, und das gilt nicht nur in der City, sondern auch in den künstlich aufgegrünten Schlafstädten, die beide soziale Halbwelten sind, weil am einen Ort nur noch gearbeitet, am anderen nur noch gewohnt und geschlafen wird. Der »Verlust der Öffentlichkeit« der Stadt, den Hans Paul Bahrdt diagnostizierte, ist ja kein zufälliges Ergebnis, sondern Ausdruck der Vorrangstellung eines Produktionsprinzips, das nicht auf die Herstellung gemeinsam zu nutzender und zu benutzender Gebrauchswerte gerichtet ist, sondern auf den Verkauf individuell zu nutzender Waren auf dem Markt. Er hängt nicht zuletzt damit zusammen, daß alle physischen und sozialen Stadtbereiche »durchökonomisiert«, d. h. von der Warenproduktion durchdrungen werden. Die Dominanz dieses Produktionsprinzips des individuellen Warenbesitzes und -konsums wird selbst dort noch durchgehalten, wo seine Nachteile für andere Lebenslagen offensichtlich und spektakulär sind, und wo die Alternative kollektiver Gebrauchsnutzung weit billiger wäre. Wir denken an den städtischen Verkehr, für den nach wie vor »produktdifferenzierte« Autos hergestellt werden, während die ganze bestehende Technologie seit hundert Jahren nur minimal eingesetzt wurde, um ein besseres öffentliches Transportmittel als Bahn und Bus zu produzieren.

Wenn wir ein beliebiges Buch zur Hand nehmen, das sich mit Problemen der Verstädterung befaßt, so werden immer dieselben »Krisensymptome« genannt, denen schon die Kapitelüberschriften folgen: Wohnen, Verkehr, Erholung, Umweltbelastung, Verfall der Sozialstrukturen. Diese Krisenprobleme bedeuten eine – im Vergleich zur Versorgung des Marktes – mangelnde und zurückhinkende soziale Bedürfnisbefriedigung, die von Galbraith seinerzeit als Unterschied zwischen »privatem Reichtum« und »öffentlicher Armut« diagnostiziert wurde, in der heutigen Politik unter dem Schlagwort »Diskrepanz zwischen Lebenstandard und Lebensqualität« eine stets größere Rolle spielt. Das Zurückhinken der Versorgung mit Gütern, die nicht individuell auf dem Markt kaufbar sind, sondern politisch hergestellt und verteilt werden müssen, wurde von *Claus Offe* als strukturelle und soziale Ungleichheit neuer Art bezeichnet[26]. An diesen *horizontalen Disparitäten* sei neu die Erscheinung, daß von der sozial ungleichen Bedürfnisbefriedigung alle Schichten und Klassen relativ gleichmäßig betroffen seien. Inhaltlich sei die Ungleichheit identifizierbar durch eine stets erweiterte Warenproduktion als Kapitalverwertung, der eine nur einfache Reproduktion der Arbeitskraft, d. h. eine nachhinkende Befriedigung der Wiederherstellungsbedürfnisse des Menschen gegenüberstehe.

Diese horizontalen Disparitäten als strukturelle Ungleichbefriedigung sozialer Bedürfnisse charakterisieren gerade die Lebensbedingun-

[26] Vgl. *Claus Offe*, Politische Herrschaft und Klassenstrukturen, in: Kress/Senghaas (Hrsg.), Politikwissenschaft, Frankfurt 1969, S. 155 ff. (178).

gen des verstädterten Menschen. Wenn wir an den vorherigen Abschnitt zurückdenken, so sehen wir, wie sich diese Ungleichheit etwa im Entmischungsprozeß durch den Mechanismus der Dominanz der Erwerbsnachfrage über die Nachfrage nach Reproduktionsgütern räumlich und sozial umsetzt. Wenn wir weiter daran erinnern, daß gerade mit zunehmender Verstädterung lebenswichtige Grundbedürfnisse, die Produktion von »Basisgütern« wie Wohnung und Erholung laufend aus der Kapitalverwertung entlassen werden, so zeigt sich weiter, daß gerade *allgemeine* Bedürfnisse eine ersatzweise Befriedigung durch sozialstaatliche Leistungen suchen und finden müssen. Wie das gegenwärtige politische System sich diesen Anforderungen gegenüber verhält, ist Gegenstand des zweiten Kapitels.

Ungleichheiten räumlicher Art

Verstädterung ist, wie wir gesehen haben, ein nach wie vor örtlich gebundener Entwicklungsprozeß, und er schlägt sich nieder in der Bildung von Verflechtungsräumen, denen Entleerungsgebiete entgegenstehen. Damit entstehen örtlich-strukturelle Ungleichheiten. Wenn davon die Rede ist, daß die »ländliche« Bevölkerung – und das sind je nach Abgrenzungskriterien derzeit noch 55 % der Gesamtbevölkerung, die auf 93 % der Fläche der BRD leben[27], so werden zumeist Einkommensunterschiede, Bildungs-, Arbeits-, Konsum- oder Versorgungsunterschiede angeführt. Trotzdem: nach welchem Maßstab wird hier verglichen? Hat es die »ländliche« Bevölkerung, über alles gerechnet, nicht doch besser? Hat nicht gerade sie noch »Lebensqualität«, eine intakte physische Umwelt, und wiegt die relative Unversehrtheit des »Landlebens« nicht die Nachteile von Einkommen und Lebensstandard auf?

Doch die Autonomie und Intaktheit ländlicher Räume, von der diese Argumentation ausgeht, ist eine Scheinautonomie. Ihre Abhängigkeit vom gesellschaftlich dominierenden Prozeß verstädterter Produktion zeigt sich in den verschiedensten Bereichen. Tatsache ist, daß sich diese ländlichen Gebiete nicht so halten lassen, wie sie sind. Die ökonomischen Unterschiede sind so groß, daß sozio-kulturelle und politische Bindungen nicht mehr ausreichen, um der Bevölkerung ein Verbleiben sinnvoll erscheinen zu lassen. Wird der Versuch struktureller Angleichung nur in Teilsektoren unternommen, z. B. durch Verbesserung der Bildungschancen, so begünstigt dies nur neue Abwanderung: die verbesserte Bildung kann in der ländlichen Erwerbsstruktur gar nicht ver-

[27] Hier benutzte Quelle: *Rainer Waterkamp,* Interventionsstaat und Planung; Raumordnung, Regional- und Strukturpolitik, Köln 1973, S. 43 f.

wertet werden, und die entsprechenden Leute wandern erst recht in städtische Zentren ab. »Strukturverbesserung«, »Aufrüstung des flachen Landes« ist nur möglich als Kopie von Verstädterung: Hinwendung zum Tertiärsektor mit notwendiger Bildung von Zentralität, Hinwendung von arbeits- zu kapitalintensiver Produktionsweise mit der Folge, daß die neue Produktionsstruktur von dort aus gesteuert wird, woher das notwendige Kaptial kommt: von den großen städtischen Entscheidungszentren aus. Und dort, wo der Dienstleistungssektor in Form von Erholungs- und Fremdenverkehrszentren direkt über den Agrarsektor gestülpt wird, da bleibt die völlige Abhängigkeit von der städtischen Konjunktur, denn die großräumige Arbeitsteilung – hier Produktion, dort Rekreation – ist eben strukturell nicht gleichwertig. Wir sehen das nicht nur an der Festlegung der Bergbevölkerung auf Bedienungsfunktionen in Hotelketten und Bergbahnen, sondern im großmaßstäblichen Aufkauf der ganzen Mittelmeerküste samt zugehörigen Inseln: eine Form der Kolonisierung durch das Kapital der Verflechtungsräume, in welcher einheimische Lebensweise nur noch als verkäufliches Show-Objekt für zuhause nicht mehr erleben-könnende und erleben-dürfende Touristenströme existieren kann. Ländliche Gesellschaft ist darum abhängig. Ihre Existenzform ist nicht eine noch mögliche Alternative, sondern verkümmert in ihren eigenen ökonomischen, politischen und sozio-kulturellen Bereichen. Ihre Fortentwicklung kann sich nicht als autonomer, sondern nur als Anpassungsprozeß vollziehen, und ihre Werte bestimmen sich nicht selbst, sondern aus ihrem Potential, Bedürfnisse zu befriedigen, welche die Stadt nicht herstellt.

Ungleichheiten schichtspezifischer Art

Wenn wir auf die horizontale Disparitäten hingewiesen haben, von denen verhältnismäßig alle Mitglieder der industriellen Gesellschaft betroffen sind, so heißt dies nicht, daß schicht- und klassengebundene Privilegierung der Bedürfnisbefriedigung aufgehört hätten. Vertikale Schichtungen der Gesellschaft sind ja keineswegs aufgehoben: Ungleichheiten der Vermögensverteilung – manche sagen auch der Bildung – nehmen zu, nicht ab. Nur ist der Bezug zwischen Einkommen, Status und Bedürfnisbefriedigung an manchen Stellen durchbrochen: etwa in den sozialstaatlichen Bereichen, wo unabhängig von der wirtschaftlichen Leistungsfähigkeit gleiche Leistungen bezogen werden.

Aber die vertikale gesellschaftliche Schichtung wird konkret sichtbar als ungleiche Bedürfnisbefriedigung auch und gerade in den heutigen Verflechtungsräumen. Dazu gehört die soziale Entmischung als räumlicher Prozeß, in den Kontrasten zwischen astreinen Villensiedlungen der Wirtschaftsoffiziere, den Großsiedlungen des sozialen Wohnungsbaus für Facharbeiter, und den verfallenden Wohnquartieren in Citynähe als Auffangorte für Gastarbeiter.

Dabei ist zu bemerken, daß Ungleichheiten dieser Art nicht »zufällig«, als Ausnahmeerscheinungen, sondern systematisch auftreten. So ist das konsequente Verfallenlassen alter Wohnquartiere – anstelle ihrer Instandhaltung auf bescheidenem Niveau für wenig kaufkräftige Bevölkerungsschichten – nicht ein Versagen des Marktmechanismus, sondern seine konsequente Anwendung: Slumbildung mit dem Ziel späterer kapitalintensiver Sanierung ist fast überall dort, wo sie stattfindet, die tatsächlich erfolgversprechendste Strategie für privates Immobilienkapital, wie mehrere amerikanische Untersuchungen ergeben haben[28].

Ein weiteres Problem sind die Belastungen, die dem städtischen Arbeitnehmer auferlegt werden, damit er überhaupt seinen Arbeitsplatz erreicht. Nachdem der Siedlungsprozeß bestimmt ist von den Möglichkeiten der optimalen Erzielung von Kapitalerträgen, kommt es – wie bereits geschildert – zum Entmischungsprozeß der Arbeitsplatzverdichtung in der City und zur Verdrängung von Wohnraum in die Randzonen. Das ständig weitere Auseinanderfallen zwischen Wohnung und Arbeitsplatz, das durch eine tägliche Massenzirkulation überbrückt werden muß, bedeutet nicht nur die Externalisierung von Kosten der Warenproduktion an das politische System, das die Verkehrswege bereitstellen muß, sondern stellt für den einzelnen Arbeitnehmer eine zusätzliche Belastung in der Form von Zwangsverkehr dar, über die der Franzose Michel Ragon schreibt:

»Die Fahrtzeit, die zur Arbeitszeit hinzukommt, macht die sozialen Errungenschaften seit 1936 null und nichtig. Zahlreich sind die Pendler, die, so ganz wie im 19. Jahrhundert, zwölf Stunden ihres Tages an den Beruf abtreten. Dr. René Binois schreibt in der ›Revue de médecine psychosomatique‹: ›Der moderne Lohnempfänger ist, wenn man die An- und Abfahrtszeiten zu und von seiner Arbeitsstelle hinzurechnet, einer Ermüdungsbelastung ausgesetzt, die nicht allzu weit von jener 73-Stundenwoche des Arbeiters von 1830 entfernt ist, dessen Wohnung vor der Tür seiner Fabrik lag‹.«[29]

[28] Dazu etwa: *Jerome Rothenburg*, The Nature of Redevelopment Benefits, in: *Edel, M./Rothenburg, J.* (Hrsg.), Readings in Urban Economics, New York 1972, S. 215 ff.

[29] *Michel Ragon*, Die großen Irrtümer (Vom Elend der Städte), dt., München 1972, S. 118.

Die Kumulation der sozialen Lasten

Wenn wir nun an die horizontalen Disparitäten erinnern, so zeigt sich, daß sie sich keineswegs gleichmäßig auf »alle« niederschlagen. Sie häufen sich unter den Bedingungen der Verstädterung bei jenen abhängig Beschäftigten, die bereits die Lasten der Ungleichheitsstruktur des Produktionsprozesses bzw. der hierarchischen Verwaltungsapparate tragen müssen. Auf der anderen Seite können sich immer wenigere den gehäuften Belastungen des Arbeitslebens in den Verflechtungsräumen entziehen, die »Mittelschichten« können es nicht, weder Gewerbetreibende, die aufgrund der massiven Konzentration städtischen Bodens bei großen Kapitalgesellschaften als Mieter in die Schere zwischen Ansteigen der Grundrente und sinkenden Erträgen kommen und pendeln müssen, noch der Großteil der in den Verflechtungsräumen konzentrierten Beamten- und Angestelltenschaft. Einzelne können »ausflippen«, doch gibt es in der verstädterten Gesellschaft, wie gezeigt, keine ländlich-agrarisch geprägte Lebensform im Sinne einer gesellschaftlichen Alternative. Von den Nutzen des Verstädterungsprozesses profitieren und seinen wachsenden Belastungen entgehen kann nur noch jene Minderheit, die sich jeweils in die Luxusappartements sanierter Zentrumsbereiche oder in die exklusiven Zufluchtsorte zurückziehen kann, an die der »Massenbetrieb« nicht heranreicht.

In der *Kumulation der sozialen Lasten*, der Verstärkung der gesellschaftsstrukturellen Ungleichheit, liegt das entscheidende *Politikum* der gegenwärtigen Verstädterung, der politische Kern der »Krise der ökonomischen Stadt«. Wir werden darauf bei der Analyse der herrschenden Politik der Verstädterung im Detail zurückkommen, einer Politik, die sich an den Zielnormen gesellschaftlicher Freiheit und Gleichheit messen lassen muß.

Aufgabe unserer bisherigen Ausführungen war, eine im Grunde allgemein akzeptierte These von ihren verschiedenen Gesichtspunkten zu erläutern und ihren politischen Kern herauszuarbeiten: die These von der »Krise der ökonomischen Stadt«. Ehe wir nun auf die erhoffte Rolle des »starken Staates« und die Rolle des wirklichen Staates eingehen, müssen wir zunächst eine Diskussion aufnehmen, die zunächst wie ein Umweg aussieht, aber nicht umsonst den gegenwärtigen Diskussionsstand zur Politik der Verstädterung bestimmt. Dieser ist, wie einleitend gezeigt, folgender: Zwar sei die »Krise der ökonomischen Stadt« die Erscheinungsform der »Krise des ökonomischen Systems«, d. h. die Produktion in der Warenform nehme gesellschaftlich überhand. Doch sei eben gerade der Markt, für den produziert werde, auch der entscheidende Garant gesellschaftlicher Freiheit. Es komme nur darauf an, »Markt und Wettbewerb in den Grenzen dessen, was der Gemeinschaft zuträglich ist«[30] zu halten. Und dieser Weg aus der Krise führe über zwei Brücken: einmal die »interne Machtkontrolle« in den Unternehmen, da »die wirkliche Macht in den Unternehmen schon längst von den juristischen Eigentümern zur sogenannten Technostruktur gewandert« sei – und zum anderen eben über den »starken Staat«. Im folgenden Zwischenabschnitt wollen wir diesem Gedankengang nachgehen, da er wichtige Weichenstellungen für die Einschätzung gegenwärtiger und zukünftiger Politik der Verstädterung enthält.

[30] *Hans-Jochen Vogel*, a.a.O., S. 308.

4. Freiheitliche Strukturelemente der Gesellschaft: Markt – innerbetriebliche Mitbestimmung – Staat?

Markt und Marktmodell

Um das herauszuschälen, was mit der Freiheitlichkeit »des Marktes« immer wieder gemeint wird, müssen wir an unsere historische Skizze anknüpfen und auf das »programmatische« Marktmodell zurückgehen. Das heißt, wir müssen analytisch die Tauschbeziehungen des Marktes von der Warenform trennen. Das läßt sich für die heutige Gesellschaft an einem einfachen Beispiel zeigen, in dem auch die schärfsten Kritiker der Marktfreiheit ungern auf sie verzichten möchten: am Heiratsmarkt. Der Heiratsmarkt ist der Prototyp freier Austauschbeziehungen von Angebot und Nachfrage. In diesen Austauschbeziehungen werden Lebensbedürfnisse nach individuellen Präferenzen beschafft und durch Auswahl unter einer Fülle alternativer Wahlmöglichkeiten befriedigt. Das Beispiel zeigt aber, daß die Freiheit der Marktwahl in der Wurzel abhängig ist von der Gleichheit der Tauschpotentiale. Freiheit als Gegensatz zu Herrschaft ist ohne Gleichheit nicht denkbar. Nun aber wird einsichtig, daß mit der Einführung der Warenform, d. h. mit der Ausrichtung eines Objektes auf das Moment des Tausches, seiner Instrumentalisierung *für* den Tausch, Herrschaftsbeziehungen in die Marktfreiheit eindringen, und zwar als Beziehungen zwischen Produzent und Produkt, wie auf Seite des Abnehmers durch die Kategorie des Warenpreises. Letzterer vervielfältigt die Auswahl für jene, die über viel Tauschmittel verfügen, schränkt sie aber für jene ein oder beseitigt sie ganz, die nur wenig oder zu wenig anbieten können. Selbst für den Heiratsmarkt kennen wir ja historische Beispiele für die Einführung der Warenform mit ihrer Verherrschaftlichung der Familienbeziehungen, die notwendig waren, um dem Kind jene Eigenschaften beizubringen oder zu erhalten, um es auf dem Heiratsmarkt günstig veräußern zu können, und wir kennen die Erscheinungsformen der Über- und Unterversorgung, der Reduzierung und Verweigerung von Wahlmöglichkeiten auf seiten der Abnehmer. Markttausch ist also nicht zugleich Warentausch. Dieser ist weniger; mit der Einzwängung der Tauschbeziehungen in die Warenform geht von der Freiheitlichkeit des Austausches unter Gleichen viel, oft alles verloren.

Die durch die Warenproduktion bewirkte Warenfülle von Gütern und Dienstleistungen und die Vervielfältigung der Tauschmöglichkeiten durch den Tausch von Ware gegen Geld erscheinen uns nun in einem anderen Licht: sie bedeuten zugleich Unfreiheit und Ungleichheit, wenn die volle Breite der Wahlmöglichkeiten nur für wenige eröffnet, für viele aber eingeschränkt wird. Umgekehrt können wir sagen: der Warentausch, d. h. der Tausch von Waren und Warenäquivalent, also Geld, bewahrt in dem Maße etwas von der Freiheitlichkeit des Markttausches, in dem er etwas von der Gleichheit der Tauschenden bewahrt. Ebenso wie die Rede von der Konsumentensouveränität als Entsprechung zur Volkssouveränität der Stimmbürger nur Sinn gibt, wenn die Stimmzettel des Geldes unter den Konsumenten gleich verteilt sind, laufen seit dem großen Adam Smith alle Vorstellungen von der freien Selbststeuerung des Marktes[31] von Angebot und Nachfrage über den Preismechanismus auf die Annahme der Gleichheit von Anbietenden und Nachfragenden, von Produzenten und Konsumenten hinaus: Damit bei knappem Angebot und steigenden Preisen der Preismechanismus wirksam werden kann, muß der Konsument auf die Abnahme ebenso souverän verzichten können, wie der Produzent auf die Produktion. Und damit bei steigender Nachfrage nicht nur mehr Ware auf den Markt kommt, sondern auch die Preise regulierend fallen, was wir uns heute sowieso nicht mehr vorstellen können, muß der Vielzahl der Konsumenten auch eine entsprechende Vielzahl voneinander unabhängiger Anbieter gegenüberstehen. Wobei im Modell der Ausgleichsfunktion des Marktpreises die Zerstörung auf beiden Seiten stets mitgedacht war: die Unterschreitung lebensnotwendiger Versorgungsgrade auf seiten der Konsumenten bei steigenden Preisen, den Konkurs auf seiten der Produzenten bei fallenden Preisen. Wir können nun die Frage nach der Freiheitlichkeit des Marktes als der Freiheit des Konsumenten nicht mehr als statische akzeptieren, sondern müssen die Dynamik des Warentauschs in Rechnung stellen. Der »rationale Tausch« des freiheitlichen Marktmodells setzt die Gleichheit des Potentials der Tauschenden voraus. Diese Gleichheit darf nicht strukturell unterlaufen werden, ohne die Rationalität der Tauschbeziehungen zu beeinträchtigen. Das aber ist, was im Falle des Warentauschs aus der Dynamik der Warenproduktion heraus fortlaufend geschieht. Da das leitende Prinzip der Warenproduktion die Akkumulation ist, wohnt ihr die Tendenz inne, jene Gleichheit von Waren- und Geldbesitzern im Tauschprozeß aufzuheben. D. h., ist die Warenproduktion die gesellschaftlich bestimmende Produktionsweise, so steht ihr der Markt nicht als stabiles Element der Freiheitlichkeit gegenüber, sondern sie tendiert aus sich selbst dazu, dessen Freiheitselement zu verdrängen.

Dieser Verdrängungsprozeß ist es, der als »Hinauswuchern« des »ökonomischen Systems« »über seine Grenzen hinaus« wahrgenommen

[31] Vgl. die Darstellung bei *Erich Preiser,* Nationalökonomie heute, Beck'sche Schwarze Reihe 5, München 1969, S. 14 ff.

wird – »Grenzen«, die ihm in seiner gegenwärtigen Struktur jedoch gar nicht gezogen sind. Das zeigt sich am deutlichsten am Prozeß der Herausbildung *marktbeherrschender* Großunternehmen.

Markt als Herrschaftsbereich

Zur Veranschaulichung sei nur an ein paar allgemein bekannte Zahlen erinnert: Bereits 1967 entfielen auf weniger als 8 % der Industriebetriebe über 70 % des Industrieumsatzes und mehr als ²/₃ aller Industriebeschäftigten[32]. 1972 sah in den führenden Branchen die Konzentration so aus: In der Chemie vereinigten die drei IG-Farben-Nachfolger Hoechst, BASF und Bayer mit der Henkel-Gruppe 70 % des Branchenumsatzes auf sich, in der Elektrotechnik Siemens, AEG, Telefunken, Bosch und IBM Deutschland 50 %, im Fahrzeugbau deckten vier Unternehmen 90 % des Inlandbedarfs. Beim Stahl machten Thyssen, Hösch, Krupp und Salzgitter 90 % des Umsatzes, und in der Nahrungs- und Genußmittelindustrie besaßen sieben Unternehmen 93 % des Marktanteils[33]. Der betriebswirtschaftlichen Unternehmensrationalisierung nach innen geht die rationale Außensteuerung über den Markt verloren, die ja den eigentlichen Sinn, nämlich die effiziente Befriedigung der auf dem Markt als »Nachfrage« geäußerten Bedürfnisse geben sollte. Und die Marktrationalität läßt sich auch im nachhinein nicht wieder herstellen, geschweige denn sichern. Was nutzt z. B. eine »vorbeugende Fusionskontrolle«, wenn die wesentlichen Fusionen schon stattgefunden haben? Und wenn die Übriggebliebenen ihrem Selbsterhaltungsinteresse durch ein Gentleman's agreement besser dienen als durch einen Preiskampf? Erinnern wir uns der alliierten Dekartellisierungspolitik, die so weit ging, bestehende Konzerne zu entflechten – und der dennoch kein geschichtlicher Erfolg beschieden war.

Wir wissen heute, daß die zur Absicherung des Organisationsbestandes der Großunternehmen angelegten Absatzplanungen, Marketing- und Werbestrategien erst die Bedürfnisse entwickeln und lenken, die für die Abnahme des Produzierten am Markt erforderlich sind. Insoweit richtet nicht der Markt die Produktion nach den Konsumentenbedürfnissen aus, sondern die Bedürfnisse nach den Erfordernissen der Produktion. Im Falle der steigenden Produktion für den Export ist der Arbeitnehmer schon von vornherein nicht sein eigener Konsumsouve-

[32] *Jörg Huffschmid,* Die Politik des Kapitals – Konzentration und Wirtschaftspolitik in der Bundesrepublik, edition suhrkamp 313, Frankfurt 1970, S. 42.
[33] DER SPIEGEL, Nr. 6, 1972, S. 30 ff.

rän, weil ihm sein Produkt gar nicht mehr angeboten wird. Zwar tritt aus der Kapitalperspektive nun der Weltmarkt an die Stelle des Binnenmarkts, an die Stelle des nationalen der internationale Konkurrenzkampf. Doch kann der Markt nur als Binnenmarkt Rationalitätsvorkehrung des Produktionsprozesses im Interesse der abhängig Produzierenden sein. Oder anders ausgedrückt: Wenn dem Export von Waren ein entsprechender Import von Waren gegenübersteht, die für die Konsumenten des Binnenmarkts nützlich sind. Die verselbständigte Exportproduktion eines entwickelten Landes wie der Bundesrepublik mit ihrem strukturellen Exportüberhang heizt zwar die Nachfrage auf dem Arbeitsmarkt an und führt zu Arbeitskraftimporten vom heutigen Ausmaß an Gastarbeitern, der Strom der Produkte ins Ausland ohne gleichwertigen Rückstrom an Importgütern trägt jedoch zur Entwertung der im Inland verdienten Arbeitseinkommen bei. Doch seien für unseren Zusammenhang die qualitativen Momente hervorgehoben, die die Entwicklung und Ausweitung der Warenproduktion im Verstädterungsprozeß gesellschaftlich problematisch machen:

Fragwürdig erscheint erstens, daß die Warenproduktion – ihrer Logik folgend stets kapitalintensiver betrieben und eindimensional rationalisiert – mithin Grundbedürfnisse zugunsten exklusiver aus ihrer Bedarfsdeckung entläßt, zweitens, daß sie in größtem Ausmaß Zwangsbedürfnisse schafft durch produktions-, nicht verbrauchsorientierte »Rationalisierung« – wie etwa bei der Ersetzung von Quartierläden durch Shopping-Centers auf grüner Wiese, die den Gebrauch des Autos für die Besorgung des täglichen Bedarfs voraussetzen.

Noch fragwürdiger erscheint drittens die Art der Vermarktung, die für den Stadtbereich gerade typisch ist: das Eindringen des Warentausches in sozio-kulturelle Bereiche bedeutet, daß der einzelne immer mehr in Warenform kaufen muß, weil er immer weniger Bedürfnisse in der Form des unentgeltlichen Umgangs mit Menschen befriedigen kann – und daß er deshalb auch immer mehr Geld verdienen muß.

Die industrielle Warenproduktion verkauft dann dem Konsumenten, was sie ihm anderswo wegnimmt: die Verdrängung von Freiraumarchitektur, Verlust von Erholungsraum, Kommunikationsbereichen, geselligen Lokalen, Plätzen und Parks muß gekauft werden durch mehr private Umwelt und mehr individuellen Verbrauchskonsum: mehr Wohnung, Zweitwohnung und Einrichtung, Zimmerlinde und Kanarienvogel, und Fitness-Gerät für mangelnde Bewegung.

Dies sollte nicht zuletzt jener Argumentation gegenüber geltend gemacht werden, die von einer sinnvollen Produktion, aber von einer unvernünftigen »Anspruchsinflation« der Konsumenten redet. Zumindest ist zu bedenken, wieviel »Lebensstandard« – etwa der motorisierte Wochenendausflug – sich erst als das Bedürfnis geltend macht, die zunehmenden Belastungen des Lebens in den Verflechtungsräumen zu kompensieren. Zur »Ersatzöffentlichkeit im Grünen« z. B. schreibt Felizitas Lenz-Romeiss:

»Man kann die Hypothese vertreten, daß in Naherholungsgebieten, in denen sich die Erholungssuchenden massieren, etwas gesucht wird, was es in der Stadt nicht mehr gibt: nämlich das öffentliche soziale Umfeld mit den typischen Verhaltensweisen des flüchtigen Kontaktes, der Selbstdarstellung, des Sehen und Gesehen werden.«[34]

Der Restbereich des Marktmodells

Die Gründe für den Verfall der Marktrationalität gegenüber der heutigen Wirklichkeit großindustrieller Warenproduktion bedeuten nun allerdings nicht, daß der Markt als Rationalitätsvorkehrung völlig entfällt. Es verbleiben Wirtschaftsbereiche, die dadurch gekennzeichnet sind, daß sie schlecht oder gar nicht monopolisierbar sind, obwohl auch hier die faktische Entwicklung der letzten Jahre viele liberale Lehrbeispiele aus dem Wege geräumt hat. So haben wir im Einzelhandel den Sieg der Warenhäuser und Handelsketten über die Tante-Emma-Läden erlebt und die erfolgreichen Disziplinierungsversuche eines Großverlegers gegenüber an sich selbständigen Zeitungshändlern. Doch gibt es z. B. kein Autoreparatur- oder Friseurmonopol. Gerade im Bereich der in der Warenform betriebenen Dienstleistungsproduktion besitzt die Marktkonkurrenz noch eine Rationalisierungschance, weil der Markt hier noch strukturell »offen« ist. D. h., um eine Reparaturwerkstätte oder einen Friseursalon aufzumachen, ist nur ein relativ geringer und deshalb noch für viele erschwinglicher Kapitaleinsatz bei hohem Anteil an eigener Arbeitsleistung erforderlich. Monopolisierungstendenzen lassen sich so leichter konterkarieren, wenn relativ leicht neue Anbieter am Markt auftreten können. Dieser Markt ist hier zudem jeweils räumlich begrenzt, weil die angebotene Ware im wesentlichen aus direkter Arbeitsleistung besteht. Gegenüber der an sich ja durchaus denkbaren Vorstellung einer riesigen Friseurbürokratie hat so der einzelne neueröffnende Friseur eine noch ins Gewicht fallende Chance. Es erscheint darum sinnvoll, mit James O'Connor[35] anhand dieser Kriterien für die Wirtschaft eines industriell entwickelten Landes zwischen Konkurrenz- und Monopolsektor zu unterscheiden. Während der Kon-

[34] *F. Lenz-Romeiss,* Freizeitplanung: Chance demokratischer Stadtentwicklung, in: Stadtbauwelt 25/26, 1972, S. 106.
[35] *James O'Connor,* The Fiscal Crisis of the State, New York (St. Martin's Press) 1973.

kurrenzsektor durch geringen Kapitaleinsatz pro Arbeitsplatz und relative Marktoffenheit gekennzeichnet ist, ist der Monopolsektor aufgrund des erforderlichen hohen Kapitaleinsatzes für outsider praktisch geschlossen und unterliegt damit nur noch der Tendenz zu weiterer Konzentration, sei es durch Fusionen, sei es durch Absprachen.

Gerade aufgrund seiner verselbständigten Akkumulation, die bis in die internationale Ebene hineinreicht, ist der Monopolsektor gegenüber dem Konkurrenzsektor der dominierende, in dem die größeren Gewinne und damit auch die höheren Löhne erzielt werden, hinter denen der Konkurrenzsektor strukturell zurückbleibt. Dabei ist zu beachten, daß diese Unterscheidung nicht einfach zwischen Großunternehmen einerseits und Mittel- und Kleinunternehmen andererseits verläuft. Vielmehr sind zum monopolistischen Sektor auch jene Vielzahl kleiner, häufig hoch spezialisierter Zuliefererbetriebe zu rechnen, die vom Florieren der marktbeherrschenden Großunternehmen unmittelbar abhängen. Von diesen besitzt Siemens z. B. rund 30 000 und Daimler-Benz rund 18 000[36].

Wenn man deshalb darauf hinweist, daß die Marktkonkurrenz durchaus noch Rationalisierungsfunktionen erfüllen kann, und zwar gerade im Bereich der haushaltsnahen Dienstleistungen, so bleibt festzuhalten, daß es sich hierbei im Rahmen der gesamten Produktionsstruktur um einen Residualbereich handelt. Der dominierende Bereich ist der monopolistische, in dem die Marktkonkurrenz als Rationalitätsvorkehrung entfällt.

Die Binnenkontrolle der marktbeherrschenden Unternehmungen und die These von der »Macht der Technostruktur«

Nun ist die These, die Außensteuerung über den Markt sei durch zunehmende Innensteuerung ersetzt worden, gerade im Hinblick auf die marktbeherrschenden industriellen Großbetriebe vertreten worden. Diese These ist insbesondere von John Kenneth Galbraith entwickelt worden, der auch den Begriff der »Technostruktur« geprägt hat[37]. Danach sintert gewissermaßen die an der Organisationsspitze zentralisierte Macht in die unteren Organisationsebenen, die von Galbraith sog. »Technostruktur«, hinein. Das wird so erklärt: Unter Konkurrenzbedingungen ist zur schnellen Reaktion auf die Marktlage die Zentralisierung der Leitungskompetenzen erforderlich – eben als Konsequenz

[36] *Huffschmid*, a.a.O., S. 70.
[37] *John Kenneth Galbraith*, Die moderne Industriegesellschaft (Originaltitel: »The New Industrial State«) München/Zürich 1968.

der Außensteuerung, die nach innen in Vollzug umgesetzt werden muß. Tritt dagegen im stabilisierten Großunternehmen, dem »ausgereiften Betrieb« wie Galbraith sagt, langfristige Entwicklungs- und Absatzplanung an die Stelle kurzfristiger Marktreaktion, so kehrt sich innerbetrieblich der Informations- und Kommunikationsfluß um. Die Planungen werden von unten herauf bearbeitet, aus den Informationen vieler Spezialisten zusammengesetzt, und die Konzernspitze kann sie nur noch ratifizieren und absegnen.

Die Zielsetzung der betrieblichen Mitbestimmung in den Großunternehmen setzt in ähnlicher Weise an dem Modell der organisatorischen Innensteuerung an. Gefordert wird die formelle Einrichtung, d. h. die institutionelle Absicherung eines Willensbildungsprozesses von unten nach oben zur Aufhebung der einseitig von oben nach unten durchorganisierten betrieblichen Hierarchie. Gegen das Ziel einer Ausgleichung des innerbetrieblichen Herrschaftsgefälles ist hier nicht zu argumentieren. Es ist auch keineswegs unrealistisch, sondern kann an reale Tendenzen innerhalb planender Großbürokratien auch im staatlichen Bereich anknüpfen. Unser Argument ist, daß die innerorganisatorische Aufhebung der Weisungshierarchie durch gegenläufige Willensbildungsprozesse gesellschaftlich nur dann im rationalen Sinne wirksam werden kann, wenn sie auf Prozesse bezogen bleibt, die von außen her die Rationalität der organisatorischen Zielsetzungen kontrollieren. Eine verselbständigte Innenkontrolle birgt die Gefahr, durchaus im entgegengesetzten Sinne wirksam zu werden, d. h. die in den Organisationsbestand eingebauten Elemente struktureller Herrschaft zu verstärken. Das läßt sich an Galbraiths eigener Argumentation erläutern. Danach beruht die betriebliche Macht der »Technostruktur«, die nach Galbraith vom Spitzenmanagement bis zu den Facharbeitern reicht, darauf, daß sie zur Aufrechterhaltung des Produktionsprozesses ihr technisches Wissen und organisatorisches Können zur Verfügung stellen müssen. Und diese Bereitschaft ist, so lautet das zentrale Argument, nicht mehr einfach als Ware in Geld kaufbar. Zwar sei ein auskömmliches Gehalt gewissermaßen die Grundvoraussetzung der Arbeitsleistung. Diese verlange aber eine darüber hinausgehende Motivation. Und diese folge eben aus der »Teilhabe an der Macht einer großen Organisation«. Schon dieses Argument verweist auf den kardinalen Punkt der Rationalität der Organisationsziele selbst. Denn die für sich genommene »Teilhabe an der Macht einer großen Organisation« war auch die Motivation des Blockwarts und des Rottenführers im Herrschaftssystem des NS-Regimes. Innerorganisatorische Mitbestimmung hat keinen Rationalisierungseffekt, wenn die Irrationalität in die Organisationsziele eingebaut ist, in deren Rahmen das Mitglied tätig wird. Und Galbraith' Ausgangsthese ist ja gerade, daß die Rationalität der von den Marktkontrollen befreiten großbetrieblichen Produktion nicht mehr gewährleistet ist. Seine weitergehende These ist darum, die Technostruktur könne »in gewissen Grenzen die Ziele des Unternehmens den eigenen angleichen«[38]. Und diese Grenzen sind durch die Produktionsweise gezogen, d. h. in Galbraith' Worten: »Die Technostruktur befaßt sich hauptsächlich mit der Herstellung von Waren sowie mit der dazu nötigen Lenkung und der Entwicklung der Nachfrage für diese Waren«[39]. In der Struktur der Warenproduktion ist Voraussetzung für die Erreichung der Eigenziele der Technostruktur, nach Galbraith die Erhöhung ihrer Autonomie, die vorrangige Absicherung der Autonomie des Unternehmens selbst durch die Erwirtschaftung einer ausreichenden Rendite. Weitere Unternehmensexpansion bringt ihr bessere Aufstiegschancen und erweiterte Verantwortungsbereiche. Die Eigenziele der sog. Technostruktur treiben also den Prozeß der aus den Fugen geratenen Warenproduktion an, statt ihn nach Sinnkriterien von innen heraus wieder unter Kontrolle bringen zu können. Hier drängen sich zudem Zweifel am Begriff einer einheitlichen »Technostruktur« auf: Verdeckt er nicht die Herausbildung einer neuen Ungleichheitsstruktur zwischen denen, die den Anschluß an die direkte Dispositionsfreiheit des Spitzenmanagements gewinnen und der großen Mehrheit von Arbeitnehmern der mittleren Etage, die alle Disposionsfreiheit verlieren und die mit Zuarbeiterdiensten vorlieb nehmen müssen[40]? Galbraith setzt in der Tat seine Hoffnung auf eine Minorität: Die Intellektuellen. »Das Industriesystem«, so schreibt er, »schafft sich für die eigenen intellektuellen und wissenschaftlichen Bedürfnisse die Gruppe von Menschen, die – hoffentlich – das Monopol des Industriesystems auf soziale Zielsetzung zurückweisen wird« – d. h. die »Erzeugung von immer mehr Waren für immer mehr Geld mit Hilfe immer fortschrittlicherer Technik«[41]. Ihre ästhetischen Bedürfnisse würden sich hiergegen zur Wehr setzen. Doch sind bekanntlich auch Intellektuelle für die Eigenziele der Technostruktur anfällig, besonders, wenn sie ihre ästhetischen Bedürfnisse in der Privatsphäre absättigen können: Persönliche Freiheit durch Teilhabe an der gesellschaftlichen Herrschaft zu erlangen, die den anderen die Abhängigkeitsrollen zuweist, war schon stets die Verlockung für strategische Minderheiten.

[38] *Galbraith,* a.a.O., S. 174.
[39] Ebd., S. 186.
[40] Zur Kritik an Galbraith aufgrund amerikanischen Materials vgl. *Richard Parker,* Der Mythos von der Mittelschicht, rororo-aktuell Nr. 1652, Reinbek 1973, bes. S. 136 ff. und 143 ff.
[41] *Galbraith,* a.a.O., S. 440.

Die Hoffnung auf den »starken Staat«

Ließe sich dieses Problem innerorganisatorisch auch durch eine konsequente Mitbestimmung aller Betriebsangehörigen umgehen, so sieht Galbraith doch mit Recht, daß alternative Ziele im Sinne der von ihm sog. »übergeordneten Zielsetzungen der Gesellschaft«[42] sich nicht auf dem Wege der organisatorischen Binnenkontrolle verwirklichen lassen. Hierzu sind Vorkehrungen erforderlich, die von außen ansetzen und den Organisationsbestand selbst in Frage stellen können. Galbraith richtet insoweit seine Hoffnung auf »den Staat« aufgrund seiner zunehmenden wechselseitigen Abhängigkeit mit »dem Industriesystem«. Zunehmender Staatseinfluß werde die Großbetriebe »in den Dienst sozialer Ziele stellen«[43]. Dies ist die Argumentation, der sich Vogel zur Lösung der städtischen Krise anschließt. Diese Auffassung geht von einer Dominanz des Staates in dem wechselseitigen Abhängigkeitsverhältnis aus, während Galbraith gerade den gegenläufigen Trend registriert, daß »das Industriesystem den Staat beherrscht und ihn seinen Zwecken dienstbar macht«[44]. Auch im Staatsapparat wirkt das Prinzip der »Technostruktur«, die Entscheidungsspielräume mit Hilfe einer technologisch orientierten Wissenschaft vom politischen Prozeß abzukoppeln und damit die interne Autonomie gegenüber den Vorkehrungen der Außensteuerung abzusichern. Die Staatsbürokratie hat es gegenüber den politischen Ansprüchen demokratischer Kontrolle freilich schwerer als der monopolistische Sektor der Produktion gegenüber dem Markt. Hier zeichnen sich die beiden gegenläufigen Entwicklungstendenzen ab: Die Tendenz zur administrativen Absicherung des Organisationsbestandes und die politische Tendenz zur Durchsetzung der inhaltlichen Zielansprüche gegenüber der bürokratischen Verselbständigungstendenz. Um sie näher erläutern zu können, ist zunächst die doppelte Abhängigkeit des Staatsapparats genauer zu bestimmen.

[42] Ebd.
[43] A.a.O., S. 434.
[44] A.a.O., S. 440.

5. Die doppelte Abhängigkeit des Staatsapparats – die fiskalische und die legitimatorische

Die Huckepack-Finanzierung der Staatsausgaben

Die klare Herausarbeitung der Tatsache, daß sich die gesellschaftliche Wertschöpfung in der Form der privaten Warenproduktion vollzieht, ist erforderlich, um die eine Seite der doppelten Abhängigkeit des politischen Systems voll verstehen zu können: Nämlich die fiskalische. Wert wird in der Produktion geschaffen und über die Veräußerung der produzierten Waren in Geld realisiert. Der Geldwert fällt an in Form von privaten Gewinnen und privaten Lohneinkommen, wobei nach der Struktur des Kapitalverhältnisses die Erzielung von Gewinneinkommen die strukturelle Voraussetzung für die Erzielung von Lohneinkommen ist: Geht die Gewinnerwartung hinter eine Marge zurück, die zur Aufrechterhaltung der privaten »Investitionsneigung« erforderlich ist, wird Arbeitskraft freigesetzt und das Lohneinkommen der Betroffenen entfällt. Vom Florieren dieses Wertschöpfungsprozesses, also von der Aufrechterhaltung der privaten Investitionsneigung, ist das politische System strukturell abhängig, weil es seine finanziellen Ressourcen in Form von Gewinn- und Lohnsteuer aus diesem Wertschöpfungsprozeß »abschöpft«. Dabei macht, wie die Steuerstatistik zeigt, die direkte Lohnsteuer und die Umsatzsteuer, die wiederum indirekt die Lohneinkommen am stärksten belastet, den Löwenanteil der staatlichen Einnahmen aus. Die Abwälzbarkeit der Gewinnsteuern über die Preise auf die Verbraucher und damit auf die netto-Lohneinkommen ist dem noch hinzuzurechnen. Die aus Steuern bezahlte staatliche »Wertschöpfung« in Gestalt von staatlichen Löhnen, Sozialleistungen und Investitionen reist also »Huckepack«. Der staatliche Autonomie- und Handlungsspielraum ist zweiter Hand. Und daraus folgt, daß ein wesentlicher Teil der abgeschöpften Mittel wieder so verwendet werden muß, daß der Prozeß der privaten Warenproduktion in Gang gehalten wird, um wieder Steuern aus ihm abschöpfen zu können. Das ist der Sinn der Rede, die Politik dürfe die Kuh, die sie melken wolle, nicht schlachten, sondern müsse sie füttern. Anders ausgedrückt: Wichtigste Aufgabe des Staates sei es, die Kapitalismusstruktur der gesellschaftlichen Produktion aufrechtzuerhalten und abzusichern, da er nach der Art seiner finanziellen Versorgung und damit seiner eigenen Handlungsfähigkeit strukturell von ihr abhängig ist. Und dieses Abhängigkeitsverhältnis lasse sich nicht auf einzelne Großunternehmen zurückführen, denn gegenüber jedem Einzelunternehmen sei der Staat zwar der stärkere.

Wohl aber auf die Entwicklungsbedürfnisse des dominanten, die Entwicklungsrichtung der privaten Warenproduktion bestimmenden Teils der Wirtschaft, eben des monopolistischen Sektors in seiner Gesamtheit. Und in diesem wiederum nehmen als die treibenden Entwicklungskräfte, von denen auch die staatliche Einnahmenentwicklung entscheidend abhängt, die Wachstumsindustrien des Komplexes Chemie, Erdölverarbeitung, Fahrzeugbau, Elektroindustrie eine besondere Rolle ein. Hieraus folgt der strukturelle Zwang zur staatlichen Wachstumspolitik. D. h., um die staatlichen Einnahmen zu erhalten und zu verbessern, muß der Staat selbst die weitere Akkumulation fördern, d. h., dafür sorgen, daß weitere Investitionen in die Warenproduktion immer weiter rentabel bleiben.

Fiskalisch orientierte Politik

In der Tat lassen sich zentrale staatliche Politiken aus diesem strukturellen Abhängigkeitsverhältnis erklären wie die Politik der »Globalsteuerung« oder die sog. produktivitätsorientierte Strukturpolitik. Die Globalsteuerung soll die staatlichen Ausgaben zur Stabilisierung der Gesamtnachfrage einsetzen und mit dem Instrumentarium des Stabilitätsgesetzes die Haushaltsgebarung von Bund, Ländern und Gemeinden darauf einstellen, Wachstumseinbrüche in der Entwicklung der privaten Warenproduktion zu verhindern. Dazu gehört die Politik der staatlichen Lohnleitlinien, so daß der Politik der Globalsteuerung insgesamt die Funktion zukommt, durch die Garantie globaler Wachstumsraten die Investitionsneigung und damit den Prozeß privater Wertschöpfung in Gang zu halten. Das gleiche gilt für die Strukturpolitik. »Produktivitätsorientierte« Strukturpolitik bedeutet, daß entgegen dem raumplanerischen Konzept eines flächendeckenden Netzes zentraler Orte, das sich an Versorgungsstandards der Bevölkerung orientiert, die öffentlichen Investitionen in bereits vorhandenen regionalen Schwerpunkten gebündelt werden, um jene kritische Masse ökonomischer Standortvorteile zu schaffen, die günstige Anlagechancen für private Investitionen eröffnet[45].

Anders ausgedrückt: die fiskalische Abhängigkeit zwingt den Staat, »zentrale Orte« nicht zum Ausgleich, sondern gerade zur Verstärkung städtischer Agglomerationsbildung zu fördern.

[45] Vgl. z. B. *Heiner Hautau*, Produktivitätsorientierte Industrieansiedlung in der Stadt- und Regionalplanung, Beiträge zur Stadt- und Regionalforschung, Bd. 5, Göttingen 1972.

Das Beispiel der staatlichen Regionalpolitik

Diese Umdeutung eines Konzepts läßt sich an folgenden Zitaten ablesen:

In seinem umfangreichen Werk über den »Neubau der Verwaltung« hatte Frido Wagener 1969[46] unter dem Stichwort »zentrale Orte« geschrieben: »Unter den Grundsätzen der Raumordnung nach § 2 Abs. 1 Ziffer 3 Bundesraumordnungsgesetz vom 8. 4. 1965 (BGBl. I, S. 306) heißt es, daß in den Gebieten, in denen die Lebensbedingungen in ihrer Gesamtheit im Verhältnis zum Bundesdurchschnitt wesentlich zurückgeblieben sind oder ein solches Zurückbleiben zu befürchten ist, die allgemeinen wirtschaftlichen und sozialen Verhältnisse sowie die kulturellen Einrichtungen verbessert werden sollen. In den Gemeinden dieser Gebiete sollen die Lebensbedingungen der Bevölkerung, insbesondere die Wohnverhältnisse sowie die Verkehrs- und Versorgungseinrichtungen, allgemein verbessert werden. *In einer für ihre Bewohner zumutbaren Entfernung sollen Gemeinden mit zentralörtlicher Bedeutung* einschließlich der zugehörigen Bildungs-, Kultur- und Verwaltungseinrichtungen *gefördert werden.* Diese Bestimmung war das Ergebnis jahrelanger Bemühungen um die Klärung des Begriffs des zentralen Ortes und um seine praktische Anwendung in der Regional- und Landesplanung.«

»Die *Zentralität eines Ortes* und der Grad seiner Zentralität hängen vor allem vom *Bedarf des Einzugsbereichs an zentralen Gütern und Diensten* einschließlich der öffentlichen Daseinsvorsorge und von seiner Leistungsfähigkeit und Vielfalt im Angebot zur Befriedigung des Bedarfs ab.« (Hervorhebungen von uns.) Damit war der Zielinhalt des Raumordnungskonzepts, die Orientierung an Versorgungsgraden der Bevölkerung, umrissen, das, was mit der »Förderung« durch die öffentliche Hand eigentlich erreicht werden *sollte.* Wurde aber an die praktische Umsetzung gedacht, so schob sich in den Vordergrund, was der Staat wirklich tun *kann.* Und die realistische Einschätzung der Schlüsselstellung betrieblicher Investitionsentscheidungen brachte eine Umdeutung des Konzepts mit sich. So sagte der Raumwirtschaftler Edwin von Böventer am Schluß seines Referats über »die räumlichen Wirkungen von öffentlichen und privaten Investitionen« auf der Tagung des Vereins für Socialpolitik zu »Grundfragen der Infrastrukturplanung für wachsende Wirtschaften«[47]: »Insgesamt möchte ich also dafür plädieren,

[46] *Frido Wagener,* Neubau der Verwaltung, Schriftenreihe der Hochschule Speyer, Bd. 41, Berlin 1969, S. 178.
[47] In: *Arndt, Swatek,* a.a.O., S. 187.

- daß größere Richtwerte für die Regionalzentren und Unterzentren gesetzt werden als bisher, da *nur so* die Abwanderung in die jeweils nächst größeren Zentren eingedämmt und eine zu weitgehende Entleerung ländlicher Gebiete verhindert werden kann;
- daß die regionale Verteilung der öffentlichen Investitionen diesem Ziel untergeordnet wird, *da nur eine Massierung öffentlicher Investitionen die erwünschten privaten Investitionen* nach sich zieht und
- daß stärker als bisher die Regional-, die Struktur- und die Konjunkturpolitik gekoppelt werden« (Hervorhebungen von uns).

Und diese »Koppelung« bedeutete eine Umkehrung des leitenden Zielgesichtspunkts, der nun als »Gießkannenprinzip« ironisiert wurde:

»Die Regionalpolitik sollte nicht in erster Linie ein Instrument der Sozialpolitik sein oder auf Bedarfsermittlungen beruhen.« Das war ihre Rechtfertigung gewesen. »An die Stelle des Gießkannenprinzips hat viel stärker als bisher das Prinzip einer ganz bewußt ungleichmäßigen Förderung von Orten zu treten, und zwar gerade der entwicklungs*kräftigsten* Orte, einer Förderung, von der im Endeffekt auch die *zunächst* benachteiligten Kleinzentren profitieren« (Hervorhebungen im Original). Also »Massierung öffentlicher Investitionen« da, wo schon Agglomeration vorhanden ist, um deren Wachstum zu fördern in der Hoffnung auf höhere Steuereinnahmen, die dann »im Endeffekt« auch den Benachteiligten zugute kommen sollen. Und Herbert Ehrenberg, der damalige Unterabteilungsleiter für Strukturpolitik im Bundeswirtschaftsministerium »und – das darf ich in aller Bescheidenheit sagen – Erfinder der regionalen Aktionsprogramme« (Ehrenberg), bestätigte: »Die Bundesrepublik hat ja den immens großen Vorteil, daß sie im Vergleich zu ihren europäischen Nachbarn nicht nur über ein zentrales Ballungsgebiet verfügt, sondern über eine ganze Reihe von Ballungszentren über Hamburg, das Ruhrgebiet, das Rhein-Main-Delta bis nach Stuttgart und München . . . Das regionalpolitische Konzept der Bundesregierung ist darauf ausgerichtet, innerhalb dieser schon relativ ausgewogenen (!) Wirtschaftsstrukturen, mit für sich betrachtet, natürlich noch großen Unterschieden, jene für mein Empfinden etwas zu kleinkariert geratene Theorie der zentralen Orte etwas anzuheben und die zentralen Orte so auszuwählen, daß daraus wirklich regionale Schwerpunkte als Kern regionaler Ballungen werden können.«[48]

[48] In der Diskussion zu seinem Beitrag: Strategien langfristiger Infrastrukturpolitik, auf derselben Tagung, a.a.O., S. 683.

Die Anforderungen demokratischer Legitimation

Dieses Beispiel beleuchtet die zweite, legitimatorische Seite der Abhängigkeit staatlicher Politik, zugleich aber auch ihre Untergewichtung gegenüber der anderen Seite, der fiskalischen Abhängigkeit: Zwar bleibt staatliche Politik gebunden an die Zielnormen gesellschaftlicher Freiheit und Gleichheit: die Ermöglichung der freien Entwicklung eines jeden als Bedingung der Freiheit Aller.

Es ist deshalb kein Zufall, daß das Bundesraumordnungsgesetz an die inhaltlichen Zielkriterien des Grundgesetzes anknüpft und das Raumordnungskonzept der flächendeckenden zentralen Orte die Aufhebung jenes Stadt–Landgegensatzes postuliert, der der räumliche Ausdruck gesellschaftsstruktureller Ungleichheit ist – etwa gerade einer Ungleichheit der Versorgungsgrade. An diesem Gleichheitskonzept wird politisch in der Form der Zielplanung aus legitimatorischen Gründen festgehalten, weil nach wie vor die Legitimität staatlicher Herrschaft an die Wahlentscheidungen der Stimmbürgerschaft gebunden ist. Die regionale Wirtschaftsförderung richtet sich aber de facto aus fiskalischen Gründen nach den Standortbedürfnissen der Privatwirtschaft, womit dann wieder der Prozeß der ungleichen Entwicklung von Entleerungs- und Agglomerationsräumen gefördert wird. Die »Ziele der Raumordnung« aber werden *in ihrem Wortlaut* nicht geändert. So wird auch der Begriff des »zentralen Ortes« mit seinem Sinngehalt der Orientierung an Versorgungsstandards der Bevölkerung durchaus weiterverwendet. Er erfährt nur in der Praxis, im administrativen »Vollzug« eine *Umdeutung*, die der Zielrichtung, die er als Programmpunkt angab, widerspricht. »Zentralität« bedeutet nun: Agglomeration, die ausreicht, die Investitionsneigung finanzkräftiger Unternehmen anzuregen. Der ursprüngliche »Zielgehalt« wird so zwar *praktisch verfälscht*, doch bleibt er aus legitimatorischen Gründen deshalb wichtig, weil mit ihm die *fiskalisch* orientierte Praxis *gerechtfertigt* werden kann. Und zwar genau so lange, wie diejenigen, denen gegenüber die staatliche Politik demokratisch gerechtfertigt werden muß, *glauben*, daß die fiskalisch orientierte Praxis »im Endeffekt« das zur Rechtfertigung angegebene Ziel erreichen wird. Globalsteuerung und Strukturpolitik werden unter legitimatorischem Gesichtspunkt zusammengefaßt unter dem Begriff der »Vollbeschäftigungspolitik«. Ihr erklärtes Ziel ist die Sicherung der Arbeitsplätze und damit der Lohneinkommen der Arbeitnehmer. Da die Lohneinkommen aber in der Struktur der privaten Warenproduktion verdient werden, kann die staatliche Politik nicht direkt, sondern nur *indirekt* etwas für die Arbeitnehmerinteressen tun – eben dadurch, daß sie *direkt* die Investitionsneigung der Investoren durch die Verschaffung von Gewinnaussichten anreizt. Sie muß also die von der Struktur der privaten Warenproduktion Begünstigten noch mehr begünstigen, um dadurch mittelbar auch etwas für die Abhängigen tun zu können. Die Politik, die unter dem legitimatorischen Anspruch auftritt, die gesellschaftliche Gleichheit zu fördern, ist also aufgrund ihrer eigenen fiskalischen Abhängigkeit vom Prozeß der privaten Warenproduktion gezwungen, mit ihren praktischen Maßnahmen deren Struktur gesellschaftlicher Ungleichheit fortzuschreiben. Sie muß zudem weiterhin Arbeitskraft in den Prozeß der Produktion von Gütern und Dienstleistungen, die sich als Waren absetzen lassen, kanalisieren, um aus diesem Prozeß die Mittel abschöpfen zu können, mit denen allein öffentliche Dienstleistungen finanziert werden können.

Das Dilemma staatlicher Reformpolitik – am Beispiel: »Verbesserung der Lebensqualität«

Nun besteht gegenwärtig in der Öffentlichkeit in der Bundesrepublik ein breiter Konsens darüber, daß eine Umschichtung der Ausgaben vom privaten Warenkonsum zu den öffentlichen Dienstleistungen hin erforderlich sei. Die Gründe hierfür sind oft genannt worden: Es war die Rede von dem privaten Reichtum und der öffentlichen Armut, dem Fehlbedarf an Krankenhausbetten, Kindergarten-, Altersheimplätzen und billigen Wohnungen, den überfüllten Schulen und Hochschulen. Auf der anderen Seite war die Rede vom Fetisch Konsum, den übersteigerten Ansprüchen der Verbraucher, der Formel: »wir alle leben auf zu großem Fuß«[49]. Der Begriff der »Qualität des Lebens«, gerichtet gegen die Politik der Garantie quantitativer Wachstumsraten, sollte diese Defizite ansprechen und der Forderung nach einer Umorientierung der Ausgabenpolitik die Richtung angeben. Besondere Anschaulichkeit und Dringlichkeit erhielt diese Forderung angesichts der Lebensbedingungen in den Verflechtungsräumen vor dem Hintergrund fortschreitender Verstädterung.

Bei zunehmender städtischer Agglomeration, die, wie wir sahen, von der staatlichen Strukturpolitik noch gefördert wird, gewinnen aber zunehmend Leistungen an Bedeutung, die von der öffentlichen Hand erstellt werden müssen: von der Kanalisation, der Wasserversorgung und den Verkehrsanlagen über die zuvor genannten Einrichtungen der »Daseinsvorsorge«, die einst der ländliche Haushalt – wenn auch schlecht und recht, so doch wenigstens überhaupt – hatte abdecken können; bis zur ästhetisch befriedigenden Gestaltung von Stadtbild und

[49] Spiegelgespräch mit dem Vorstandsvorsitzenden der Demag, Reuter, in: DER SPIEGEL, Nr. 24/1973.

Wohnquartier, die ohne erhebliche finanzielle Aufwendungen nicht zu haben sind. Es war darum kein Zufall, daß der Begriff der »Lebensqualität« besonders bei Betrachtung der städtischen Szene verstanden und von den Kommunen aufgegriffen wurde. Der Appell des Deutschen Städtetages von 1971 »Rettet unsere Städte jetzt« war darum der plakative Ausdruck der Forderung nach einem vermehrten öffentlichen Ausgabenvolumen auf Kosten des individuellen Konsums und seiner Orientierung an den Lebensansprüchen, die bei städtischer Lebensweise durch individuelle Kaufakte am Markt nicht mehr befriedigt werden können. Dem entsprach die Erfahrung, daß sich die destruktiven Begleiterscheinungen der industriellen Güterproduktion, insbesondere der in den Verflechtungsräumen konzentrierten Wachstumsindustrien mit ihren hohen Verschmutzungsgraden von Luft und Wasser und ihren Abfallproblemen gerade in den verstädterten Räumen konzentrieren. Folglich werden auch hier die Maßnahmen zur Kompensation dieser Schäden mit ihren entsprechenden Aufwendungen besonders dringlich und ihre Notwendigkeit zur Sicherung von »Lebensqualität« unmittelbar anschaulich.

Zwar lassen sich alle diese Leistungen grundsätzlich auch in der Warenform erbringen, nur treten dann eben die bekannten Rationalitätsverluste auf. Im Falle der Umweltbelastungen z. B. lassen sich »Antitechnologien« entwickeln und Umweltschutzgüter produzieren und verkaufen. Der Staat kann durch Reinhaltungsvorschriften einen künstlichen Markt erzeugen, auf dem von den verschmutzenden Industrien Reinhaltungseinrichtungen nachgefragt werden müssen, die von anderen Industrien hierfür produziert und angeboten werden. Auf diese Weise lassen sich viele Arbeitsplätze erhalten und neue erschaffen, das Wachstum der Warenproduktion nimmt zu und der Warenexport läßt sich weiter steigern[50]. Zu fragen ist nur, ob dies ein sinnvoller Einsatz der insgesamt verfügbaren Arbeitskraft ist, ob sie nicht an anderer Stelle dringender gebraucht wird, so daß, in Arbeitskraft gemessen, der Umweg über die Antitechnologien *zu teuer* ist, es vielmehr auf die Entwicklung von Produktionstechnologien ankäme, die von vornherein die Umweltbelastungen vermeiden. Fragt man, wo die verfügbaren Arbeitskräfte dringender gebraucht werden, so führt das auf die Gebiete struktureller Unterversorgung zurück. Auch die Leistungen Krankenversorgung und Unterricht lassen sich in der Warenform erbringen. Privat-Krankenhäuser und Privatschulen können durchaus

[50] *Volker Ronge*, Die Umwelt im kapitalistischen System, in: *Manfred Glagow* (Hrsg.), Umweltgefährdung und Gesellschaftssystem, Piper Sozialwissenschaft, Bd. 15, München 1972, S. 114 f.; vgl. auch: *Johan Galtung*, Wachstumskrise und Klassenpolitik, in: Leviathan, Zeitschrift für Sozialwissenschaft, Heft 2/1973, S. 270.

rentabel betrieben werden, wenn die Preise entsprechend hoch gesetzt werden. Auch der Staat kann sich dem anpassen. Rationalisierung der Bundesbahn hieß lange Zeit: unrentable Strecken stillegen und die Fahrpreise erhöhen, also die Leistungen einschränken, exklusiv machen und nur noch für die Snobs bereithalten, die genug dafür bezahlen. Auf diese Weise sind z. B. die privat betriebenen amerikanischen Eisenbahnen bis auf einige lukrative Linien verschwunden. Der numerus clausus an den Hochschulen könnte aufgehoben und die Überfüllung schlagartig beseitigt werden, wenn so hohe Gebühren erhoben würden, daß nur so viele Studenten sich den Hochschulbesuch leisten könnten, wie Plätze vorhanden sind. Nach der Einkommensstruktur der privaten Warenproduktion wären dies freilich die Töchter und Söhne der Bezieher von Gewinneinkommen und Spitzengehältern. Diese Kontrastbeispiele zeigen, daß die Forderung nach Ausdehnung und Umorientierung der öffentlichen Ausgaben darauf gerichtet ist, diese strukturelle Unterversorgung zu vermeiden, die die Warenform bei Leistungen mit sich bringt, die nicht durch Massenproduktion billig vermehrt werden können. Das ist typischerweise gerade bei den qualitativen Dienstleistungen der Fall, die nur über den vermehrten Einsatz qualifizierter Arbeitskräfte vermehrt werden können, also z. B. von Lehrern, Sozialarbeitern, Ärzten und Krankenschwestern. Da das Grundrecht der freien Entfaltung der Persönlichkeit einem jeden zusteht, ist im Rahmen des Grundgesetzes keine Politik zu rechtfertigen, die diese Leistungen etwa nach dem Kostendeckungsprinzip für jene reserviert, die nach der Ungleichheitsstruktur des Kapitalverhältnisses notwendigerweise die höchsten Einkommen beziehen. Die unter dem Stichwort der »Qualität des Lebens« betriebene Politik der Übernahme von Dienstleistungen, die für die Qualität der Lebensbedingungen bei städtischer Lebensweise immer wichtiger werden, durch den Staat und ihre Finanzierung aus allgemeinen Steuermitteln ist darauf angelegt, die durch die Warenform bedingte Ungleichheit der Versorgung auszuschalten und sie den grundgesetzlichen Zielnormen gesellschaftlicher Freiheit und Gleichheit aller näherzubringen.

Das hat freilich zur Voraussetzung, daß an die Stelle von Gewinnerwartung und Marktpreis ein anderer Mechanismus der Zuordnung von Ressourcen und Leistungen tritt. Ein solcher ist in Gestalt des demokratischen Willensbildungsprozesses »an sich« auch bereits vorhanden: die Bürger artikulieren im Prozeß politischer Auseinandersetzung ihre Wünsche und klären die Leistungsstandards für eine ihnen ausreichende Versorgung ab. Die politische Diskussion schält heraus, welche Aufwendungen dafür erforderlich sind. Die Bürger entscheiden in Abstimmungen direkt oder über ihre gewählten Vertreter, wieviel Arbeitskraft sie in Gestalt von Steuern dafür aufzuwenden bereit sind und wieviel sie in die Produktion individuell konsumierbarer Waren stecken wollen.

Das ist freilich ein gedachtes Modell, dem die Wirklichkeit keineswegs entspricht. Doch die institutionellen Regeln, nach denen mit gleichem Stimmrecht aller Volljährigen die Parlamentarier und Stadtverordneten gewählt werden, die nach den politischen Prioritäten, mit denen sie sich zur Wahl gestellt hatten, über Umfang und Art staatlicher Einnahmen und Ausgaben in Gestalt des Haushalts beschließen *sollen,* empfangen von diesem Modell her ihren Sinn. Diesem in die existierenden demokratischen Institutionen eingebauten Sinn wird allerdings von der Struktur des gesellschaftlichen Wertschöpfungsprozesses, aus dem der Staat seine Einnahmen ziehen muß, entgegengewirkt. D. h., die vorausgesetzten Wahlmöglichkeiten des demokratischen Willensbildungsprozesses, die für eine Umschichtung von privatem Konsum auf die öffentlichen Dienstleistungen erforderlich wären, bestehen de facto nicht, weil die öffentlichen Ausgaben nur huckepack finanziert werden können. Vom einzelnen Verbraucher und Staatsbürger her gesehen sieht das so aus: er hat auf dem Warenmarkt eine Fülle von Wahlmöglichkeiten zwischen Schwarzweiß- und Farbfernsehern, Autos verschiedener Karosserie usw. Im Rahmen der so gestellten Alternativen ist es rational, sich nach den Vorzügen des Warenangebotes zu richten, beispielsweise den Farbfernseher dem Schwarzweiß-Modell vorzuziehen und dafür zu arbeiten. Die Alternative zwischen Fernseher und Krankenhausbett wird hier jedoch nicht gestellt. Hat der einzelne erkannt, daß er zwar einen Farbfernseher wählen kann, dafür aber, wenn er krank wird, im Krankenhaus auf dem Flur schlafen muß oder gar kein Bett bekommt, taucht die Frage auf, ob es nicht rationaler sei, statt für noch mehr Fernseher, Cassettenrecorder und neue Autotypen für mehr Krankenhausbetten mit entsprechender ärztlicher Versorgung zu arbeiten, d. h. für die Umschichtung vom sogenannten privaten auf den sogenannten öffentlichen Bedarf. So einleuchtend das ist, so schwierig ist es jedoch in der gegenwärtigen Struktur zu realisieren. Denn hörten die Menschen auf, für noch mehr Waren zu arbeiten, so gingen die staatlichen Einnahmen zurück und es gäbe noch weniger Krankenhausbetten als vorher. D. h., um eine bessere öffentliche Gesundheitsversorgung zu ermöglichen, müssen vorab stets noch mehr Waren produziert und abgesetzt werden, damit aus den nachträglichen Abschöpfungsbeträgen auch mehr Krankenhausbetten finanziert werden können. D. h., die Alternative Farbfernseher *oder* Krankenhausbett, die der Vorstellung einer »Umschichtung« vom privaten zum öffentlichen Bedarf zugrunde liegt, ist in der Struktur der Wertschöpfung durch Warenproduktion und nachträglicher fiskalischer Abschöpfung gar nicht zu stellen. Die Alternative heißt: mehr Krankenbetten nur dann, wenn zuvor für mehr Fernseher gearbeitet worden ist. Der private Konsum behält seinen strukturellen Vorrang, weil die private Warenproduktion strukturellen Vorrang besitzt und den Konsum erfordert. Die Formel von der »Qualität des Lebens«, die einst eine alternative Zielrichtung angeben sollte, wird nun unter Berücksichtigung dieses strukturellen Zusammenhangs umgewendet. Sie lautet nun nach einer Forderung der Bremer Deputation für Wirtschaft und Außenhandel vom April 1973: Stärkung der Lebensqualität durch Industrieansiedlung mittels »aktiver Grundstücks-Politik«. Die »Bereitstellung erschlossenen Gewerbegeländes für expandierende bremische Unternehmen und ansiedlungswillige neue Unternehmen habe vorrangig der Schaffung neuer Arbeitsplätze zur Sicherung der Vollbeschäftigung, der Erhaltung und Stärkung der Lebensqualität in Bremen zu dienen«[51].

Ein theoretisches Modell

Die doppelte Abhängigkeit des staatlichen Apparats, die wir hier beschrieben haben, ist von Claus Offe in einem anschaulichen begrifflichen Schema dargestellt worden, das wir nachstehend wiedergeben[52]:

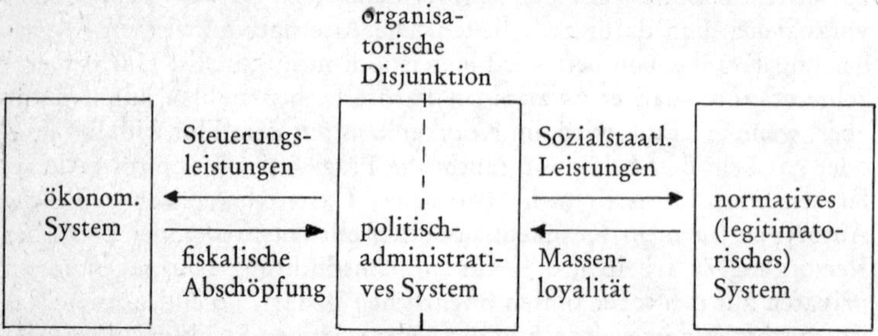

Offe schreibt dazu:

»Das Problem des politisch-administrativen Systems besteht nun nicht nur darin, den jeweiligen ›Saldo‹ von bestandswichtigen Steuerungsleistungen (die Schaffung der allgemeinen Produktionsvoraussetzungen durch ›produktivitätsorientierte‹ Strukturpolitik und die Sicherung der Gesamtnachfrage mittels zentraler Konjunkturpolitik, d. Verf.) und fiskalischer Abschöpfung (linke Seite des Schemas) bzw. Massenloyalität und sozialstaatlichen bzw. repressi-

[51] Zitat nach der Meldung des WESERKURIER v. 25. 4. 1973.

[52] *Claus Offe*, »Krisen und Krisenmanagement«: Elemente einer politischen Krisentheorie, in: Martin Jänicke (Hrsg.), Herrschaft und Krise, UTB 189, Opladen 1973, S. 213.

ven Politiken (rechte Seite) ›positiv‹ zu halten, sondern auch darin, die Bearbeitung dieser beiden Problemkomplexe (Vermeidung von ökonomischen Funktionsstörungen und von politischen Konflikten) *so vorzunehmen, daß nicht ein Problemtypus um den Preis einer Verschärfung des anderen gelöst wird:* Funktionsstörungen dürfen nicht in Konflikte umschlagen, und umgekehrt. Zur Lösung dieses Problems muß das politisch-administrative System eine interne ›Disjunktivität‹ (Auseinanderkopplung, d. Verf.) entwickeln, die es erlaubt, die Probleme, die auf der rechten Seite des Schemas repräsentiert sind, gegen jene der linken Seite relativ zu isolieren.« (Hervorhebungen im Original)

Uns interessieren nun gerade die Arten dieser »organisatorischen Disjunktion« und die administrativen Strategien, die mit ihnen arbeiten. Zwei Arten sind hier vor allem zu nennen: die »Disjunktion« von zentralen und lokalen Verantwortlichkeiten und die dazu quer verlaufende von Zielaufstellung und Maßnahme. Die eine der für unseren Gegenstandsbereich wesentliche Art der »Disjunktion« ist die vertikale »Arbeitsteilung« innerhalb des politisch-administrativen Gesamtsystems: die zentralen Instanzen (vorwiegend des Bundes, ergänzend der Länder) übernehmen die Verantwortlichkeit für die Aufrechterhaltung des Produktionsprozesses in seiner Struktur als private Warenproduktion als Ganzem – eben durch die Sicherung der Gesamtnachfrage mittels Konjunkturpolitik und die oben näher erläuterte »produktivitätsorientierte« Strukturpolitik. Die Verantwortlichkeit für die Entwicklung der lokalen Lebensbedingungen, die Schaffung von Bildungs-, Gesundheits-, Erholungs-, Sozial-, sowie Ver- und Entsorgungseinrichtungen, verbleibt dagegen den Kommunen.

Dem entspricht, daß das die Produktion anleitende Kapitalkalkül überlokal, über Export und internationale Konkurrenz sogar weitgehend übernational orientiert ist, während die Verausgabung von Arbeitskraft als Teil eines Lebenszusammenhanges von Arbeiten, Wohnen, Versorgen und Erholen primär lokal gebunden bleibt und deshalb auf eine qualitative Ausgestaltung dieses lokalen Lebenskreises angewiesen ist, für die unter den Bedingungen zunehmender Verstädterung in ständig steigendem Maße öffentliche Leistungen erforderlich werden. In der strukturellen Bevorzugung der zentralen vor den lokalen Politikbereichen, ausgedrückt in der finanziellen Unterversorgung der Kommunen und der zusätzlichen Einbindung ihrer Ausgaben in die Präferenzen der zentralen Konjunkturpolitik (vermittelt etwa über die Verpflichtungen des Stabilitätsgesetzes) spiegelt sich deshalb die gesellschaftliche Ungleichheitsstruktur dominanter und abhängiger Interessen wider. Die »organisatorische Disjunktion« bewirkt, daß sich aufgrund der organisatorischen »Zuständigkeit« der Kommunen die von den legitimatorischen Ansprüchen des Gesamtsystems her gerechtfertigten Ansprüche auf eine Verbesserung der »Lebensqualität« primär an die lokalen Instanzen gerichtet werden, die zentralen also insoweit davon entlastet sind. Diese können sich darum primär an den Funktionserfordernissen des ökonomischen Systems orientieren. Die fiskalische Abhängigkeit schlägt dagegen verstärkt auf die Lokalebene durch, da die Zentralinstanzen sich von den knappen Steuererträgen den Löwenanteil selbst vorbehalten – und nach den eigenen, an der ökonomisch/fiskalischen »Grenze« orientierten Verwendungskriterien ausgeben. Die Kommunen müssen unter dem Druck der Anforderungen von der legitimatorischen »Grenze«, dem sie besonders ausgesetzt sind, um staatliche Unterstützung, sprich: »Zweckzuweisungen« einkommen, die ihnen aber eben nur unter dem Aspekt der staatlichen »Zwecke«, eben der ökonomisch/fiskalisch orientierten Verwendungskriterien zugeteilt werden. Was den Kommunen so zu »produktivitätsorientierten« Zwecken zugestanden wird – und in ihren Grenzen! – müssen sie nach innen wiederum als Erfüllung der legitimatorischen Ansprüche rechtfertigen. Die zentral-lokale »Disjunktion« wirkt also dahin, Fiskal- und Legitimationsseite auseinanderzuhalten und damit zu verhindern, daß legitimatorische Forderungen die an der Fiskalseite orientierte praktische Politik wesentlich stören.

In die gleiche Richtung wirkt die »Disjunktion« von Zielaufstellung und Maßnahme, die in verschiedenen Formen auftritt. Einmal in der unmittelbar organisatorischen, ressortmäßigen Trennung von Zielplanung und Maßnahmeplanung. Hier ist es besonders leicht, die Zielplanung an den legitimatorischen Forderungen nach gesellschaftlicher Freiheit und Gleichheit zu orientieren, wie wir anhand der »Zielgrundsätze« des Bundesraumordnungsgesetzes gesehen hatten, während sich die Maßnahmeplanung an den Funktionserfordernissen des ökonomischen Wertschöpfungsprozesses orientiert. Hier greift jedoch bereits eine zweite Form ein, die wir am Beispiel des Begriffswandels des »zentralen Ortes« erläutert hatten, nämlich die Zielbegriffe bereits inhaltlich so zu fassen, daß sie für die Zwecke der Maßnahmeplanung umgedeutet werden, dann aber die konkreten Maßnahmen propagandistisch als »Vollzug« der Ziele gegenüber der Legitimationsseite gerechtfertigt werden können. Eine dritte, davon noch zu unterscheidende – praktisch aber natürlich mit den beiden ersten kombinierbare – Form ist, bereits in der Zielaufstellung miteinander unvereinbare Ziele als »gleichzeitig« anzustrebende zu formulieren, also legitimatorisch begründete und fiskalisch/ökonomisch begründete Ziele nebeneinanderzustellen, wobei dann die Verwirklichung der letzteren ohne oder sogar im Widerspruch zu den ersteren immer noch als Erfüllung des Plans ausgegeben werden kann. Hierzu haben unsere Fall-Studien Befunde erbracht, die wir im folgenden Kapitel darlegen werden.

Offe u. a.[53] stellen die These auf, daß sich die administrativen Strategien auf der Basis »organisatorischer Disjunktion« am Übergang von den 50er zu den 60er Jahren in der Bundesrepublik entscheidend differenziert hätten. Seien während der 50er Jahre mit ihrem Vorherrschen außen-, europa- und deutschlandpolitischer Fragen in der allgemeinen politischen Diskussion die auf gesellschaftliche Freiheit und Gleichheit gerichteten legitimatorischen Ansprüche noch im wesentlichen auf »Sozialleistungen« beschränkt gewesen, die aus dem steigenden Fiskalaufkommen der hohen Wachstumsraten der Wiederaufbauphase finanziert werden konnten – beispielsweise in Form der Kindergeldgesetzgebung, in die Schäffers »Juliusturm« einging oder der Dynamisierung der Renten –, so sei mit dem Übergang zum »intensiven«, d. h. auf staatliche Infrastrukturleistungen angewiesenen Wachstum auch die administrative Balance zwischen ökonomisch/fiskalischen und legitimatorischen Ansprüchen schwieriger geworden. »Sozial«- und »Wirtschafts«politik konnten nun nicht mehr, wie in den 50er Jahren, organisatorisch und programmatisch sauber voneinander getrennt werden. Die Autoren sprechen für diese Phase von »disjunktiven Politiken«, obwohl die anscheinend rein an der Legitimationsseite orientierten Sozialleistungen zugleich die »wirtschaftspolitische« Funktion der Schaffung und Sicherung von Massenkaufkraft erfüllten. Mit dem Aufkommen der »Strukturpolitik« als administrativem Tätigkeitsbereich, der nun auch die Struktur der Verflechtungsräume umfaßte – für München können wir den Beginn einer bewußten institutionellen »Politik der Verstädterung« genau auf das Jahr 1960, den Übergang von der Wimmer- zur Vogel-Administration terminieren –, sei jedoch die Strategie der »Simultanpolitik« vorherrschend geworden. Gemeint ist damit der Versuch, mit einer an den ökonomisch/fiskalischen Anforderungen orientierten Maßnahmepolitik die legitimatorischen Ansprüche mit abzudecken, was aber eben zugleich verlangt, sie mit Zielvorstellungen zu umgeben, die diesen Ansprüchen entgegenkommen. Diese »Simultanpolitik« also macht erst die »feineren« Formen der Disjunktivität, etwa die in der Ziel/Maßnahmeebene genannten, erforderlich. Zugleich aber erhöhen sich ihre Risiken: denn die Widersprüche zwischen Maßnahmen und Zielsetzungen können in politischen Konflikten aufbrechen, womit die »Simultanpolitik« scheitert. Die in politischen Konflikten angemahnten legitimatorischen Ansprüche müssen nun als solche administrativ »bearbeitet« werden: entweder indem diejenigen, die sie erheben, über »Beteiligungsverfahren« in das administrative Handlungssystem vereinnahmt oder gerade im Gegenteil politisch zum Feind gesetzt werden, der aus der politischen Diskussion ausgeschlos-

53 *R. Funke, C. Offe, V. Ronge,* Formwandel der Politikformulierung und delegitimatorische Prozesse, Starnberg 1973 (Manuskript).

sen und im Falle der Gegenwehr der polizeilichen Gewalt überantwortet wird. Haben diese Strategien Erfolg, so kann auf reduziertem legitimatorischen Anspruchs- und Erwartungsniveau das Spiel der »Simultanpolitik« von neuem begonnen werden. Soweit das theoretische Modell. Wir werden im zweiten Kapitel einige wichtige empirische Befunde dazu vortragen können.

2. Teil: Die herrschende Politik der Verstädterung – Verwaltete Politik

1. Die administrative »Rationalisierung«: fiskalische gegen programmatische Orientierung

Bevor wir auf die Detailergebnisse unserer Fall-Studien aus dem München-Projekt zurückkommen, müssen wir zunächst für den weiteren Gegenstandsbereich der Verstädterung auf die administrativen »Rationalisierungs«-Strategien eingehen, die sich an der fiskalischen Abhängigkeit des Staatsapparats orientieren und die in seine gegenwärtige Struktur eingebaute Widersprüchlichkeit nach dieser Seite hin aufzulösen suchen. Sie stellen sich gegenüber einer an den legitimatorischen Zielansprüchen des Grundgesetzes orientierten und deshalb inhaltlich *programmatischen* Politik stets als spezifische *Entpolitisierungsstrategien* dar, im Ergebnis also: als verwaltete Politik. Das betriebswirtschaftliche Knappheitskalkül wird hierbei zum zentralen Argument. Die Strategien setzen an der Einnahmen- wie an der Ausgabenseite an. Auf der Einnahmenseite suchen sie durch die Schaffung von Investitionsanreizen mittels »Globalsteuerung« (zentral) und Infrastrukturpolitik (zentral, wie lokal, im letzteren Falle besonders durch Vor- und Folgeleistungen für die lokale Industrieansiedlung und -erweiterung) das Gesamtvolumen des abschöpfbaren Einkommens aus der Warenproduktion zu steigern. Zum anderen wird versucht, die Abschöpfungsbeträge zu erhöhen, d. h. über eine höhere Steuerquote den »staatlichen Korridor« zu erweitern. Die Hoffnung dabei ist, eine staatliche »Wachstumsdividende«[1] zu erzielen, die nicht nur die Reinvestitionen in die Wirtschaftsförderung und die Abdeckung der Wachstumskosten in Gestalt der Agglomerationsschäden ermöglicht, sondern darüber hinaus noch einen Überschuß zur Verbesserung der Lebensqualität erbringt. Diese Strategie stößt jedoch auf strukturelle Grenzen und ökonomische Gegenstrategien. Da jetzt bereits ein empfindliches Ungleichgewicht zwischen privater Warenproduktion und der Produktion öffentlicher Dienstleistungen besteht, dürfte bei weiterem Wachstum der Warenproduktion auch das Ungleichgewicht konstant mitwachsen. Deshalb käme es zu seiner Verringerung auf die vielberufene Verbreiterung des öffentlichen Korridors an. Der Abschöpfung aus Gewinnen ist jedoch strukturell jene Grenze gesetzt, bei deren Überschreiten die Investitionsneigung soweit zurückgeht, daß Schrumpfungsprozesse und damit Einnahmenrückgänge ausgelöst würden. Der Abschöpfung aus Löhnen ist die Grenze gesetzt, die von einer Gefährdung der Gesamt-

[1] Vgl. hierzu und zum ganzen folgenden Abschnitt: *C. Offe, V. Ronge*, Fiskalische Krise, Bauindustrie und die Grenzen staatlicher Ausgabenrationalisierung, in: Leviathan, Heft 2/1973, S. 189 ff.

nachfrage nach Waren markiert ist. Innerhalb dieser Grenzen wirkt einer anteilsmäßigen Ausdehnung der staatlichen Abschöpfung zugunsten erweiterter staatlicher Leistungen der Inflationsmechanismus entgegen, der den Staat zur ›Stabilitätspolitik‹ zwingt: d. h. er kann zwar im Boom mehr abschöpfen, darf aber gerade nicht mehr ausgeben, sondern muß die Mittel stillegen, um sie in der Rezession via Investitionsanreize und Schaffung von Massenkaufkraft in die Warenproduktion zurückzupumpen. So trägt beispielsweise auch das Stabilitätsprogramm der Bundesregierung von 1973 zur Verbreiterung des staatlichen Korridors nichts bei.

Da unter diesen Umständen die Einnahmenseite praktisch zugemauert ist, liegt der Schwerpunkt der fiskalischen Rationalisierung auf der Anpassung der Ausgabenseite an den Einnahmenplafond. D. h., die staatlichen Dienstleistungen, von denen bei städtischer Lebensweise zunehmend die Lebensbedingungen der Bevölkerung abhängen, richten sich nach dem Rotstift der Stabilitätspolitik und nicht nach politisch gewählten Leistungsstandards, wie es die neue Zielformel von der Qualität des Lebens gegenüber der quantitativen Wachstumsformel einst verheißen hatte. Dies ist als die kostenorientierte Rationalisierung im Gegensatz zur qualitätsorientierten Rationalisierung beschrieben worden, da ihr Kostenersparungen als Rationalisierungserfolg auch dann erscheinen, wenn die Qualität der Leistung darunter leidet[2]. Das wurde am Beispiel des Schienenverkehrs bereits erläutert. Das Beispiel zeigt jedoch auch, daß die fiskalische Rationalisierung inzwischen gelernt hat, ihr Kostenkalkül langfristig anzulegen, wie es dem stabilisierten Großbetrieb entspricht. Als sich nämlich absehen ließ, daß die Stillegung unrentabler Nahverkehrsstrecken gesamtwirtschaftlich dadurch zu einer Wachstumsschranke zu werden drohte, daß nicht genügend Arbeitskräfte zu den Produktionsstätten transportiert werden könnten, erhielt der Ausbau des öffentlichen Nahverkehrssystems verkehrspolitische Priorität trotz kurzfristiger Rentabilitätsverluste für die Deutsche Bundesbahn als Betrieb. Dagegen kann z. B. die Post durch Einschränkung der Briefzustellung rationalisieren. Doch läßt sich gerade an der Finanzierung des Verkehrsausbaues die gesellschaftliche Schlagseite auch der langfristigen fiskalischen Rationalisierung zeigen. Die öffentlichen Nahverkehrssysteme, wie sie in den westdeutschen Großstädten derzeit ausgebaut werden, werden in ihrer *Erstellung* voll aus den öffentlichen Haushalten finanziert. Die Vorteile der erhöhten Standortgunst werden also im Sinne der produktivitätsorientierten Strukturpolitik für die Arbeitsplätze anbietenden Unternehmen

[2] Rationalisierung und Mechanisierung im öffentlichen Dienst, Gutachten des Instituts für sozialwissenschaftliche Forschung e. V. für die Gewerkschaft ÖTV, ÖTV-Druck, Stuttgart 1968, S. 42 ff.

kostenlos vom Staat erstellt. Gegenüber den diese Arbeitsplätze aufsuchenden Benutzern ist er dagegen nicht so großzügig, denn der *Betrieb* der Verkehrssysteme ist nicht kostenlos. Die Forderung nach dem Null-Tarif galt politisch der Aufhebung dieser Ungleichheit, scheiterte aber am Kostenargument. Und Rationalisierung der Nahverkehrsbetriebe heißt immer noch, die Fahrpreise zu erhöhen, statt die Fahrpreise zu senken und die Forderung nach dem Null-Tarif als unvernünftig zurückzuweisen.

Die kostenorientierte Rationalisierungsstrategie trifft also ganz bestimmte Ausgabenbereiche und verschont andere. Das Auswahlkriterium, das dahinter steht, lautet: die Einnahmeerwartung darf nicht gefährdet werden, da sie strukturell nicht ausgedehnt werden kann. Und das heißt »Produktivitätsorientierung«. Die Wirkungen lassen sich aufzeigen, wenn wir die Ausgabenarten der öffentlichen Haushalte kurz durchgehen. Unter den staatlichen Gesamtausgaben liegt der Block der Transferzahlungen, d. h. vor allem der Renten und Subventionen mit einem Anteil von 40 % relativ fest. Nicht nur, weil sie gesetzlich festgeschrieben sind, sondern weil sie als Rentabilitätszuschüsse wie im Fall der Subventionen oder als Ausgaben zur Sicherung von Massenkaufkraft wie im Fall der Renten hohe Bedeutung für die Funktionsfähigkeit der gegenwärtigen Produktionsstruktur haben. Ähnliches gilt für den Staatsverbrauch an laufenden Beschaffungen mit einem Anteil von rund 20 %, der ja nicht nur Papier und Radiergummi umfaßt, sondern auch die kostspieligen und technologisch hochgezüchteten Waffensysteme, deren Anreizwirkung für die Entwicklung der Produktivität unter dem Stichwort des »militärisch-industriellen Komplexes« seit langem bekannt ist. Es bleiben die Personalausgaben und die Investitionen mit je rund 20 %, wobei unter den Investitionen wiederum die Bauinvestitionen mit 80 % den Löwenanteil stellen, und die vor allem im kommunalen Bereich anfallen. Dieser Investitionsanteil der öffentlichen Haushalte aber ist der einzige, der als konjunkturpolitische Manövriermasse einsetzbar ist, weswegen mit dem Stabilitätsgesetz gerade die Gemeindeausgaben in die Strategie der Globalsteuerung einbezogen werden sollten. Das bedeutet aber im Rahmen der fiskalischen Rationalisierung, daß der Einsatz von Investitionsmitteln nach dem Kriterium der Konjunkturlage gesteuert werden muß, im Boom zu streichen und in der Rezession zu bauen. Die Administration gewinnt damit ein eigenes Entscheidungskalkül: die Reaktion auf die zyklische Bewegung der freigesetzten Warenproduktion. Anders ausgedrückt: die Koppelung der Ausgabengebarung an programmatische Zielsetzungen der Politik, etwa das Programm der Verbesserung städtischer Lebensqualität muß gelöst oder umgekehrt werden. D. h., die programmatische Zielsetzung wird der konjunkturellen Entlastungsfunktion angepaßt, wie es beispielsweise der Begriff der Sanierung in seiner hygienischen und ökonomischen Doppelbedeutung hervorragend erlaubt: »Stadtsanierung« als wie auch immer verstandene »Gesundung« des städtischen Lebens wird zur Sanierung der Bauwirtschaft, die »aufgrund der Rückläufigkeit des Wohnungsbaus . . . an den ›großen‹ Aufgaben der ›Stadtsanierung‹ stark interessiert« ist[3].

Als Feld kostenorientierter Rationalisierung bleibt danach der Bereich der Personalausgaben, der unter dem Gesichtspunkt der Erbringung staatlicher Dienstleistungen vielfach mit dem Bereich der Bauinvestitionen verknüpft ist: man denke nur an den Zusammenhang von Schulbau und Lehrpersonal, Krankenhausbau und Gesundheitspersonal. So ist es möglich, daß aus konjunkturellen Gründen zwar Schulen und Krankenhäuser gebaut werden, Schulklassen aber trotzdem groß und Patienten unterversorgt bleiben, weil aus Gründen der Personalkostenrationalisierung das zur Leistungssteigerung erforderliche Mehrpersonal nicht eingestellt werden kann.

Gerade im Bereich der Personalkosten werden die drei zentralen Taktiken der fiskalischen Rationalisierungsstrategie: Streichen, Umschichten und Intensivieren wirksam. Angesichts der Personalintensität öffentlicher Dienstleistungen erweisen sie sich alle als Leistungsverschlechterungen. Die Sicherungen des öffentlichen Dienstrechts beschränken das Streichen auf Stellen, ihre Nichtbesetzung, ihr Auslaufenlassen, ihre Unterdotierung. Die Umschichtungstaktik fällt quantitativ relativ wenig ins Gewicht und zeigt sich vor allem in ihrer negativen Variante: d. h. der Bremsung einer von den qualitativen Standards einer Leistungsverwaltung »an sich« gebotenen Umschichtung von den Funktionen des traditionellen Machtapparates, Militär, Polizei, Justiz, allgemeine Verwaltung zu den Dienstleistungsfunktionen des Bildungs-, Gesundheits- und Sozialbereichs – und innerhalb des Machtapparates, z. B. des Strafvollzuges, von den »Schließern« zu den Sozialarbeitern. Doch scheint sich auch hier langsam das langfristige Kostenkalkül durchzusetzen, da, wie sozialtherapeutische Versuchsanstalten nahelegen, mit einer drastischen Herabsetzung der 80 %igen Rückfallquote des Schließer-Vollzugs langfristig auch eine Kostenersparnis verbunden sein wird. Zu beachten ist, daß im Rahmen der fiskalischen Rationalisierung erst dieses Argument, wenn es sich schließlich belegen läßt, eine Umorientierung im Strafvollzug und damit auch eine Umschichtung der Personalstruktur rechtfertigt.

Der dritte Bereich der Leistungsintensivierung umfaßt die organisatorische Rationalisierung im engsten Sinne als Technisierung und Mechanisierung, vor allem also den EDV-Einsatz. Es ist viel kulturkriti-

[3] *Marlo Riege*, Staatliche Wohnungsbaupolitik in der BRD, in: *Hermann Korte* (Hrsg.), Soziologie der Stadt, München 1972, S. 105.

sches Aufhebens um die Ersetzung des Schalterbeamten durch den Computer und das Verhängnis des Molochs Technik gemacht worden. Richtig ist, daß das Ziel auch dieser Rationalisierungsform die Personalersparnis ist und damit Einbußen in der Qualität der Dienstleistungen verbunden sind. Etwa, wenn dem Verwaltungskunden von der Steuerverwaltung die Ausfüllung computer-gerechter Mammutformulare für zentrale Datenverarbeitungsanlagen zugemutet wird, bei Rückgang der Chancen individueller Beratung. Dem ist jedoch mit Recht entgegengehalten worden, daß die Computertechnik an sich die Vervielfältigung des Leistungsangebots erlaubte, beispielsweise den Anschluß einer beliebigen Zahl von Ein- und Ausgabestellen an einen zentralen Datenspeicher. Diese Stellen, mit Sachbearbeitern besetzt, würden »an sich« eine Individualisierung und »Bürgernähe« der Steuerberatung bei hoher Präzisionsleistung erlauben, wie sie die klassische Steuerverwaltung nie gekannt hat. Der Punkt ist, daß das zentrale Argument für den EDV-Einsatz eben nicht das technische Argument ist, das an sich eine erhebliche Qualitätsverbesserung erlauben würde, sondern das fiskalische, das von den technisch »an sich« gegebenen Möglichkeiten diejenigen auswählt, mit denen möglichst viel Personal wegrationalisiert werden kann – und das heißt eben zentraler EDV-Einsatz ohne korrespondierende Dezentralisierung[4]. Auch hier richtet sich die Rationalisierungsstrategie also nicht nach politisch diskutierten und gewählten qualitativen Leistungsstandards, sondern nach der schlichten Übernahme des betriebswirtschaftlichen Kostenkalküls: Erhöhung des Kapitaleinsatzes pro Arbeitsplatz auf die öffentliche Verwaltung. Ähnliche Rationalisierungstendenzen in anderen Dienstleistungsbereichen werden nach diesem Beispiel in ihrer Fragwürdigkeit erkennbar, wie die Herabsetzung der Krankenhausverweildauer und der Regelstudienzeiten zur Erhöhung der Umschlagsgeschwindigkeit pro Krankenhausbett und Studienplatz mit ihren fiskalischen statt wirklich »leistungsorientierten« Standards für Heil- bzw. Studienerfolg. Es sind die Kostensenkungskalküle der Massengüterproduktion, die als Rationalisierungsstrategie ausgegeben werden und deren Verlust an rationalem Sinn hier nur besonders deutlich wird. Das läßt darum zurückfragen, ob nicht auch im Betriebsbereich der Güterproduktion ganze Kostenarten dabei nicht mitkalkuliert werden, wie etwa der Verschleiß an Nerven und Arbeitskraft, der im Kapitalkalkül nicht auftaucht.

Wir können danach wiederum zusammenfassen:

Die fiskalische Rationalisierung – oder wie sie auch genannt wird – die »Ökonomisierung der Staatsfunktionen« trennt zwangsläufig das

[4] Rationalisierung und Mechanisierung im öffentlichen Dienst, a.a.O., S. 66 ff.

administrative Handeln des Staates von der Politik ab, sofern Politik den Prozeß der inhaltlichen, programmatischen Zielbestimmung bezeichnet, der nach dem Grundgesetz von den Wählern über die Parteien und das Parlament laufen und so die Staatsbürokratie bestimmen soll. Sie weist die politisch-demokratische Zieldiskussion mit dem Knappheits- und Kostenargument ab oder dreht sie um, wie sich am Beispiel der Zielformel von der »Qualität des Lebens« gezeigt hat. Sie tendiert also zu einer spezifischen Entpolitisierung der Politik, da sie ihr Knappheitsargument aus der strukturellen Abhängigkeit der Staatsfinanzen von der überquellenden Warenproduktion bezieht, deren Bedürfnisse in der gegenwärtigen Struktur des Kapitalverhältnisses sie vorab befriedigen muß. Sie entpolitisiert auch dieses Abhängigkeitsverhältnis, indem sie es als gegeben und unveränderlich hinnimmt. Die Verselbständigung der administrativen Argumente gegenüber den politischen, die Erscheinungsformen der verwalteten Politik finden hier ihre Erklärung. Sie äußert sich im Verschwinden des Parlamentseinflusses auf die Haushaltspolitik, in der Entleerung der Haushaltsdebatten von programmatischer Zieldiskussion und der Verschiebung der Kontroversen auf die konjunkturellen Nebenwirkungen.

Die Gewährleistung einer günstigen Wachstumsrate der Warenproduktion und die erhoffte mittelbare Beeinflussung der Warenpreise werden gegenüber den inhaltlichen Zielsetzungen der Politik zur eigentlichen Hauptsache. Die Verselbständigung der administrativen Politik gegenüber dem Parlamentseinfluß spiegelt sich in der Disziplinierung der Programmdiskussion innerhalb der Parteien und den Tendenzen zur Entschärfung der politischen Diskussion in den Großapparaten der Massenmedien. Das fiskalische Entscheidungskalkül der Verwaltung mit seiner Abhängigkeit von den ökonomischen Determinanten des Steueraufkommens wird so gegen politische Kritik, die von den Zielnormen des demokratischen Prozesses ausgeht, schon im Vorfeld abgeschirmt. Seine Verselbständigung gegenüber der Legitimationsseite soll damit abgesichert werden, daß die inhaltlichen Zielforderungen selbst umgedeutet, als illusionär, utopisch und unvernünftig abgetan, oder gar als unzulässig aus der politischen Diskussion ausgeschlossen werden.

Zahlen zur kommunalen Finanzlücke

Man hat versucht, die Lücke zwischen »an sich« erforderlichen Aufwendungen und tatsächlich zur Verfügung stehenden Mitteln in Zahlen auszudrücken, doch bleiben derartige Ziffern notwendig abstrakt und untereinander schwer vergleichbar. Folgende Angaben können immerhin einen groben Begriff von den quantitativen Dimensionen vermitteln, von denen die gegenwärtige Diskussion um die strukturelle Fiskalkrise ausgeht. Daran zeigt sich auch, daß die Kommunen in ihr die Letzten sind, die die Hunde beißen. Hans-Jochen Vogel sprach 1972 von einer Erhöhung der Investitionskraft »der Städte« um jährlich 4 Mrd. Mark, die »das mindeste« sei, »wenn sich die Lebensqualität in den Verdichtungsgebieten zunächst stabilisieren und dann schrittweise verbessern soll«[5]. Schon 1971 war darauf hingewiesen worden, daß gegenüber den zusätzlichen 2,4 Mrd. DM, die die Gemeindefinanzreform von 1970 den Kommunen gebracht hatte, Personalkostenerhöhungen von 1,7 Mrd. und Baukostensteigerungen um 2,6 Mrd. DM »aus dem bescheidenen Plus ein tiefes Minus gemacht« hatten[6]. In einer Vorausschätzung für 1985 kommt Dieter Schröder[7] von der PROGNOS AG Basel zu dem Resultat, der Bundeshaushalt einschließlich der Zuschüsse an die Sozialversicherung werde »in etwa ausgeglichen« sein, »stark defizitär« dagegen die Länder- und Gemeindehaushalte: Bei den Ländern stünden 201 Mrd. DM Einnahmen 256 Mrd. an – nach dem Bedarf gerechneten – Ausgaben gegenüber, also ein Minus-Saldo von 55 Mrd., bei den Gemeinden ergäbe sich sogar ein Minus-Saldo von 62 Mrd. (117 Mrd. Einnahmen gegenüber 179 Mrd. Ausgaben). »Der Grund: die stark wachsenden Infrastrukturaufgaben sind nach herrschendem Recht in erster Linie Länder- und Gemeindesache«. »Würde hingegen die Kompetenz für die Wissenschaft ganz, jene für die Bildung teilweise auf den Bund übertragen, so würde der Bundeshaushalt stark defizitär.« Eine Aufgliederung der Bedarfsschätzung nach inhaltlichen Ausgabengebieten liegt von Schröders PROGNOS-Kollegen Heik Afheldt vor[8]. Danach wird der Ausgabenbedarf von 1963 bis 1980 in Preisen von 1962 (!) wie folgt geschätzt: *Bildung* insgesamt 134 Mrd., davon Ausgaben der Kommunen: 124 Mrd., *Verkehr:* 202 Mrd., Kommunen: 66 Mrd., wovon zudem der Löwenanteil noch dem kommunalen *Straßenbau* zugeschlagen wird, nämlich 49 Mrd., 7 Mrd. der Erstellung von *Parkflächen* und nur 10 Mrd. den Zuschüssen zum *öffentlichen Schienennahverkehr; Ver- und Entsorgung* insgesamt 24 Mrd., die auch insgesamt den Kommunen angelastet werden und ebenso Investitionen für *Gesundheit und Erholung* von 30 Mrd. Eine auf die Jahre 1949 bis 1964 gestützte Analyse der kommunalen Investitionen zeigt in der Tat ihren hohen Anteil an den für

[5] *Vogel,* a.a.O., S. 311.
[6] DER SPIEGEL v. 7. 6. 1971, Titel: »Sind die Städte noch zu retten?«, S. 58.
[7] *Dieter Schröder,* Öffentliche Ausgaben für die Infrastruktur in der BRD bis 1985, in: Theorie und Praxis der Infrastruktur, a.a.O., S. 445.
[8] *Heik Afheldt,* Infrastrukturbedarf bis 1980, PROGNOS Studien Nr. 2, Basel 1967.

die Art der Lebensqualität relevanten Ausgabenarten, insbesondere im Bereich der Sachinvestitionen. Danach wurden von den Kommunen für kommunale Anstalten und Einrichtungen 91 %, für Unterricht 88 %, für das Gesundheitswesen 85 %, für soziale Angelegenheiten 61 %, für Verkehr 51 % der Sachinvestitionen verausgabt[9]. Insgesamt wurde von den Kommunen 1949–1964 investiert: für Verkehr 23,5 Mrd., für kommunale Anstalten und Einrichtungen 17 Mrd., für Unterricht ebenfalls 17 Mrd., zur Förderung des Wohnungsbaus 8 Mrd., für das Gesundheitswesen 6,4 Mrd. und – wie es in der Statistik heißt – »soziale Angelegenheiten« 1,8 Mrd. Auch wenn ein direkter Vergleich mit den Afheldtschen Bedarfszahlen wohl nicht möglich ist, wird hieraus doch der Abstand zwischen »Ist« und »Soll« zumindest in seinen Dimensionen deutlich. Zugleich wird die andere Prioritätensetzung in der Vergangenheit erkennbar: Verkehrsausgaben rangierten umgekehrt zur Bedarfsrechnung an erster Stelle deutlich vor den Bildungsausgaben. Noch in einer Aufstellung für das Jahr 1970, in der die unmittelbaren Bauausgaben der Gemeinden von 10 000 Einw. zusammengestellt sind, rangiert der Straßenbau allein mit 3,7 Mrd. DM deutlich vor dem Schulbau mit 2,4 Mrd., wenn auch die Zuwachsrate beim Schulbau gegenüber 1969 mit 38 % über der des Straßenbaus mit 18 % liegt[10]. Evers und Lehmann ziehen aus diesen Vergleichszahlen den Schluß, daß Bildungs- und Gesundheitswesen auch in Zukunft »die Hauptsymptome gesellschaftlicher Unterversorgung auf kommunaler Ebene« sein werden[11]. Wir können zudem daraus entnehmen, daß der Vorrang des Verkehrsbereichs, der in unseren Fall-Studien zum Ausdruck kommt, nicht nur ein Zufallsprodukt der Beschäftigung gerade mit der Stadt München ist. Da es sich zudem im Kreise der kommunalen Mangelerscheinungen noch um den finanziell *relativ* am besten ausgestatteten Bereich handelt, ist anzunehmen, daß die beobachteten administrativen Aktionsmuster, mit der Mangelkrise fertig zu werden, sich in anderen Bereichen höchstens stärker, aber nicht geringer ausprägen dürften.

[9] *Winfried Raske*, Die kommunalen Investitionen in der BRD, Stuttgart 1971, S. 47.
[10] DER STÄDTETAG 5/71, zitiert nach *Evers/Lehmann*, a.a.O., S. 185.
[11] *Evers/Lehmann*, a.a.O., S. 186.

2. Zum Beispiel München

Nach unseren Erhebungen läßt sich für den Zeitraum von 1960–1972 in München folgender administrativ-politischer Ablauf feststellen: Der Problemdruck der städtischen Krisenerscheinungen trifft zunächst auf das kommunale politische System, Lösungsvorschläge werden ad hoc aus der Problemsicht der Einzelressorts entwickelt, wobei Bedarfskriterien eine vergleichsweise große Rolle spielen. Zunehmende Dimensionierung der Projekte angesichts sich verschärfender Probleme (wie die Verkehrsverstopfung der Innenstadt) verstärkt den Abstand zum Ressourcenrahmen. Unter dem lokalen politischen Druck, »etwas tun« zu müssen, agiert die kommunale Verwaltungsspitze in zweierlei Richtung: sie kombiniert eine Strategie der Kostenrationalisierung mit Bemühungen um die Einschaltung außerkommunaler Kostenträger unter dem Dach einer »umfassenden Zielplanung«, die eine innere und eine äußere Legitimationsfunktion erhält: nach außen der Dokumentation von Förderungswürdigkeit aufgrund »vorausschauender Planung« (30 Jahre), nach innen gegenüber der lokalen Wahlbürgerschaft als Entwurf eines Zustimmung fördernden Entwicklungsleitbilds. Dabei werden in der Zielplanung Wunsch und Wirklichkeit in widersprüchlichen Formeln zusammengebracht. Zielplanung (konsensfähige Wünsche) und Maßnahmeplanung (kostenorientierte Realität) werden innerorganisatorisch getrennt. Die letztere ist in ein Geflecht zwischenorganisatorischer Beziehungen zu auswärtigen Kostenträgern eingebunden, in dem sich das Ringen um Finanzierungsbeteiligungen als Verfahrens- und Argumentationsweise gegenüber den inhaltlichen Aspekten des ursprünglichen sozialen Problems verselbständigt.

Diese Diskrepanz bricht auf im Stadium der Realisierung durch ad hoc einsetzende Widerstandsaktionen, die die politischen »Input-Strukturen«, Massenmedien und Parteien, entweder auf den Plan rufen oder von ihnen – bestimmten Teilen von ihnen – angekurbelt sind. Der Widerspruch zwischen dem, was realisiert wird und dem, was nach den Zielformulierungen gewollt war, macht den »Input-Prozeß« selbst: Willensbildung – Zielsetzung – Ausführung zum politischen Thema. Die administrativen Gegenstrategien sind: Beschäftigungstherapie für Protestgruppen durch partizipatorische Planungsverfahren, Ausübung unmittelbaren Zwanges, Durchsetzung innerparteilicher Autorität.

2.1. Der Stadtentwicklungsplan: Legitimatorische Zielplanung – kostenorientierte Maßnahmen

Die Kehrseite des von der zentralen Politik geförderten »stetigen Wirtschaftswachstums«, der zunehmende Problemdruck fortschreitender Agglomeration, zeigte sich Ende der 50er Jahre in München vorrangig als wachsendes Verkehrschaos auf den Straßen der Innenstadt. Der Agglomerationsprozeß wurde von der Verwaltung als rapides Ansteigen von Einwohner-, Pendler-, Arbeitsplatz- und Kraftfahrzeugziffern registriert. »Niemand hatte von den Ursachen und dem Ausmaß dieses Wachstums eine einigermaßen zutreffende Vorstellung.«[12]

Die Administration des im März 1960 neugewählten OB Vogel (absolute SPD-Mehrheit, »große Koalition« mit der CSU) tritt mit der Aufgabenstellung an, die manifeste Verkehrskrise langfristig zu lösen und dafür einen »Stadtentwicklungsplan auszuarbeiten, der die in den nächsten 30 Jahren anzustrebende städtebauliche und verkehrsmäßige Ordnung der Stadt darstellt«[13].

»Stadtplanung« wurde bis dahin vor allem als Aufstellung von Bauleitplänen nach der bis zum Bundesbaugesetz von 1960 geltenden Staffelbauordnung verstanden und war Aufgabe des im Hochbaureferat ressortierenden Stadtplanungsamts. Verkehrsplanung war Aufgabe des konkurrierenden Tiefbaureferats, vor allem in der Form der Straßenplanung. Die Planung für das einzige damalige Massenverkehrsmittel, die Straßenbahn, war Sache des Werkreferats. Die »Koordinierung« wurde ad hoc vorgenommen, mit der Tendenz zur gegenseitigen Blockierung[14]. Die Entwicklung einer »übergreifenden« Zielplanung erschien deshalb als notwendiges und geeignetes Mittel zur Rationalisierung des Verwaltungsprozesses. Stadtplanung sollte als umfassende »Stadtentwicklungsplanung« verstanden und dem OB direkt unterstellt werden. Diese Forderung spielte im Wahlkampf eine nicht unwesentliche Rolle.

Unterpflasterbahn oder S-Bahn – die objektive Alternative

Die unmittelbar mit und nach dem Amtsantritt geschaffene zentrale Planungsstruktur erschien so gewissermaßen als prompter Vollzug des Wählerauftrags. Sie bestand darin, daß das Stadtplanungsamt aus dem Hochbaureferat ausgegliedert und unmittelbar dem Oberbürgermeister unterstellt wurde. Die Ausarbeitung des Stadtentwicklungsplans wurde

[12] *Vogel*, a.a.O., S. 32.
[13] So der Beschluß noch des alten Stadtrats, vgl. *Vogel*, a.a.O., S. 34.
[14] *Vogel*, a.a.O., S. 24.

einer dem Amt attachierten Arbeitsgemeinschaft übertragen, der ein Verkehrsplaner und zwei Architektplaner von auswärtigen Hochschulen angehörten[15]. Der materielle Kern des Planungsproblems war die Entscheidung über die in den nächsten Jahren zu erstellende Verkehrsinfrastruktur. Die objektive Alternative bestand zwischen einer auf das korrespondierende Wachstum von City und gesamtem Verflechtungsraum abgestellten sternförmigen Anlage des Massenverkehrssystems, orientiert an den radial in die Region hinauslaufenden dreizehn Vorortstrecken der Bundesbahn (DB) und einer diese Struktur konterkarierenden, an den Straßenbahnlinien des Stadtgebietes orientierten, flächenstreuenden Anlage einer Unterpflasterbahn. Die Alternative aktualisierte sich am Streit um die »klassische Trasse«, das heißt an der Frage, ob die Verkehrsachse zwischen Haupt- und Ostbahnhof über Stachus und Marienplatz, auf der sich die innerstädtische Verkehrsmisere am sichtbarsten abspielte, von einer unterirdischen S-Bahn zwischen den beiden je am Haupt- und Ostbahnhof ansetzenden Vorothalbnetzen der DB oder von einer städtischen Unterpflasterbahn bedient werden sollte.

Die DB hatte seit 1953 ihr altes Projekt aufgegriffen, ihre beiden getrennten Vorortshalbnetze mit 13 radialen Linien, von denen 8 am Hauptbahnhof und 5 am Ostbahnhof enden, durch eine Verbindung zwischen beiden Bahnhöfen über die klassische Trasse zu vereinigen. Das Projekt wurde im Juli 1959 der staatlichen Genehmigungsbehörde als Teilprojekt unterbreitet. Das Vorhaben der DB läßt sich ziemlich eindeutig auf Rentabilitätsgründe zurückführen: Der DB ging es um eine Betriebsrationalisierung durch die Verbindung der regionalen Halbnetze, die Schaffung eines attraktiven Verkehrsangebots in der Großregion und schließlich um die Schaffung eines Verkehrsangebots in der Innenstadt selbst, das das im Stadtbereich voraussichtlich ertragreichste Verkehrsaufkommen zwischen Haupt- und Ostbahnhof über die Kassen der DB leiten sollte[16]. Dem stand jedoch die städtische Konzeption gegenüber, die klassische Trasse mit einer Tiefbahn auszubauen[17]. Im Programm der Münchener Sozialdemokraten für die Stadtratswahl am 20. 3. 1960 wurde diese Konzeption wie folgt begründet:

[15] *Vogel*, a.a.O., S. 35 ff.

[16] Zu den Aspekten der Verbesserung der wirtschaftlichen und betrieblichen Verhältnisse der DB vgl. das Exposé: »Gedanken des Vorstandes zur wirtschaftlichen Gesundung der Deutschen Bundesbahn« v. 28. 11. 1958 und die Stellungnahme des Verwaltungsrates der DB, abgedruckt in: Die Bundesbahn, Nr. 9, Mai 1959.

[17] Sie wurde, als Gegenprojekt, im Dezember 1959 ebenfalls der staatlichen Genehmigungsbehörde zur Planfeststellung eingereicht. Vgl. dazu: Süddeutsche Zeitung (SZ) vom 16. 12. 1959.

»München braucht ehestens ein unterirdisches Massenverkehrsmittel, das den Massenverkehr auf der Strecke Hauptbahnhof–Marienplatz–Rosenheimer Straße nachhaltig beschleunigt und zugleich auf der Straßenoberfläche Verkehrsraum für den Individualverkehr frei macht. Die Münchener Sozialdemokraten sind der Auffassung, daß dieses unterirdische Massenverkehrsmittel die auf der fraglichen Strecke unter die Erde verlegte Straßenbahn (Tiefbahn) sein muß, da nur so die Leistungsfähigkeit des gesamten Straßenbahnnetzes nachhaltig gesteigert, das Verkehrsbedürfnis ohne zeitraubendes Umsteigen befriedigt und die oberirdische Straßenbahn auf der gleichen Strecke entbehrlich gemacht werden kann. Nur die Tiefbahn kann auch in Teilstücken finanziert und gebaut werden, von denen schon das erste die Verkehrssituation am Stachus fühlbar verbessern würde. Eine über die gleiche Trasse laufende S-Bahn würde diese vier Vorteile nicht gewährleisten, außerdem brächte sie zudem noch den Nachteil, daß entweder die Straßenbahn auf der gleichen Strecke belassen oder unserem Straßenbahnnetz das Herzstück genommen werden müßte. Andererseits würde die S-Bahn aber die unbestreitbaren Erleichterungen für den Verkehr mit den Randbezirken des Siedlungsraumes und für den Betrieb der Bundesbahn auch bei der Führung über die Maximilianstraße bewirken. Diese Straße soll daher für die S-Bahn freigehalten werden.«[18]

Diese Option wurde vom DGB in der »Anhörung« des Jahres 1963 nochmals hartnäckig vertreten:

»Die Linienführung nach dem Planwerk A (Nutzung der klassischen Trasse durch die Stadt) kommt dem Verkehrsbedürfnis der künftigen 1½ Millionen Münchner Bürger u. E. näher, da der Münchner zum Berufsverkehr ein Verkehrsbedürfnis von wohl gleicher Stärke auf der alten Verkehrsachse für den Einkauf, das Aufsuchen städtischer Ämter, für seine Kultur- und Freizeitbedürfnisse hat. Es wirkt eigenartig, wenn aus angeblich größerer Sicht, den zahlenmäßig wenigeren Berufspendlern und Stadtbesuchern aus dem Außenraum die Achse Maximilianstraße nicht zugemutet werden könnte, dem *Münchner* dagegen selbstverständlich ... Die Bundesbahn und ihre Verbündeten können – soweit wir die Planungsüberlegungen erforschen konnten – sicher nicht geltend machen, daß die Trasse Maximilianstraße technisch schwieriger, teurer, oder die Einfädelung am Ostbahnhof ungünstiger wäre. Wir müssen annehmen, daß die Bundesbahn in der Trassenführung Marienplatz (B) die besseren kaufmännischen Bedingungen erkannt hat.«[19] Doch stellte der DGB zugleich die berechtigt skeptische Frage: »Welche Freiheit der Entscheidung verbleibt hier der Stadt?«

In der Tat hatte die DB eindeutig genug klargestellt, daß sie ihre Verbindungsbahn (V-Bahn) nur dann erstellen würde, wenn sie dafür die

[18] Vgl. München von Morgen, Programm der Münchener Sozialdemokraten für die Stadtratswahl am 20. März 1960, S. 9 f.
[19] Vgl. *Klaus Zimniok*, Untersuchungen zur Entwicklung der Massenverkehrsmittel in der Landeshauptstadt München, München (vervielfältigtes Manuskript) o. J. (1963), Stellungnahme vom 7. 5. 1963.

klassische Trasse zur Verfügung gestellt erhalte, daß sie niemals in die Maximilianstraße ausweichen werde[20].

»Auch hatten Bund und Land eindeutig zu erkennen gegeben, daß sie zwar die V-Bahn, nicht aber eine städtische Unterpflasterbahn mitfinanzieren wollten. Die Stadt hätte also zuerst eine ihr günstige Entscheidung im Trassenstreit möglicherweise im Prozeßwege durchsetzen und dann die gesamte Maßnahme allein bezahlen müssen.«[21] Das Tiefbahnprojekt aber hatte im Laufe der Planung eine kostenmäßige Entwicklung von einigen Dutzend zu einigen hundert Millionen DM durchgemacht, und »die Stadt war ganz außerstande, ein Vorhaben, das schon damals auf mehrere hundert Millionen Mark geschätzt wurde, allein zu finanzieren«[22].

Vogel, der im Wahlkampf mit dem Versprechen aufgetreten war, etwas für die Lösung der akuten Verkehrskrise zu tun und deshalb unter dem Zwang stand, *überhaupt* etwas zu tun, sah als bedrohliche Gefahr, das Festhalten am Unterpflasterbahnkonzept laufe »am Ende darauf hinaus, daß über Jahre hin gar nichts geschehen würde«[23]. Er hatte sich deshalb schon bei der Aufstellung des Wahlprogramms für die Oberbürgermeister- und Stadtratswahl 1960 gegen eine Festlegung gewehrt, doch hatten ihm die Führer der alten Stadtratsfraktion den ausdrücklichen Passus über die Beanspruchung der klassischen Trasse ins Programm hineingeschrieben[24].

Vorrangig und nachrangig berücksichtigte Interessen

Diese Hartnäckigkeit in diesem Punkt ist dadurch zu erklären, daß die »klassische Trasse« in der Tat das »Herzstück« zweier ganz verschiedener Verkehrs- und damit städtischer Entwicklungskonzeptionen war. Das Unterplasterbahnkonzept orientierte sich am Trambahnnetz und damit einerseits vorwiegend am Stadtgebiet (den Grenzen der in München wählenden Stimmbürger) und andererseits an dem »Verkehrsbedürfnis« der Trambahnbenutzer. Der DGB hob insbesondere den »Berufsverkehr« hervor. Darin kam ausdrücklich die Präferenz zugun-

[20] Das war von allem Anfang an die Haltung der DB, vgl. Süddeutsche Zeitung (SZ) vom 13. 7. 1959: »Ein hartes Ultimatum«, und wurde konsequent durchgehalten, vgl. Münchner Stadtanzeiger, Beilage zur SZ, v. 19. 7. 1963: »Präjudizierung der Trassenfrage«.

[21] *Vogel*, a.a.O., S. 70.

[22] *Vogel*, a.a.O., S. 72.

[23] A.a.O., S. 70.

[24] *Vogel*, ebd.: »Es war übrigens die einzige Stelle, an der Fraktion und Partei meinen Entwurf der Sache nach abänderten.«

sten der *schon vorhandenen* Verkehrsbenutzer zum Ausdruck und die Annahme, daß demgegenüber die »Berufspendler und Stadtbesucher aus dem Außenraum« auch in Zukunft zahlenmäßig wesentlich geringer sein würden. Sowohl die Orientierung an dem im Vergleich zum sternförmigen S-Bahnsystem sehr viel flächenstreuenderen Trambahn-Netz, wie die damit verbundene Präferenz: Stadtgebiet vor Außenraum – oder »Region« – zeigte an, daß dieses Konzept nicht auf weiteres städtisches Wachstum angelegt war. Das trug ihm den Vorwurf ein, gestrig, »engstirnig und kleinkariert«[25], d. h. nicht »innovationsfreudig« zu sein, während das regionale, von Land und Bund mitfinanzierte S-Bahnsystem nicht nur das »realisierbarere« sondern auch das »zukunftsträchtigere«[26] sei. Das aber wiederum setzte voraus, daß »die Zukunft« in weiterem städtischen Wachstum ins Umland hinein gesehen wurde, daß es galt, *diese* Zukunft durch ein daraufhin angelegtes Massenverkehrssystem mit herbeizuführen, statt ihr durch ein dezidiert nicht auf Wachstum angelegtes Verkehrssystem entgegenzuwirken, wie es etwa 1973 in Zürich in der zur Ablehnung eines U-Bahn-Konzepts führenden politischen Auseinandersetzung wieder als »zukunftsträchtig« galt.

Der Hinweis des DGB auf die »Verbündeten« der DB zeigt auch, daß die Münchner Auseinandersetzung um die »klassische Trasse« nicht auf einen Konflikt zwischen den Betriebsinteressen von Kommune und Bundesbahn reduziert war, noch dazu auf eine »typische Prestigefrage«[27]. Der Gegensatz der unterschiedlichen Entwicklungskonzeptionen lief dem Widerspruch gesellschaftlich dominanter und abhängiger Interessen parallel. Das Besondere liegt höchstens darin, daß die abhängigen Interessen in den Stellungnahmen von alter SPD-Fraktion und DGB mit ihrer Betonung von Trambahnbenutzer- und Berufsverkehrsinteressen überhaupt politischen Ausdruck fanden. Die auf Umsatz- und Wertsteigerungen im Stadtzentrum und korrespondierenden Zuwachs an Konsumtions- und Arbeitskraftpotential in der Region gerichteten Interessen brauchten sich als solche nicht zu artikulieren, da sie ja bereits in der Auffassung des Wachstumskonzepts als des »zukunftsträchtigen« als im Einklang mit der zukünftigen Entwicklung berücksichtigt worden waren. So konnte sich etwa auch die Industrie- und Handelskammer im Vergleich zum DGB in ihrer Stellungnahme kurzfassen und einfach die »großzügige und vorausschauende Lösung« des S-Bahn-Konzepts loben[28].

[25] Zitat bei *Vogel*, a.a.O., S. 71.
[26] *Vogel*, a.a.O., S. 70.
[27] A.a.O., S. 71.
[28] Abgedruckt bei *Zimniok*, a.a.O.

Die administrative Strategie

Die Handlungszwänge der fiskalischen Abhängigkeit, verdoppelt in der kommunalen Abhängigkeit von Bundes- und Landeszuschüssen, wirkten sich so in Richtung auf die selbsttätige Berücksichtigung der dominanten gesellschaftlichen Interessen durch die Administration aus. »Selbsttätig« bedeutet hier, daß die Vorgangsweise den Eigeninteressen der Administration entspricht. Die alte SPD-Fraktion hatte den politischen Konflikt mit den dominanten Interessen gesucht. Sie war damit nicht weiter gekommen. Nun war die Alternative, die bestehende Machtlage zu akzeptieren und diejenige Lösung zu wählen, die sie für das Handeln nahelegte, oder der Bevölkerung reinen Wein einzuschenken, den Konflikt zu verschärfen und – mit dem Risiko einer offenen Niederlage – politisch auszutragen. Das aber ist nicht der Weg der Administration. Der Vorrang des fiskalischen Kalküls rät ihr, die finanziell fundierten Machtpositionen als die entscheidenden einzukalkulieren. Sie handelt, indem sie den politischen Konfliktstoff entpolitisiert, indem sie die Zielansprüche dem in ihrem Sinne allein »Machbaren« flexibel anpaßt. Im vorliegenden Falle bedurfte es hierzu spezifischer organisatorischer und argumentativer Vorkehrungen gegenüber den Anforderungen der Legitimationsseite. Vogel schildert sein Dilemma so: »Bei dieser Sachlage mußte ich einen Zweifrontenkrieg führen. Einmal mußte ich meine Freunde und sodann den Stadtrat dafür gewinnen, ihre starre Haltung zu revidieren und die klassische Trasse der Bundesbahn zu überlassen. Zum anderen mußte ich bei Bund und Land um möglichst hohe Zuschüsse kämpfen«[29]. Hier interessiert zunächst die erste Aufgabenstellung. Vogel ging sie durch eine organisatorische Trennung von Ziel- und Maßnahmeplanung an: einerseits wurde die Arbeit an dem umfassenden, auf dreißig Jahre angelegten Stadtentwicklungsplan vorangetrieben, dessen Kartenwerk in der »Arbeitsgemeinschaft Stadtentwicklungsplan« entwickelt, und dessen Textteil vom Leiter der Verwaltungsabteilung des Stadtplanungsamts, Dr. Hubert Abreß, formuliert wurde. Die 13 radialen Vorortlinien der DB wurden hier zum Skelett eines »Entwicklungleitbildes«, das in den Stadtentwicklungsplan wie folgt einging: »Leitgedanke dieser Planung ist die auf ein hochentwickeltes Zentrum hin organisierte, entlang den Strecken des Massenverkehrsmittels sternförmig in eine Vielzahl von Stadtteilen mit eigenen Nebenzentren gegliederte und mit ihrem natürlichen Umland organisch verbundene Metropole mit Weltstadtcharakter«[30].

[29] *Vogel,* a.a.O., S. 72.

[30] Landeshauptstadt München, Stadtentwicklungsplan mit Gesamtverkehrsplan, gekürzte Fassung, München o. J. (1963), S. 9.

Wurde hier die administrative Option im politischen Kernkonflikt um das Massenverkehrssystem in eine »Gesamtschau« verpackt, deren suggestivem Glanzbild einer »Metropole mit Weltstadtcharakter« die nüchternen Anhänger der Unterpflasterbahn nichts vergleichbar Faszinierendes für die kommunale Selbstdarstellung entgegenhalten konnten, so wurde auf der anderen Seite der Widerspruch der Verkehrskonzepte ganz auf die Trassenentscheidung »kleingearbeitet«, in der nur noch die Varianten: DB V-Bahn oder städtische Tiefbahn in der klassischen Trasse übriggeblieben waren. Damit war der »in Mitte liegende« politische Konfliktpunkt aus der administrativen Planungstätigkeit herausorganisiert. Vogel beschreibt diesen Teil seiner Strategie wie folgt: »Zunächst mußte ich jedoch meine Freunde besänftigen. Ich schlug ihnen vor, zur Erhärtung des städtischen Standpunkts (in der Trassenfrage, d. Verf.) die beiden Varianten noch einmal im Detail darstellen und miteinander vergleichen zu lassen. Da sie überzeugt waren, es werde das von ihnen gewünschte Ergebnis herauskommen, stimmten sie zu. Alle weiteren Verhandlungen mit der Bundesbahn waren von diesem Zeitpunkt an formal gedeckt. »Mit der vergleichenden Darstellung wurde Dr. Klaus Zimniok, der heutige U-Bahn-Referent, beauftragt. Ich hatte ihn 1960 aus dem Staatsdienst zur Stadt geholt und als juristischen Verwaltungsbeamten im Stadtplanungsamt verwendet (als Vorgänger von Abreß, d. Verf.). Schon dort waren seine enorme Arbeitskraft und seine technische Begabung aufgefallen. Die Darstellung, die über 500 Seiten umfaßte, vollendete er binnen weniger Monate. Sie kam zu dem schlüssigen Ergebnis, daß unter verkehrlichen, technischen und finanziellen Gesichtspunkten die Bundesbahnlösung den Vorzug verdiente.«[31]

Die organisatorische Trennung von Entwicklungskonzept und Trassenfrage wurde – im Sinne des Zwecks, zu dem sie diente – auch in der Phase der Einschaltung »der Öffentlichkeit« in den Planungsprozeß durchgehalten, indem zwei verschiedene Anhörungsverfahren zu der Trassendokumentation und zum Entwurf des Stadtentwicklungsplans durchgeführt wurden, in denen verschiedene Institutionen und Verbände aufgefordert wurden, Stellungnahmen dazu abzugeben. Dieses Verfahren hatte auch seinen entpolitisierenden Effekt insofern, als der DGB, der als einziger noch mit der oben zitierten Stellungnahme der Trassenoption widersprach, dem Entwicklungsleitbild dagegen aber zustimmte und damit seinem Widerspruch das politische Gewicht nahm. Einen grundsätzlichen Einwand gegen das Entwicklungskonzept erhob lediglich der Deutsche Werkbund, der vor der konzentrischen Citybildung warnte und die Alternative einer »linearen Entwicklung im Sinne

[31] *Vogel*, a.a.O., S. 73.

einer weiträumigen, bandartigen Stadtbildung« anbot. Das Stadtplanungsamt wies diesen Einwand in seiner »Synopse aller zum Stadtentwicklungs- und Gesamtverkehrsplan abgegebenen Stellungnahmen« mit dem Bemerken ab: »Widerspricht den verkehrlichen Gegebenheiten und dem Leitbild einer auf die Innenstadt als dem Herz der Stadt hingerichteten Entwicklung von Stadt und Region.«

Der Werkbund allein besaß nicht das Konfliktpotential, um eine öffentliche Auseinandersetzung zu erzwingen.

Der DGB hatte sich selbst desavouiert. So gelang die administrative Strategie der öffentlichen Absicherung durch nachträgliche Konsensbeschaffung zumindest in der Weise, daß das Planwerk im Juli 1963 auch im Stadtratsplenum ohne grundsätzliche Diskussion mit Unterstützung der beiden großen Fraktionen SPD und CSU nahezu einstimmig über die Bühne ging. Zugleich mit dem Stadtentwicklungsplan – getrennt marschieren, vereint schlagen – billigte der Stadtrat die Überlassung der klassischen Trasse an die DB zur Realisierung des S-Bahnkonzepts.

Die Zielkonflikte des Stadtentwicklungsplans

Das Grundkonzept einer auf zukünftiges Wachstum angelegten Entwicklung war im Stadtentwicklungsplan deutlich genug zum Ausdruck gekommen, was den dominanten Interessen durchaus entsprach: radiales Verkehrskonzept mit Erschließung des Regionsraums durch die S-Bahn der DB, möglich gemacht durch die Verbindung von Haupt- und Ostbahnhof über die »klassische Trasse« und ergänzend dazu: ebenso radiale Anlage der städtischen U-Bahn-Linien unabhängig vom flächenstreuenden Verkehrsnetz der Trambahn. Dementsprechend: Ausweisung der im Schnittpunkt dieses Sterns gelegenen City als Kerngebiet mit Vorrang der Gewerbenutzung und »Ballung von Wohnstätten innerhalb einer zumutbaren Arbeitswegzone zur City«[32]. Damit waren die Weichen in Richtung auf die Förderung weiteren Wachstums gestellt, und zwar auf der Basis der von Bodenmarkt und Unternehmenskonzentration ohnehin schon bewirkten »Trennung der Funktionen« von Arbeiten, Wohnen und Erholung.

Der Legitimationsfunktion des Stadtentwicklungsplans jedoch entsprach, daß die politisch verdrängte, aber unterschwellig weiterbestehende Opposition gegen das vorherrschende Entwicklungskonzept im Stadtentwicklungsplan selbst in Form von Zielangaben Berücksichtigung fand, die im Widerspruch zum Grundkonzept der »Ballung von

[32] Stadtentwicklungsplan, a.a.O., S. 11.

Wohnstätten« um die äußeren Haltepunkte des Verkehrssterns und der Ballung gewerblicher Arbeitsstätten im Zentrum des Sterns standen. So stand dem Entwicklungsleitbild der »Sternstadt« mit ihrer einzigen Zone allseits guter Erreichbarkeit in der Mitte des Sterns das Konzept der Ausbildung »selbständiger Nebenzentren« gegenüber. Im Gegensatz zum ersteren war dieses Konzept jedoch nicht durch einen konkreten Maßnahmeplan abgesichert. Beispielsweise wäre es möglich gewesen, das städtische U-Bahnnetz, das im Gegensatz zum regionalen S-Bahn-Stern die Erschließung des Stadtgebiets übernehmen sollte, im Interesse des Nebenzentren-Konzepts *ringförmig* anzulegen, um damit die Sternstruktur zu korrigieren. Innerhalb des städtischen Planungsapparats gab es auch durchaus Befürworter einer solchen Lösung. Eine ringförmige U-Bahn-Linienführung hätte die City entlasten und im Sinne gestreuterer Flächenbedienung etwas von der mit dem Unterpflasterbahn-Konzept beabsichtigten Strukturwirkung erhalten können. Das Konzept einer maximalen Erschließung der City erwies sich jedoch auch dadurch als das dominierende, daß dieses – im Planungsapparat selbst mit fachmännisch-technischen Argumenten vertretene – Konzept sich nicht durchsetzen konnte. Die U-Bahn-Linien wurden genau wie die S-Bahn-Linien sternförmig cityorientiert angelegt, das »Nebenzentren-Ziel« blieb ein durch Maßnahmen unabgesichertes »Wunsch-Ziel«. Ebenso erging es den Zielvorstellungen, die für die Kernzone der Stadt formuliert wurden, um die unausgeräumten Bedenken gegen das Entwicklungskonzept zu beschwichtigen und Zustimmung zu mobilisieren. Die Konzentrierung der Verkehrswege im Zentrum mit der daraus folgenden Steigerung der Lagewerte in der City mußte nach dem herrschenden Renditekalkül notwendig zu einer entsprechenden »Anpassung« der Nutzungswerte führen. Absehbar war folgendes: »In aller Regel wird sich die Nutzung durchsetzen, die den höchsten Ertrag abwirft und demgemäß den höchsten Preis zahlen kann ... Deshalb siegt im Konfliktsfalle – um Beispiele aus München zu nennen – stets das Warenhaus über das Kulturzentrum, die Bank über das alteingeführte Café, das Bürogebäude über den Biergarten. Und wären Dome und Rathäuser nicht in aller Regel unverkäuflich, müßten sie nach dem herrschenden System eigentlich auch einer profitträchtigeren Nutzung weichen.«[33]

Der Stadtentwicklungsplan trug dieser Entwicklung Rechnung, nicht nur durch sein Verkehrskonzept, sondern auch durch seine großzügige alte City-Wohnquartiere einschließende Kerngebietsausweisung (die dann auch »in Vollzug« des Stadtentwicklungsplans vom Flächennutzungsplan baurechtlich fixiert wurde). Auch hier standen die legitima-

[33] *Vogel*, a.a.O., S. 306.

torischen Planungsziele im Widerspruch zur Maßnahmeplanung. Der Stadtentwicklungsplan formulierte die Ziele der »Erhaltung des überlieferten Stadtbildes« und des »historisch und organisch entstandenen Gefüges der Stadt« und gab letzterem den Stellenwert einer »ersten Ordnungsvorstellung«[34]. Damit war zwar die Opposition gegen die konkret beabsichtigten Maßnahmen zunächst besänftigt, die objektiven Widersprüche aber nicht beseitigt. Die sich später hieran entzündenden politischen Konflikte aber hatten durch die Aufnahme dieser gewissermaßen »abweichenden« Planungsziele in den Stadtentwicklungsplan selbst ebenfalls eine legitimatorische Basis erhalten, auf die die Opponenten sich berufen konnten.

2.2. Fiskalpolitik im Bereich der Maßnahmeplanung

Die Erstellung des Münchner Massenverkehrssystems spielte sich in einem Geflecht zwischenorganisatorischer Beziehungen zwischen Stadt München, Bundesbahn, dem Land Bayern und dem Bund ab. Beispiel für einen gewissermaßen »sekundärpolitischen« Auseinandersetzungsprozeß, der praktisch ausschließlich in administrativer Form verlief, ist die Alternativplanung zur Erschließung des Entlastungszentrums Neu-Perlach durch eine U-Bahn oder S-Bahnlinie.[34a]

Übersicht über die Perlach-Alternativenplanung

Neu-Perlach ist eine Mitte der sechziger Jahre auf grüner Wiese hochgezogene Siedlung im Südosten Münchens. Sie soll im Endausbau rund 100 000 Einwohner und 20 000 bis 30 000 Arbeitsplätze nebst einem Angebot zentraler Funktionen aufnehmen und ist dementsprechend nicht als sog. »Schlafstadt«, sondern als ein Nebenzentrum mit städtischem Eigenleben konzipiert, das den radial von allen Seiten einströmenden Druck auf die Münchner City etwas entlasten sollte.

Da vom Entlastungszentrum Perlach ungeachtet seiner eigenen Zentralfunktionen ein hohes Verkehrsaufkommen zur City erwartet wurde, wollte man es mit der ab 1970 zu bauenden zweiten Durch-

[34] Stadtentwicklungsplan, a.a.O., S. 9.

[34a] Zu der nachfolgenden, gerafften Darstellung ausführlicher: Wolf Linder, Der Fall Massenverkehr, Verwaltete Politik, Bd. 1, Frankfurt 1973, S. 207–297.

messerlinie der U-Bahn erschließen. Dies entsprach der Münchner Massenverkehrskonzeption, wie sie im Rahmen des Stadtentwicklungsplans beschlossen war, und die der U-Bahn die Erschließung des Münchner Stadtgebietes, der Bundesbahn die Erschließung der Region durch die S-Bahn zuwies.

Eine städtische Arbeitsgruppe verschiedener Referate entdeckte im Rahmen ihrer Abklärungen für den weiteren Ausbau der Massenverkehrswege die Möglichkeit, Perlach nicht mit einer U-Bahn, sondern mit einem S-Bahn-Ast zu erschließen. Hauptunterschied dieser Verkehrskonzeption war, daß Perlach durch Anschluß an die West-Ost-S-Bahnröhre mit allen Punkten der Münchner City verbunden war, während die U-Bahn-Variante die City an weniger Punkten in Nord-Süd-Richtung durchmaß, aber direkte Verbindung zu den nördlichen Stadtteilen vermittelte.

Die S-Bahn-Alternative wurde von der städtischen Arbeitsgruppe 1967 rasch fallen gelassen. Der städtische Verwaltungschef OB Vogel griff sie jedoch auf und ließ sich eine Intensivabklärung durch einen Stadtratsbeschluß anfang 1968 legitimieren.

OB Vogel hatte nämlich entdeckt, daß eine solche Alternative die Chance erheblicher Einsparungen für den städtischen Haushalt bot: nach bisherigen Abmachungen zwischen Bund, Freistaat, Bundesbahn und Stadt betrug der Anteil der Stadt am Bau von U-Bahn-Linien rund 35 %, an S-Bahn-Linien jedoch nur rund 6 %. Konnte dieser Finanzierungsschlüssel gehalten werden, so hätten sich für die Stadt bei einer Projektsumme von rund 300 Mio. DM etwa 90 Mio. DM Einsparungen ergeben, die zu Lasten von Bund und Freistaat gegangen wären. Ungeachtet, ob der Finanzierungsschlüssel gehalten werden konnte, bot die Perspektive, daß auch die Bundesbahn am weiteren Ausbau des Münchner Massenverkehrssystems ab 1972 beteiligt war, gewisse Vorteile: man hatte gegenüber Bund und Freistaat einen weiteren Bündnispartner für die Mitfinanzierung des Massenverkehrssystems. OB Vogel konnte mit einem Interesse seitens der Bundesbahn rechnen: die Perlach-Linie hätte der Bundesbahn gestattet, die Westlastigkeit ihres S-Bahnnetzes mit den ungünstigen Belastungen zu verbessern.

Dieses politische Kalkül – verdeckt gespielt – schien zunächst aufzugehen. OB Vogels Kontakte mit DB-Präsident Oeftering verliefen einvernehmlich, und auf fachlicher Ebene wurde die technische Möglichkeit einer S-Bahn-Erschließung von der Bundesbahn ausdrücklich bejaht. Bald aber zeigten sich Schwierigkeiten und Konflikte. Die städtischen Fachstellen für die U-Bahn-Planung erkannten, daß mit Wegfall der Perlachlinie die gesamte U-Bahn-Konzeption ins Wanken geriet, daß nur noch ein Rumpfnetz mit betrieblich ungünstigen Eigenschaften übrig blieb. Die Bundesbahn hingegen wollte und konnte bei der Perlach-Erschließung eine wesentliche Forderung der Stadt nicht erfüllen: nämlich die betriebliche Erschließung im 5-Minuten-Takt. Nicht nur aus ökonomischen Gründen, sondern wegen der beschränkten Kapazitäten des Tunnels zwischen Haupt- und Ostbahnhof, in welchem alle 13 S-Bahn-Linien vereinigt waren, bot die Bundesbahn nur einen 10-Minuten-Takt an. Beharrte die Stadt auf dem 5-Minuten-Takt, so hätte sie die Forderung der Bundesbahn auf einen zweiten Ost-West-Tunnel gewärtigen müssen, der die Trasse der dritten U-Bahn-Linie beansprucht hätte.

Entgegen den Bedenken der Fachreferate setzte sich OB Vogel weiter für die Offenhaltung der Varianten ein. Es ging ihm noch um ein weiteres, nämlich um die erhofften Beiträge von Bund und Land zur Deckung der absehbaren Betriebsdefizite des neuen U- und S-Bahn-Systems. Da die Bundesbahn hier gewichtige Chancen besaß, zur Abgeltung der gemeinwirtschaftlichen Leistungen Bund und Land heranzuziehen, der Stadt jedoch keine zwingenden Argumente zur Verfügung standen, war es Strategie OB Vogels, einen möglichst eng verflochtenen Systemverbund von U- und S-Bahn anzustreben, bei dem nicht mehr zwischen den Verkehrsträgern unterschieden würde. Er hatte schon 1968 die Einbindung von Stadt, Bundesbahn und Freistaat in ein Grundsatzabkommen zur Vorbereitung eines Münchner Tarif- und Verkehrsverbundes erreicht, und er versuchte über diese Vereinbarung, den Freistaat sowohl in den Fragen der Betriebsdefizite wie der Perlach-Alternative in die Verhandlung zu ziehen. Die »Verbund«-Verhandlungen führten 1969 zu zahlreichen neuen Arbeitskreisen und zur Aufdeckung weiterer Konfliktfelder zwischen zwei oder drei Beteiligten – etwa der Anbindung des geplanten neuen Großflughafens an das Massenverkehrssystem, oder der Lage von Bahnhöfen im Citybereich. Gleichzeitig unterbreitete die Stadt dem Freistaat und dem Bund Finanzierungsvorschläge für den Verkehrsausbau ab 1972 unter der Annahme der bisherigen Finanzierungsschlüssel.

Ein Verhandlungsergebnis wurde erst 1970 unter Beizug des Bundesverkehrsministeriums in einem achtköpfigen Ausschuß gefunden. Die Aussichten der Stadt auf Beibehaltung des für sie günstigsten Finanzierungsschlüssels für die S-Bahn hatten sich verflüchtigt. Ein 5-Minuten-Betrieb der S-Bahn nach Perlach war technisch nicht zu erbringen. Das mit der Zeit immer stärker gewordene Interesse der Bundesbahn, den für sie interessanten Perlachverkehr unter einem 10-Minuten-Betrieb doch zu übernehmen, konnte durch Zusicherung des Netzausgleichs mittels der Flughafenerschließung befriedigt werden. Da die Perlach-Entscheidung unter Zeitdruck stand, die Regelung der Betriebsdefizite zwischen den vier Partnern noch nicht vorangekommen war, votierte die Stadt nun ebenfalls für die U-Bahn-Lösung. Ihr wurde im sog.

»Thoma-Arbeitskreis« der Vorzug gegeben, im wesentlichen wegen der geringeren Baukosten und der zu erwartenden günstigeren Betriebskosten.

Damit wurde in einem mehr als dreijährigen Konfliktplanungsprozeß ein höchst unscheinbares Endergebnis erzielt – nämlich die verkehrstechnische Lösung quo ante. Dennoch war die Alternativplanung weniger unscheinbar als ihr Ergebnis: auf der einen Seite stand die U-Bahn-Lösung, an der die städtischen Fachreferate nicht nur als Vollzug der sicheren Lösung festhielten, sondern weil nur sie ein vollständiges städtisches betrieblich günstiges U-Bahnnetz ermöglichte, und weil sie dem städtischen Benutzer einen 5-Minuten-Betrieb anbot. Auf der anderen Seite hielt OB Vogel an der Offenhaltung der S-Bahn-Alternative fest: die Aussicht der finanziellen Entlastung für den Bau der Perlach-Linie und im späteren Betriebsverbund war ihm offenbar so wichtig, daß er bereit gewesen wäre, ihr sowohl den 5-Minuten-Betrieb für die Perlach-Fahrgäste, als auch die ausgewogene Betriebskonzeption des U-Bahn-Systems zu opfern.

Wie ist nun dieser Prozeß zu deuten?

Zunächst ist die ganze, vom städtischen Verwaltungschef initiierte Politik als Versuch zu betrachten, die Stadt aus der Rolle des bloßen Bittstellers, der in völliger Abhängigkeit von Bund und Land für seinen Massenverkehrsbau finanzielle Zuwendungen beantragt, herauszubringen. Mit der Alternativplanung wurden Ziele anderer Organisationen, insbesondere der Bundesbahn, antizipiert, zum Tragen gebracht, und die Spekulation auf eine erweiterte Koalition war mit der Hoffnung verbunden, verschiedenste Ziele besser zu erreichen.

Der Konfliktplanungsprozeß hat das Handlungsfeld der vier Partner ständig erweitert: neben die Perlach-Alternative kamen die Fragen der veränderten Netzkonzeption, der Flughafenerschließung, der Bahnhöfe im Citybereich, der Betriebsverbund, die Finanzierung des Ausbaus und der Betriebsdefizite ab 1972 aufs Tapet. Die Untersuchungen über die unerwartet komplexen Problemverflechtungen füllten Dossiers von manchen hundert Seiten. Hier wurde tatsächlich ein politisches Feld erweitert und über Konflikt-Konsensprozesse ausgetragen.

Gegenüber diesem »Organisationspluralismus« sind aber doch Vorbehalte anzubringen. Ob Repolitisierungen stattfinden oder nicht, steht und fällt mit der Wahrnehmung von politischen Spitzen, ihre eigenen Organisationsziele über Interessen- und Konfliktgleichlagen und entsprechende Koalitionen gegenüber Drittpartnern besser zu verwirklichen. Dementsprechend sind es nicht soziale Konflikte und Interessen in den realen Problembereichen, sondern indirekt vermittelte unter den

Organisationen, die den politischen Ausgangspunkt der Planungsprozesse bilden, und sie behalten diesen Charakter. Mit Bezug auf den Perlach-Prozeß:

Ausgangspunkt war das Fiskalkalkül, das OB Vogel mit dem günstigeren S-Bahn-Finanzierungsschlüssel als Einsparung für die Stadt erkannte. Dieses Kalkül blieb das absolut dominierende – auch für die Bundesbahn, die Betriebsrationalisierungen erwartete. Diese Argumente waren wichtiger als die inhaltlichen Probleme der Verkehrsbedienung. Solange die Hoffnung auf finanzielle Entlastung bestand, schlug das fiskalische Argument alle Sachargumente aus dem Feld. Und sobald Bund und Land den Kostenvorteil der S-Bahn-Alternative für die Stadt durch ihre Finanzierungsbedingungen zunichte machten, wurde die Alternative fallengelassen.

Diese Argumentation richtet sich nicht gegen die Knappheitsentscheidung über den »rationellen« Einsatz finanzieller Ressourcen als solche. Der Fall zeigt jedoch, daß diese Knappheitsentscheidung unter administrativen Organisationen einem Kosten/Nutzen-Kalkül folgt, das keinen Aufschluß über die sozialen Kosten/Nutzenverhältnisse in dem behandelten Problemfeld gibt, sondern sich von diesen gerade löst und ihnen gegenüber verselbständigt.

Dieser Sachverhalt hat sich auch an den Schwergewichten der organisatorischen Problemaufklärung gezeigt: die Verkehrsproblematik wurde vor allem unter dem Gesichtspunkt der Massenverkehrsträger untersucht. Dimensionen der Stadtentwicklung – etwa die Frage, wie das Eigenleben des Perlachzentrums durch die Verkehrserschließung verbessert oder verschlechtert wurde – blieben dem gegenüber unterbelichtet. Es kann mit einiger Gewißheit gesagt werden, daß die Hauptunterschiede der Alternativplanung in der Schaffung unterschiedlicher Entwicklungschancen für das Perlachzentrum und sein regionales Einzugsgebiet lagen, wobei die Beziehungen Neu-Perlachs zu City und Region vor allem hätten untersucht werden müssen. Dies haben auch die hohen Planungskapazitäten der beteiligten Verwaltungen – vergleichsweise – nur unzureichend geschafft.

Die raum- und entwicklungspolitischen Zielvorstellungen, mit denen sie sich nach außen legitimieren, wurden schließlich von den Verwaltungen überhaupt nicht als Relevanzkriterien eingeführt: die letztliche Auswahl fiel fast ausschließlich aufgrund der vom Land angeregten »Wirtschaftlichkeitsuntersuchung«, in welcher der eng definierte Bau- und Betriebsaufwand und die Kleinhaltung der Beiträge der einzelnen Partner im Vordergrund standen. Finanz- und Programmplanung fielen auseinander, und damit verlor der administrative Politikprozeß zunehmend die soziale Problematik aus den Augen, die er zumindest ansatzweise in der Analyse vorgefunden hatte.

Die Betriebsreferate der Stadt – am dichtesten an der realen Umweltproblematik zumindest in puncto Verkehrsbedienung – hatten in recht frühen Planungsphasen die benützerorientierten Probleme (Nachteile der 10-Minuten-Bedienung etc.) aufgebracht und gerieten damit in Konflikt mit der höheren, politischen Organisationsebene. Nicht die Benützerargumentation, sondern die technische Sachzwangargumentation (Schwierigkeiten der Betriebsgestaltung) wurde darauf entwickelt, kam aber auch erst dann zugunsten der U-Bahn-Alternative zum Zuge, als das fiskalische Argument für die S-Bahn-Alternative entfallen war.

2.3. Die organisatorische Auseinanderkopplung von Ziel- und Maßnahmeplanung

Wir wollen die organisatorische Auseinanderkopplung von Ziel- und Maßnahmeplanung noch unter drei verschiedenen Aspekten beleuchten, die unsere Fall-Studien ergeben haben:

Einmal auf lokaler Ebene, wo innerhalb der Münchener Stadtverwaltung ein eigenständiges Zielplanungsressort gerade zu dem Zweck eingerichtet wurde, der Zielplanung ein bestimmendes Gewicht zu geben, um die Maßnahmeplanung anleiten zu können. Hierbei wurde jedoch die Verselbständigung auch gegenüber der politischen input-Seite gewählt – um politische Konflikte abzufangen – und eine Verkopplung von »politischer Führung« durch den Verwaltungschef mit einer in den Verwaltungsapparat als »Stadtforschung« hineingezogenen verwaltungsorientierten Wissenschaft als »Führungshilfe« angestrebt.

In der Kommune-Land-Dimension ging die Auseinandersetzung um die Organisation der Regionalplanung in Bayern gerade um die Kopplung von Ziel- und Maßnahmeplanung, die in der auch von der Stadt München mit Verve vertretenen Option für eine »Verwaltungsregion« mit »Planungs«- *und* »Vollzugs«-Aufgaben gefordert wurde. Dagegen setzte sich in einer Koalition von staatlichen und ländlichen Interessen gegen die »großstädtische« Lösung eine »Disjunktion« zwischen Regionalplanung als einer in reinen »Planungsregionen« verselbständigten Zielplanung und den unverändert bleibenden kommunalen und staatlichen Vollzugs- und Finanzierungskompetenzen durch, gerade um die Zielplanung nicht »mächtig« werden zu lassen.

Im Falle der Standortplanung für den Münchener Großflughafen wiederum begegnete uns umgekehrt eine verselbständigte Maßnahmeplanung – formell des Landes, bei »Beteiligung« von Bund und Kommunen – für die eine eigentliche »Zielplanung« nirgendwo auffindbar war, was erst im längeren Verlauf der Maßnahmeplanung und dann durch politische Widerstandsaktionen überhaupt zum politischen Problem wurde.

2.3.1. Die Reorganisation der Münchener Planungsverwaltung: Stadtentwicklungsreferat, Baureferat, U-Bahn-Referat

Das Investitionsplanungs- und Olympiaamt

1966 wurde innerhalb der Münchener Planungsverwaltung begonnen, die Stadtentwicklungsplanung aus dem einheitlichen Baureferat, in die sie nach der Verabschiedung des Stadtentwicklungsplans zu dessen »Vollzug« eingebaut worden war, wieder herauszulösen. Zwei Anlässe trafen hier zusammen:

Erstens brachen im öffentlichen Protest gegen die Untertunnelung des Prinz-Carl-Palais die in den Stadtentwicklungsplan eingebauten Zielwidersprüche in Form eines öffentlichen kommunalpolitischen Konflikts akut auf. Das Prinz-Carl-Palais bildet als Blickpunkt den städtebaulichen Abschluß der Münchener Prinz-Regenten-Straße. Die Untertunnelung war im Zuge der zur Absicherung des City-Konzepts des Stadtentwicklungsplans vorgesehenen Straßenplanung, des Ausbaus des Knotenpunkts von »Altstadtring« und »Osttangente« technisch notwendig, widersprach aber eklatant dem Stadtentwicklungsziel der »Erhaltung des überlieferten Stadtbildes«. Denn die Untertunnelung von der Prinz-Regenten-Straße aus brachte beim Blick auf das Prinz-Carl-Palais den Blick auf die Tunnelröhre mit sich, der nun das Prinz-Carl-Palais wie ein Hütchen aufsaß. Gegen diesen »Verstoß« richtete sich der öffentliche Widerstand, in dem als Wortführer eine Reihe institutionell fundierter »Repräsentanten der Öffentlichkeit« hervortraten: außer der Akademie der Schönen Künste, die als Nutzerin des Prinz-Carl-Palais unmittelbar Betroffene war, waren es vor allem die beiden großen Tageszeitungen, die Architektenverbände, die Kammern, der DGB und die an Fragen der Stadtgestaltung vom Fach her interessierten Münchener Hochschullehrer. Weiterhin profilierte sich eine bisher vorwiegend in Fachkreisen bekannte Gruppe kritischer Architektplaner, das Münchener Bauforum.

Die inhaltliche Diskussion wurde vor allem um ad hoc-Lösungen für die konkrete Bebauungsplanung geführt. Diese Diskussion war am Ende vergeblich: de facto blieb es bei der Tunnel-Lösung. Darüber hinaus aber war erstmals die Simultan-Strategie des Stadtentwicklungsplans sichtbar gescheitert. Die Tatsache, daß eine zu seinem »Vollzug« ergriffene spektakuläre Maßnahme eines seiner wesentlichen Ziele offen verletzte, machte den Vorgang der Stadtentwicklungsplanung selbst zum politischen Thema.

Ein Ergebnis dieses Diskussionsstranges war die Gründung des »Münchener Diskussionsforums für Entwicklungsfragen e. V.« im Jahre 1968, an dem außer den oben genannten Wortführern der Prinz-Carl-Palais-Diskussion (mit Ausnahme der Akademie der Schönen Künste) die Stadt München selbst und der Regionale Planungsverband »Äußerer Wirtschaftsraum« als Gründungsmitglieder beteiligt waren. Die Stadtverwaltung war lebhaft daran interessiert, von Anbeginn an der institutionellen Konsolidierung personell und finanziell beteiligt zu sein – und zwar so, daß einerseits keine Gegeninstitution, andererseits aber auch nicht der Eindruck entstand, es handele sich dabei um »eine städtische Public-Relations-Agentur«[35]. Die Strategie administrativer Absicherung gegenüber offenen politischen Konflikten wurde so bereits in das Vorfeld des Verwaltungsapparates vorverlegt[36].

Das andere Ergebnis der Prinz-Carl-Palais-Diskussion war die innere Umorganisation der planenden Verwaltung. Hierfür kam ein zweiter Anlaß hinzu:

In der Rezessionskrise 1966/67 traten die finanziellen Grenzen gerade der kommunalen Zielplanung und damit ihre Abhängigkeit von den Kassen des Landes und des Bundes deutlich hervor. Für die Kommune wurde damit einerseits das Problem der »Außenbeziehungen« akut, d. h. ihre Einbindung in die gesamtstaatliche Planungs- und Entscheidungsstruktur, andererseits das Problem einer strengen, die vorhabende Gesamtverwaltung umfassenden Investitionsplanung und -kontrolle, also der Zwang zur fiskalischen Rationalisierung. Beide Probleme betrafen die Gemeinden der Bundesrepublik generell, wurden in München jedoch noch speziell verstärkt durch die Übertragung der Olympia-Aufgabe.

Diese objektiven Tendenzen fanden im Sommer 1966 ihren Ausdruck in dem Vorschlag, ein dem Oberbürgermeister direkt unterstelltes »Investitions- und Olympiaamt« zu schaffen, als dessen Aufgaben vorgesehen waren:

[35] *Vogel,* a.a.O., S. 139. Die Einnahmen des Vereins betrugen im Kalenderjahr 1970 170 000 DM, davon entfielen 160 000 DM auf den Zuschuß der Stadt, vgl. *Pierre Hoffmann/Nikitas Patellis,* Demokratie als Nebenprodukt, Versuch einer öffentlichen Planung, München 1971, S. 55.

[36] Zum Münchner Forum vgl. näher: *Grauhan,* Strukturwandlungen planender Verwaltung, in: Österreichische Zeitschrift für Politikwissenschaft, 1972, Heft 4, S. 30 und die dort angegebene Literatur.

1. Förderung der XX. Olympischen Spiele
2. Investitionsplanung/Koordinierung/Kontrolle
3. Koordinierung der interregionalen Kontakte und
4. Förderung der Stadtforschung.

Hinter dem Etikett der »Stadtforschung« verbarg sich einmal der Verlust der administrativen »Planungssicherheit« und damit der Beginn der Ablösung der Stadtentwicklungsplanung als Zielbildungsprozeß vom Vollzug des Stadtentwicklungsplans, sodann der mit der Investitionsplanung für die Gesamtverwaltung gestiegene Informationsbedarf gegenüber der allein auf Einwohner-, Arbeitsplatz- und Kraftfahrzeugzahlen abgestellten Prognostik der ersten Planaufstellungsphase und schließlich OB Vogels Absicht, sich einen zentralen Führungsstab für die Leitung der Gesamtverwaltung zuzulegen. Für ihn war deshalb die »Stadtforschung« die Hauptsache, und er hielt sie in der Olympiavorbereitung für »denkbar gut verpackt und abgesichert«[37].

Der Konflikt um das Führungs-Amt

Der Vorschlag einer strukturellen Re-Zentralisierung der Planungsaufgaben löste jedoch eine öffentliche Kontroverse »um die Macht im Rathaus« aus[38], die im Zeichen des Gegensatzes zwischen Effizienzprinzip zugunsten der zentralen Lösung und Demokratiepostulat zugunsten einer dezentralen Planungsstruktur ausgetragen wurde[39]. Zugunsten der Amtslösung wurde vorgebracht – vom Oberbürgermeister und einigen Stadträten der SPD –, das Amt ermögliche eine zentrale Koordination der Investitionsmaßnahmen, die sparsamste Verwendung der knappen Mittel, die Stadtratsarbeit werde erleichtert, denn der Stadtrat erhalte einen abgeklärten und koordinierten Entscheidungsvorschlag, der »auch Alternativen aufzeigen« solle – und: das Recht und die Pflicht, einen Entscheidungsvorschlag vorzulegen, stehe dem Oberbürgermeister ohnehin zu. Gegen das Amt wurde eingewendet – von der Presse und einigen Stadträten der Minderheit –, das Amt führe zu einer weiteren Machtkonzentration beim Oberbürgermeister, Entscheidungen würden vorgefertigt, der Stadtrat aber brauche Informationen »auf der Grundlage der verschiedenen Aspekte einzelner Referenten«, die parlamentarischen Kontrollen einer Referatslösung (Wahl des Re-

[37] *Vogel*, a.a.O., S. 135.
[38] *Erich Hartstein* in: »Süddeutsche Zeitung« vom 26. August 1966, S. 15.
[39] »Grundsätzliche Fragen der demokratischen Arbeit in unserem Rathaus werden damit aufgeworfen«, *Hartstein*, a.a.O.

ferenten durch den Stadtrat und die bayrische Institution des stadträtlichen Korreferenten und Verwaltungsbeirats) würden unterlaufen. In dieser Phase setzte sich das Zentralisierungskonzept durch, allerdings – entsprechend der objektiven kommunalen Abhängigkeit – zunächst nur für die Außenkontakte und die Investitionsplanung. Die »Stadtforschung« wurde vorläufig aus dem Aufgabenkatalog des Amtes gestrichen.

Stadtforschung als Führungsaufgabe

Erst zwei Jahre später, nach der vollen Entwicklung des Prinz-Carl-Palais-Konfliktes und der Institutionalisierung des Münchner Diskussionsforums, geht die Übertragung der »Stadtforschung« an das Investitionsplanungsamt fast widerspruchslos über die Bühne der Stadtvertretung – immer noch streng unter dem Zentralitätsaspekt. Einmal handle es sich um eine »Aufgabe zentraler Führungstätigkeit«[40], die zur Spitze der Verwaltungshierarchie ressortieren müsse. Wer zum anderen wünsche, diese »Verwaltungsaufgabe« möglichst eng an die Stadtvertretung heranzuführen, müsse sie beim Oberbürgermeister verorten, der eben als Vorsitzender des Rats das Bindeglied zwischen Verwaltungsapparat und Stadtvertretung sei. Zum Aufgabenbereich der zentralen Stadtforschung zählt es nun auch, den Kontakt zum frisch gegründeten Münchner Diskussionsforum zu halten. Von der »interdisziplinären Stadtforschung« wurde erwartet, die »Ordnungs- und Leitvorstellungen« als »die handfesten Unterlagen für die kommunalpolitischen Entscheidungen auf dem Gebiet des Planens in der vollen Breite des kommunalen Tätigkeitsbereichs«[41] mit »wissenschaftlichen« Argumenten besser abzusichern, als es die nun zum Kritikpunkt gewordene intuitive »Leitbildplanung« der Arbeitsgemeinschaft Stadtentwicklungsplan vermocht hatte. Für diesen Zweck wurde eine »Forschungs«-Struktur entworfen, nach der einerseits der zentrale Forschungsstab in sich »ohne feste hierarchische Gliederung«[42] arbeiten, andererseits die »referatsinternen Forschungsaufgaben« als »Ansprechpartner« der zentralen Stadtforschungsstelle bei den Grundsatzabteilungen der Referate ressortieren sollten[43]. Darüber hinaus gehörten informelle Ad-hoc-Arbeitskreise zu einzelnen Problemen aus

[40] Denkschrift über die Organisation der Stadtforschung und der zu ihrer Förderung sonst zu treffenden Maßnahmen innerhalb der Landeshauptstadt München, gebilligt vom Stadtrat am 10. Juli 1968, S. 10.
[41] Ebd., S. 4.
[42] Ebd., S. 18.
[43] Ebd., S. 12.

Vertretern der beteiligten Referate unter Vorsitz eines Vertreters des Investitionsplanungsamts zu dieser Struktur[44]. Die zentralen Stadtforscher setzten sich zunächst ein anspruchsvolles und weitausholendes Programm: Im Dezember 1968 brachte die SPD-Fraktion im Stadtrat einen von ihnen entworfenen Antrag ein, zur »Fortschreibung des Stadtentwicklungsplans nach der Oylmpiade 1972« »die Sammlung der für diese Fortschreibung erforderlichen Struktur- und Entwicklungsdaten in die Wege zu leiten und die Grundlagenforschung anhand eines dem Stadtrat bekanntzugebenden Programms fortzuführen«.

Mit der vieldeutigen Formel »Fortschreibung« wurde die Absicht bezeichnet, am Stadtentwicklungsplan »grundsätzlich alles« in Frage zu stellen, wie es der Vorsitzende der SPD-Stadtratsfraktion, Hans Preißinger, in einem Interview ausdrückte. Das mußte jedoch im Effekt vor allem die »legitimatorischen« Zielsetzungen treffen, da die konkreten »Maßnahme«-Ziele des Verkehrsausbaus konsequent verwirklicht wurden. Für den U-Bahn-Bau war sogar in Gestalt des U-Bahn-Referats eine besondere Organisationseinheit verselbständigter Maßnahme-Planung geschaffen worden.

Das Amt legte im März 1969 ein umfängliches Untersuchungsprogramm mit zehn Teiluntersuchungen vor, deren Befunde, zu einem »Gesamtentwicklungsmodell«[45] zusammengefügt, erlauben sollten, »zur Prüfung alternativer Vorstellungen einzelne Faktoren zu verändern, um die sich aufgrund dieser Veränderungen ergebenden Auswirkungen auf die Gesamtentwicklung und ihre einzelnen Bestandteile nachzuvollziehen (Simulationsmodell)«[46].

Das Stadtentwicklungsreferat

Noch im Jahre 1969 kam der nächste Reorganisationsschritt. Sehr bald zeichnete sich ab, daß die »Stadtforschung« nicht in der Lage war, die selbstgesteckten Ansprüche und in sie gesetzten Hoffnungen zu erfüllen, daß »die Vorstellung eines elektronischen Stadtmodells, an dem Planungsentscheidungen erprobt werden, bevor man sie in die Wirklichkeit umsetzt, noch auf geraume Zeit eine Vision bleiben« werde[47].

Die Protestaktionen der Innenstadtbewohner warfen ihre Schatten voraus: für den Stadtteil Lehel war bereits von der Stadtverwaltung ein spezieller Arbeitskreis zur Entwicklung von »Zielvorstellungen«

[44] Ebd., S. 22.
[45] Beschluß des Stadtplanungsausschusses vom 26. März 1969, S. 8.
[46] Anlage 1 zum Beschluß vom 26. März 1969, S. 2.
[47] *Hans-Jochen Vogel*, a.a.O., S. 147.

gebildet worden, dem die Vertreter mehrerer Referate sowie zwei »Verfahrensbegleiter für die Einschaltung der Öffentlichkeit« (ein Städtebauprofessor und ein freier Architekt)[48] angehörten. Schließlich wurde im Sommer 1969 für Oberbürgermeister Vogel die Frage seines Übertritts in die Landespolitik »konkret«[49], so daß es für ihn darum ging, für die Zeit nach Ablauf seiner Amtsperiode 1972 vorzusorgen, das heißt, das bisherige, noch an die Olympiavorbereitung geknüpfte Stabsamt auf eigene organisatorische Füße zu stellen. Das bevorstehende Ausscheiden von Stadtbaurat Luther wurde deshalb zum Anlaß genommen, unter dem Signum einer »Neuordnung der Stadtentwicklung, der Stadtplanung und des Stadtbauwesens« das Investitionsplanungs- und Stadtforschungsamt in ein selbständiges Stadtentwicklungsreferat mit eigenem, vom Stadtrat auf sechs Jahre gewählten Referenten (Dr. Abreß) umzuwandeln. Die parallele Einrichtung von Stadtentwicklungsplanung und Bauleitplanung (im Baureferat) unterhalb der Ebene des Verwaltungschefs wurde nun ausdrücklich als Konfliktstruktur gerechtfertigt, die für das politische Entscheidungsgremium Alternativen produzieren sollte: zur Austragung von Zielkonflikten bei »Beteiligung der Öffentlichkeit schon im Stadium der Zielsetzungsdiskussion« und »frühzeitiger und mehrfach wiederholter Einschaltung« des Stadtrats an kritischen Verfahrenspunkten[50]. Angesichts der gewandelten Ausgangssituation gelangten nun die Argumente der einstigen Gegner der zentralistischen Lösung zur offiziellen Anerkennung.

Ablauf und Ablaufmodell des Planungsprozesses

Diese Konfliktstruktur kam politischen Auffassungen des Planungsprozesses als Anleitung der Maßnahmeplanung durch politisch ausdiskutierte und gewählte Programmalternativen entgegen. Doch wurde versucht, den »Anleitungsprozeß« primär verwaltungsintern zu organisieren in dem Nacheinanderschalten von Forschung – Entwicklung – Ausführungsplanung und Durchführung im Planungsprozeß. In der Verkehrsplanung z. B. waren die forschenden und entwickelnden Aktivitäten beim Stadtentwicklungsreferat (Fortschreibung Stadtentwicklungsplan, aktive Beobachtung der Entwicklung unkonventioneller

[48] *Hans Pflaumer*, Öffentlichkeit und Verwaltung in einem demokratischen Planungsprozeß, Landeshauptstadt München, Beiträge zur Stadtforschung und Stadtentwicklung, Nr. 4, München 1970, S. 53 ff.
[49] *Vogel*, a.a.O., S. 216.
[50] Bericht der Baureferatskommission, beschlossen vom Stadtrat am 3. Dezember 1969, im Auszug abgedruckt bei *Vogel*, a.a.O., S. 141–144.

Verkehrsmittel, Systemuntersuchungen zum Problem des öffentlichen Verkehrs), die objektplanenden Aktivitäten beim Baureferat (Netzlinienkonzeption, Streckenführung) und die ausführenden Aktivitäten beim U-Bahn-Referat (gesamte Baudurchführung) organisiert. Obwohl gleichgestellt in der Referatsorganisation, schienen die verschiedenen Funktionen von Forschung und Entwicklung, Objektplanung und Objektverwirklichung dennoch im Planungsprozeß eine logische Abfolge zu bilden. Während so auch von den Referaten jedes in dieser Abfolge »vorgeschaltete« als übergeordneter Machtfaktor betrachtet wurde, ist das interne Machtgefälle jedoch genau umgekehrt. Das zeigt sich nicht nur in Konfliktfällen, wo das Stadtentwicklungsreferat ständig unterliegt und ausmanövriert wird. Vielmehr wird das ausführende Referat zum Schlüsselpunkt der Entscheidungen. Mit seinen Finanzierungsplänen, mit ausgereiften Bauprojekten, die – wie im Perlach-Prozeß mit der Flughafenanbindung – im geeigneten Zeitpunkt aus der Schublade griffbereit herausgezogen werden, wird es tatsächlich zum wichtigsten innerstädtischen Entscheidungsfaktor über die Massenverkehrsplanung und damit über zeitliche, qualitative und quantitative Auswirkungen in der gesamten Stadtentwicklung. Dies hängt damit zusammen, daß die ausführende Stelle, die mit ihrem Arbeitsprozeß direkt in die soziale Wirklichkeit eingreift, deren Zeit- und Handlungszwängen ausgesetzt ist und sie als unmittelbar schlagende Argumente gegen die Planung »am grünen Tisch« ins Feld führen kann. Das U-Bahn-Referat wirtschaftet mit knappem Geld und wird somit intern zum ökonomischen Machtfaktor. Weiter mag mitspielen, daß die Vorschläge der ausführenden Stelle stets schon durchgeplant und direkt realisierbar sind, den vorgeblich zu erreichenden Umweltveränderungen am nächsten stehen und gerade damit eine hohe Plausibilität im politischen Entscheidungsprozeß besitzen.

Anders die Stellung des Stadtentwicklungsreferates. Seine forschenden Aktivitäten stehen vor der Schwierigkeit der Informationsgewinnung aus den anderen Referaten, die das Tagesgeschehen in der Hand haben. Die konzeptionellen Entwürfe, Vorschläge und politischen Alternativen werden zwar als Vorlagen und Arbeitspapiere vom Stadtrat haufenweise zur Kenntnis genommen und sanktioniert. Sie schlagen aber auf die unmittelbaren Maßnahmen, die an anderer Stelle ergriffen werden, nicht durch. Die reale »Anleitung« des Planungsprozesses kehrt sich deshalb innerhalb des Verwaltungsapparates um. Die Problemlösung läuft in der Reihenfolge: Ausführung – Objektplanung – Entwicklung – Forschung. Darin drückt sich das Dilemma von sogenannten »Look-out-Institutions«, von Forschungs-, Entwicklungs- oder Planungsorganisationen aus: ihre Spezialisierung und organisatorische Verselbständigung, die tatsächlich die in ihnen Arbeitenden befähigt, relativ ungestört von den Tagesaufgaben längerfristige strategische Perspektiven zu entwickeln, bedeutet zugleich ihre Isolierung vom übrigen Apparat, in dessen Vollzugs-Ressorts die konkreten Maßnahmen geplant und ergriffen werden, deren Handlungszwängen gegenüber die »Zielplanung« ohnmächtig bleibt.

Widersprüche in den Umorganisationen

Hier handelt es sich also um eine widersprüchliche, im Prinzip aber zweistufige Form der organisatorischen Auseinanderkopplung von Ziel- und Maßnahmeseite: Zunächst schien die Strategie zu sein, den Hauptstrich zwischen politischem Input-Prozeß mit seiner Spitze im Stadtrat und administrativer Zielplanung als »Führungsaufgabe« zu ziehen. Dem entsprach das Beharren auf der Amtsorganisation und ihrer hierarchischen Unterordnung unmittelbar unter den OB, sowie die Hoffnung auf eine »Stadtforschung« als »Führungshilfe«, die der administrativen Zielformulierung eine wissenschaftliche Legitimation verleihen sollte, die sich dann wieder gegen die aus dem politischen Inputprozeß formulierten Programmforderungen ins Feld führen lassen würde. Weiter gehörte dazu der Versuch, einen verwaltungsinternen Anleitungsprozeß von Forschungs- und Entwicklungs- über Ausführungs- zu Durchführungsaufgaben zu organisieren. Doch erwies sich gerade die »Stadtforschung« in diesem Konzept als die entscheidende Schwachstelle: sie war z. T. nicht in der Lage und z. T. nicht willens, die ihr zugedachte administrative Führungsfunktion zu übernehmen. Die »Grenze« zum politischen Prozeß erwies sich als durchlässig. Damit wurde diejenige zwischen Ziel- und Maßnahmeplanung wieder als administrative Haltegrenze strategisch wichtig. Die organisatorische Gleichstellung von Stadtentwicklungs-, Bau- und U-Bahnreferat hatte so auch den Effekt, die in der Anleitungskonzeption »nachgeordneten« Organisationseinheiten wieder aufzuwerten und ihnen gegen eine politisch »anfällige« Zielplanungsorganisation den Rücken zu stärken. Der andere Teil dieser Strategie war, innerhalb der Mehrheitspartei des Stadtrates einen deutlichen Strich zwischen den administrationsloyalen Teilen (mit Kern in der Fraktion) und den administrationskritischen Teilen (mit Kern in der Parteiorganisation) zu ziehen, worauf später noch einzugehen sein wird.

2.3.2. Verselbständigte Zielplanung: Die Planungsregion[51]

Eine andere Form der Auseinanderkopplung von legitimatorischer Ziel- und fiskalisch orientierter Maßnahmeplanung fanden wir im Falle der Einrichtung von »Planungsregionen« in Bayern, formell: im Zuge der Novellierung des bayrischen Landesplanungsgesetzes, die nach Erlaß des Bundesraumordnungsgesetzes von 1965 erforderlich geworden war. Für die Stadt München – nach außen vertreten durch den Oberbürgermeister – ging es dabei um die Schaffung einer den gesamten Verflechtungsraum umfassenden Verwaltungseinheit. An einer verselbständigten regionalen Zielplanung war München nicht interessiert. Der bereits seit längerem bestehende »Planungsverband äußerer Wirtschaftsraum München«, ein kommunaler Zweckverband, dem außer München die umliegenden Landkreise und über hundert Umlandgemeinden angehörten, hatte bereits einen »Regionalentwicklungsplan« aufgestellt, der das sternförmige, auf die Münchener City bezogene Leitbild des Stadtentwicklungsplans als Ziel der Regionalentwicklung übernommen hatte. Der Planungsraum des Verbandes deckte sich mit den für den Verflechtungsraum München angenommenen Grenzen. Der Münchener Administration ging es darum, diesen rechtlich unverbindlichen Plan verwaltungsmäßig umzusetzen. Sie setzte sich deshalb für eine den Verflechtungsraum umfassende »Verwaltungsregion« ein, mit eigenen Maßnahmekompetenzen und Finanzierungspotential. Sie hatte mehrere Versuche unternommen, den Planungsverband auch mit Maßnahmekompetenzen auszustatten, die immer wieder am Mißtrauen der Umlandpartner gescheitert waren. Nun schien eine Gelegenheit für eine generelle Lösung gekommen. Die Münchener Vorstellungen wurden in der SPD-Landtagsfraktion aufgenommen. Wesentliche Forderungen waren, die neuen »Regionen« als kommunale, nicht staatliche einzurichten und sie mit Planungs- und Verwaltungskompetenzen auszustatten. Bayerischer Städteverband und Deutscher Städtetag standen diesen Forderungen nahe. Auch die Münchener Industrie- und Handelskammer, die mit der kommunalen Planung gut gefahren war, unterstützte sie. Die Vorschläge für eine Gesamtlösung gingen dahin, zugunsten von Verwaltungsregionen Kreise und Bezirke in Bayern abzuschaffen. Die Regionen sollten direkt gewählte politische Organe – Regionstag und Regionalpräsident – erhalten.

Die im Gemeindetag repräsentierten Gemeinden und der Landkreistag widersetzten sich von vornherein dieser von ihnen als »großstädtisch« eingeschätzten Konzeption. In einer kommunalen Verwal-

[51] Der folgende Abschnitt stützt sich auf die Fall-Studie von *Georg Green*, Der Fall Regionalplanung – Die Auseinandersetzung um die Verwaltungsregion bei der Novellierung des Bayerischen Landesplanungsgesetzes.

tungsregion fürchteten sie von der stärkeren Verwaltungskraft der Großstädte dominiert und in ihren Interessen überfahren zu werden. Von ihrem Standpunkt aus war Regionalplanung in erster Linie eine Angelegenheit der »strukturschwachen« Entflechtungsräume, nicht dagegen der städtischen Verflechtungsräume. Sie sahen daher im flächendeckenden Staat den besseren Patron und optierten für eine Regionalplanung als staatliche Aufgabe, die allenfalls an kommunale Regionalverbände »im übertragenen Wirkungskreis« delegiert werden könne (so die schließliche gemeinsame Position der drei bayrischen kommunalen Spitzenverbände). Georg Green erklärt dieses Konfliktmuster nicht nur aus der parteipolitischen Konstellation: des Rückhalts der CSU auf dem flachen Lande mit einer starken Repräsentation der Gemeindetagsvertreter in der Regierungsfraktion und der korrespondierenden Verbindung zwischen Großstädten und SPD-Fraktion. Die Landkreisvertreter, ebenfalls ganz überwiegend der CSU angehörig, hatten zudem vielfältige Drähte zur staatlichen Bürokratie. Er interpretiert es auch mit der Figur des »triardischen« Konflikts in einer hierarchischen Struktur: der am gefährlichsten angesehene Konfliktspartner ist jeweils der der nächst höheren oder nächst niedrigeren Position, so daß eine Tendenz zur überspringenden Koalitionsbildung gegen den in der Mitte entsteht. Hier interessiert ein weiterer Aspekt. Die CSU-Regierung mit ihren hauptsächlich in Landgemeinden bis Mittelstädten vertretenen Anhängern hatte sich vorrangig diesen gegenüber zu legitimieren. Sie mußte also insbesondere auf die Interessen der Kleinkommunenbewohner eingehen. Andererseits war sie als territoriale Zentralinstanz aus fiskalischen Gründen darauf angewiesen, ihre regionale Wirtschaftspolitik an der Eigendynamik des Wertschöpfungsprozesses zu orientieren und in dieser Orientierung flexibel zu halten. Schedl als der zuständige Landesplanungs- *und* Wirtschaftsminister trat so auch von Anfang an für eine strikte Trennung der Regionalplanung von irgendwelchen Maßnahmekompetenzen ein. Und dies war auch die Basis der kleinkommunal-staatlichen Koalition. Als isolierte Zielplanung konnte die Regionalplanung nun den Anforderungen der Legitimationsseite ganz entgegenkommen: in das Landesplanungsgesetz vom 6. 2. 1970 ging die Konzeption einer lückenlosen »Einteilung des Staatsgebietes in Regionen« ein (Artikel 13 II 1 LplG) mit der ihr entsprechenden, die ursprüngliche Bedarfsorientierung wieder aufnehmenden Zielvorstellung, zentrale Orte sollten »so über das ganze Staatsgebiet verteilt sein, daß möglichst gleichwertige Lebensbedingungen erreicht werden können« (Art. 2 Ziff. 3 LplG). Das zielte eindeutig auf eine Beseitigung der strukturellen Unterversorgung der Entflechtungsräume. Die Vertreter der Kleinkommunen zeigten sich davon befriedigt, der Legitimationsseite war insofern Genüge getan. Doch dieser »Erfolg« der ländlichen-kleinstädtischen Interessen war erkauft um den Preis einer organisatorischen »Disjunktion«: die an diese Zielnormen gebundene Regionalplanung wurde organisatorisch in reinen »Planungsregionen« isoliert, was für den Münchener Verflechtungsraum zudem noch zu dem grotesken Ergebnis führte, daß zu dem schon bestehenden Planungsverband noch ein zweiter »regionaler Planungsverband« gebildet werden mußte, der ebenfalls nur Planungskompetenzen besitzt. Die Regionen können selbst nichts für die Umsetzung ihrer Zielplanungen tun. Sie müssen sie an die kommunalen und staatlichen Verwaltungsinstanzen weiterreichen, die im »Vollzug« die Interpretationsherrschaft besitzen. Die über die Investitions- und Förderungsmaßnahmen entscheidenden Instanzen aber stehen unter der vorrangigen administrativen Verantwortlichkeit, den ökonomischen Wertschöpfungsprozeß in Gang zu halten und nach produktivitätsorientierten Kriterien zu entscheiden. Administrative Umdeutungsprozesse, wie am Begriffswandel des »zentralen Orts« erläutert, werden deshalb erforderlich, um die administrative Balance zwischen den widersprüchlichen Anforderungen der Legitimations- und der Maßnahmeseite zu halten.

2.3.3. Verselbständigte Maßnahmeplanung: Der Standort eines Münchener Großflughafens

Im Planungsprozeß für einen Münchener Großflughafen[52] fanden wir den Fall einer verselbständigten Maßnahmeplanung vor. Von Anfang an ging es nur um die Frage des Standorts – *wo* der Großflughafen hinkommen solle, während die vorgelagerte Frage, *ob* überhaupt ein Großflughafen im Münchener Raum erforderlich sei, in keinem Planungsprozeß abgeklärt wurde.

Flughafenstandort als Problem der Stadtentwicklung

Charakteristisch hierfür ist, daß die Standortfrage gar nicht aus dem Zusammenhang wie auch immer gearteter verkehrspolitischer Überlegungen heraus zum Thema wurde, sondern im Zuge der auf regionales Wachstum angelegten Münchener Stadtentwicklungskonzeption. Im Stadtentwicklungsplan von 1963 wurden unter dem Stichwort »Luft-

[52] Der folgende Abschnitt stützt sich auf die Fall-Studie von *Wendelin Strubelt,* Der Fall Großflughafen – Staatliche Infrastrukturpolitik und kommunale Außenpolitik.

verkehr« im Rahmen des »Gesamtverkehrsplans« folgende drei Gesichtspunkte angeführt:

1. »Die Stadt München ist ringsum von 6 Flugplätzen umgeben, von denen nur einer dem zivilen Luftverkehr dient (München-Riem). Ausgedehnte Baugebiete unterliegen deshalb Höhenbeschränkungen, die sich aus den Sicherheitsbestimmungen für die Ein- und Ausflugssektoren der Flugplätze ergeben. Solche Beschränkungen können für die Zukunft sowohl aus Gründen der allgemeinen Sicherheit als auch wegen der Lärmstörungen auf die Dauer nicht hingenommen werden.«
2. »Der gegenwärtige Standort am Ostrand der Stadt hindert die bauliche Entwicklung nach Osten«; und:
3. »Vom Standpunkt der Landeshauptstadt aus muß auf einen Standort in zumutbarer Entfernung zur City und mit entsprechenden Anschlüssen an das schienengebundene Massenverkehrsmittel und an den Straßenverkehr Wert gelegt werden.«[53]

Im folgenden legt München seine Durchsetzungsstrategie vor allem in zwei Richtungen an: Zum einen drängt die Stadt darauf, daß sich das Land der Neubaufrage aktiv annimmt, wobei sie zu erkennen gibt, daß sie hinsichtlich des Standorts der Entscheidung des Landes folgen werde und sucht – gemeinsam mit dem Land – den Bund in die Problembehandlung hineinzuziehen. Diese Vorgehensweise findet im Stadtentwicklungsplan von 1963 mit folgenden Worten Ausdruck:

»Nachdem bei der Festlegung des endgültigen Standortes für den Großflughafen München, schon wegen der ihm zugedachten Funktionen, nicht nur städtische Interessen, sondern auch solche des Landes und des Bundes berührt werden, kann die Entwicklungsplanung der Stadt jetzt noch keine Standortbestimmung treffen. Die Stadt begrüßt es, daß der Staat die Standortwahl für den Großflughafen als eine Aufgabe der Landesplanung ansieht.«

Zum anderen ist die Stadt erfolgreich bestrebt, die regelmäßig wiederkehrenden Vorschläge, es bei einem Ausbau von Riem zu belassen, zu blockieren: Die Stadt als Gesellschafterin der Flughafen-Betriebs-GmbH widersetzt sich weiteren Investitionen in Riem – eine Politik, die erst aufgegeben wird, als keine Aussicht mehr besteht, den neuen Großflughafen noch bis zu den Olympischen Spielen 1972 in Betrieb nehmen zu können.

Die Stadt richtet ihre Bebauungsplanung darauf ein, daß Riem verlegt oder zumindest nicht weiter ausgebaut wird. Anders wäre die Planung und der Bau der »Entlastungsstadt Perlach« nicht zu erklären, die noch unmittelbar in die Lärmzone von Riem hineinreicht. Die

[53] Stadtentwicklungsplan, a.a.O., S. 13.

Stadt beteiligt sich vielmehr intensiv an dem interorganisatorischen Suchprozeß für einen neuen Standort.

Im Februar 1962 schlägt die Geschäftsführung der Flughafen-GmbH die Einsetzung einer paritätisch aus Staats- und Stadtvertretern zusammengesetzten Planungskommission für die Standortwahl vor.

Der Planungsprozeß: Standortsuche im Verflechtungsraum München

Darauf konstituiert sich am 8. 3. 1963 unter der Leitung des Vorsitzenden des Wirtschafts- und Verkehrsausschusses des Bayerischen Landtags, des SPD-Abgeordneten Dr. *Richard Oechsle* eine Kommission, der von seiten des Landes je ein Vertreter des Finanzministeriums, der Bezirksplanungsstelle, der Obersten Baubehörde im Innenministerium und der Bundesanstalt für Flugsicherung, sowie von seiten der Stadt je ein Angehöriger der Kämmerei, der Stadtplanung und der Ordnungsbehörde und ein ehrenamtlicher Stadtrat – von Beruf Meteorologe – angehören. Das Wirtschafts-Ministerium ist – um sich nicht als Genehmigungsbehörde zu präjudizieren – nicht vertreten. Dagegen nimmt unregelmäßig ein Angehöriger des Bundesverkehrsministeriums als Gast und Beobachter an den Sitzungen teil.

Bis zum Hochsommer 1964 prüft die Kommission 20 Standortvarianten im Raum um München und kommt im August 1964 in ihrem Schlußbericht unter nochmaliger Ablehnung des Ausbaus von Riem zur Empfehlung von drei Standorten: an erster Stelle Hörlkofen, ein Standort im Osten Münchens, der bis dahin öffentlich noch nicht zur Debatte gestanden hatte, 2. Sulzemoos, ein Standort zwischen Augsburg und München, die Präferenz der Stadt, und an dritter Stelle Hofolding im Süden Münchens. Vermutlich hat die *Oechsle*-Kommission, die als Gremium von Fachexperten konzipiert war, die Gewichtung der Standorte bereits nach der politischen Durchsetzbarkeit vorgenommen: Sulzemoos und Hofolding, die an sich hervorragende Eignungen aufweisen, werden tiefer eingestuft, offensichtlich weil im Falle Sulzemoos der Widerstand der Militärs gegen die dann erforderliche Einschränkung des NATO-Flugplatzes Fürstenfeldbruck antizipiert wurde, im Falle Hofolding der Widerstand von Interessenvertretern und öffentlicher Meinung gegen die Opferung eines größeren Waldbestandes. Hörlkofen dagegen schien weder Probleme der Flugsicherung, noch des Naturschutzes, noch des Widerstandes einer größeren Bevölkerungsgruppe aufzuwerfen[54].

[54] Vgl. Untersuchungen zur Auswahl des Standorts für einen Großflughafen München, Bericht der Kommission »Standort Großflughafen München«, München 14. 7. und 11. 8. 1964.

Aufgrund der drei Standort-Alternativen der *Oechsle*-Kommission sucht OB *Vogel* nun nach Analogie des Nahverkehrsfalles zu prozedieren: d. h. er schlägt die Gründung einer BGB-Gesellschaft zwischen Bund, Land und Stadt als organisatorischen Trägern der Neubau-Initiative vor. Zur Vorbereitung der BGB-Gesellschaft konstituiert sich am 19. 10. 1965 ein Arbeitskreis aus Beamten des Landes und der Stadt, zu dem am 28. 2. 1966 ein Vertreter des Bundesverkehrsministeriums hinzutritt. Auf Anregung des Bundes beschäftigt sich der Arbeitskreis zunächst damit, aus den Empfehlungen der *Oechsle*-Kommission einen endgültigen Standort zu destillieren. Die Gründung einer BGB-Gesellschaft scheitert jedoch später am Einspruch des Bundesfinanzministeriums. Der Arbeitskreis empfahl am 12. 8. 1966 den Standort Hofolding, wobei er den Einbruch in eine als Erholungsgebiet geplante Landschaft, sowie eine – freilich umstrittene – Grundwasserschädigung und damit Gefährdung der Münchener Spitzenwasserversorgung in Kauf nahm. Gedrängt von Landtag und Ministerpräsident, die sich einer steigenden Anzahl von Protestresolutionen und Bittgesuchen für die verschiedenen Standorte gegenübersahen, beschloß der Bayerische Ministerrat am 18. 10. 1966 aufgrund der Empfehlung des Arbeitskreises die Einleitung eines Raumordnungsverfahrens (ROV) für den Standort Hofolding.

Ergebnis dieses Ministerratsbeschlusses ist ein starkes Anschwellen der Proteste gegen Hofolding als Standort. Aus der Öffentlichkeit wird immer wieder ein Standort ins Gespräch gebracht, der wegen seiner präsumtiven Nebelneigung und der Nähe eines weiteren Militärflughafens bisher von keiner Planungskommission in die engere Wahl gezogen worden war: Erding-Nord. Darauf verhandelte der Bayerische Ministerpräsident mit dem Bundesverteidigungsminister über die Einschränkung des Militärflughafens Erding und kam zu einem positiven Ergebnis. Im Oktober 1967 leitete darum das Bayerische Wirtschaftsministerium ein weiteres ROV für den Standort Erding-Nord ein, um in dessen Rahmen das Nebelproblem zu klären. Offensichtlich im Hinblick auf Erding-Nord kommt die Regierung von Oberbayern bei Abschluß des ROV für Hofolding im Mai 1968 zu dem Ergebnis, daß Hofolding solange nicht empfohlen werden könne, als ein anderer geeigneter Standort zur Verfügung stehe. Das gleichfalls von der Regierung von Oberbayern durchgeführte ROV für Erding-Nord kommt dann auch zu einer Empfehlung dieses Standortes, eine Empfehlung, die der Bayerische Ministerrat auf Vorschlag von Wirtschaftsminister *Schedl* am 5. 8. 1969 sanktioniert.

Der Befund läßt sich mithin dahingehend zusammenfassen, daß zwar ein langwieriger zwischenorganisatorischer Aufklärungsprozeß hinsichtlich der Standortalternativen stattgefunden hat, das schließliche Ergebnis aber kaum als *output* dieses Prozesses angesehen werden kann. Zudem ist festzuhalten, daß die Lösungssuche sich nur auf die Standortfrage bezog. Daß überhaupt ein Großflughafen im Münchener Raum erforderlich sei und daß dieser in möglichster Nähe zur Münchener City angelegt werden müsse, wurde als von vornherein feststehend angenommen. Die Notwendigkeit wurde pauschal begründet mit den Erfordernissen der Wirtschaft, des Fremdenverkehrs und der »Bedeutung für München« überhaupt, ohne daß hierüber eine umfassende Problemaufklärung stattgefunden hätte. Offensichtlich bedurfte diese Maßnahme keiner weiteren Legitimation. Eine eingehendere Begründung, daß sie notwendig und sinnvoll sei, schien entbehrlich, weil beides unbesehen akzeptiert wurde.

Hierfür spielten zwei Annahmen eine Rolle:

1. daß ein Großflughafen im Münchener Raum aufgrund der technologischen Entwicklung unausweichlich sei – und
2. daß er eo ipso dem Allgemeinwohl entspreche, sein Bau also auf der Linie des technischen und gesellschaftlichen »Fortschritts« liege.

Ist dem aber wirklich so? Die erste Annahme beruht auf der Vorstellung einer Eigenentwicklung »der Technik«, die zwar durch technologische Prognose vorhergesehen, nicht aber durch politische Zielsetzungen beeinflußt werden könne. Da es sich beim Flughafen um eine Einrichtung der Bodenorganisation des Luftverkehrs handelt, wäre hier also die Frage nach den Gesetzen der Luftverkehrsentwicklung zu stellen: Vollzieht sie sich nach einer technologischen Eigengesetzlichkeit im Sinne von »Größer, Schneller, Weiter, Höher«, die vorhersehbar, aber politisch nicht beeinflußbar ist?

Luftverkehrsentwicklung und sozialer Interessenkonflikt

Daß das keineswegs so ist, ergibt sich nicht nur aus spektakulären Entscheidungen wie der des amerikanischen Kongresses, die Entwicklung eines Überschall-Verkehrsflugzeuges nicht mehr zu fördern[55], sondern läßt sich auch im nachhinein im Detail daran zeigen, wie rein technisch fundierte Prognosen die tatsächliche Entwicklung des Luftverkehrs verschätzt haben.

So wurde einerseits die rasche Einführung der Düsenverkehrsflugzeuge, die erhebliche Umstellungen für die Flughäfen hinsichtlich der Startbahnlänge und der Abfertigungskapazität mit sich brachte, trotz unmittelbaren Bevorstehens nicht erkannt[56], andererseits sagten Tech-

[55] Vgl. DIE ZEIT, Nr. 14 vom 2. 4. 1971, S. 3.
[56] Vgl. z.B. den Artikel: »Flughafen im Schatten der großen Vögel«, in: Bayerische Staatszeitung vom 6. 6. 1958.

niker 1958 bereits für 1965 den Einsatz von Überschallverkehrsflugzeugen voraus[57]. Hingegen wurden die Steigerungsraten des Luftverkehrsaufkommens wieder fast durchgängig unterschätzt.

Die Unsicherheit der Prognostik erweist sich auch daran, daß z. B. im Jahre 1956 von Riem behauptet wurde, es brauche innerhalb der nächsten 3–4 Jahre unbedingt eine 2. Startbahn[58], während von der Kapazität her Riem noch 1971 den Verkehr bewältigt, obwohl dessen Entwicklung alle Erwartungen übertraf. Zwei Jahre später vertraten behördliche Fachleute dagegen schon wieder die Auffassung, das Problem der zweiten Startbahn werde sich durch die Einführung von Senkrechtstartern in naher Zukunft von selbst lösen[59].

Die eigentliche Motorik der Entwicklung scheint auch hier weniger in einer technischen Eigengesetzlichkeit zu liegen, als vielmehr in den Möglichkeiten ihrer wirtschaftlichen Verwertung, wie sich an der Einführung der Düsenverkehrsflugzeuge zeigen läßt. Hier konnten die Flugzeughersteller militärische Planungen zivil verwenden und damit eigene Entwicklungskosten sparen.

Düsenverkehrsflugzeuge ließen sich darum aus ökonomischen Gründen schnell und günstig auf den Markt bringen, während z. B. im Falle der Senkrechtstarter aufgrund strategischer Umdispositionen die militärische Entwicklungsförderung eingestellt wurde. Der schnelle Absatz der Düsenflugzeuge wiederum wurde gefördert durch die Firmenpolitik der PANAM, die, indem sie die ganze erste Serie dieser neuen Typen orderte, die Konkurrenz in Zugzwang brachte, so schnell wie möglich gleichzuziehen.

Die technischen Prognosen müssen also fehlgehen, solange sie den entscheidenden Faktor, nämlich die wirtschaftlichen Investitionsentscheidungen, nicht einbeziehen. Spielen aber ökonomische Gründe und Entscheidungen die Rolle des Motors in der technologischen Entwicklung, so wird auch sogleich die zweite Annahme fraglich, daß diese Entwicklung aus sich heraus bereits im Allgemeinwohl liege. D. h., die Frage der sozialen Nutzen- und Lastenverteilung ist aufgeworfen und damit auch die Frage der politischen Zielsetzung.

So fällt bereits auf, daß die Luftverkehrsmittel nicht vorwiegend dort eingesetzt werden, wo sie sinnvoll an die Stelle anderer Verkehrsmittel treten können, wie z. B. in den Entwicklungsländern, in denen kaum Infrastruktur in der Form ausgebauter Straßen- oder Eisenbahnnetze vorhanden ist. Das Bestreben der Luftverkehrsgesellschaften ist vielmehr darauf gerichtet, gerade in den entwickelten Ländern neue Märkte und Personenkreise zu erschließen, nicht zuletzt, um die vor-

57 Vgl. SZ vom 7./8. 11. 1959.
58 Vgl. SZ vom 22. 5. 1956.
59 Vgl. SZ vom 19./20. 3. 1958.

handenen Überkapazitäten gewinnbringend einsetzen zu können. Dies wird von den einzelnen Regierungen, in denen die Luftverkehrsgesellschaften beheimatet sind, nicht steuernd gedämpft, sondern sogar noch verstärkt. Ersteres wäre durchaus möglich, da die meisten Luftverkehrsgesellschaften auf die Unterstützung ihrer Regierungen angewiesen sind, sei es durch administrative Maßnahmen, direkte finanzielle Beteiligungen und Zuschüsse – und nicht zuletzt durch die Finanzierung der Bodenorganisation durch die öffentlichen Instanzen. Bei dieser Förderungspolitik ist jedoch im Verhältnis zur öffentlichen Förderung von Straßenverkehr, Binnenschiffahrt und Schienenverkehr eine gemeinsame politische Abwägung und Prioritätensetzung nicht erkennbar. De facto schuf gerade die weitgehende Übernahme der Wegekosten des Luftverkehrs durch die öffentlichen Hände erst die Voraussetzungen für seinen boom nach dem zweiten Weltkrieg.

Dieser boom ist nicht zuletzt durch das Prestigeprinzip der einzelnen Staaten gefördert worden, international mit einer eigenen Luftverkehrsgesellschaft vertreten zu sein, um nicht von den internationalen Luftverkehrsgesellschaften der Großmächte abhängig zu sein. Doch stand dabei im Hintergrund die Erkenntnis, daß die Luftverkehrsgesellschaften Instrumente der Exportstrategie der entwickelten Länder sind. Der »schlafende Riese« des Luftverkehrs nämlich ist das Geschäft mit der Luftfracht. Hatten die Luftverkehrsgesellschaften es nach dem zweiten Weltkrieg auf dem Gebiet des Passagierverkehrs über dem Atlantik bereits fertiggebracht, die Schiffahrt bis zur Bedeutungslosigkeit zu verdrängen, so schicken sie sich nun an, auf dem Gebiet der Luftfracht – nicht nur für besonders wertvolle Güter – der Schiffahrt ernsthafte Konkurrenz zu machen: durch die Berechnung der »totalcosts« des Transports, die eben nicht nur die reinen Frachtraten umschließen, sondern auch die Kosten für Verpackung, die bei der Luftfracht wesentlich geringer sind, und Miteinbeziehung sogar der gesparten Zinsen durch den schnelleren Einsatz der Güter durch Luftfracht[60].

Darüber hinaus sind Firmen, die vornehmlich neue Technologien verwenden, in ihrer Produktion und im Kundendienst dazu übergegangen, in ihren Exportländern nicht mehr umfangreiche kostspielige Ersatzteillager einzurichten, sondern diese jeweils nach Bedarf, zum Teil zusammen mit dem benötigten Techniker, schnell einzufliegen und somit Kosten einzusparen. Hieraus erklärt sich das Interesse an der Einrichtung von Interkontinentalflughäfen in möglichster Nähe zu den Produktionszentren der Metropolländer, ein Interesse, das sich mit der

[60] Zum ganzen Komplex vgl. *Alan H. Stratford,* Air Transport Economics in the Supersonic Era, 2. Aufl., London 1973.

großstädtischen Prestigepolitik trifft, für die ein Großflughafen eben zum Selbstbild einer »Metropole mit Weltstadtcharakter« gehört.

Diese Interessen an einer möglichst großen Nähe der Bodenorganisation des internationalen Luftverkehrs zu den Zentren der großstädtischen Verflechtungsräume stehen notwendig im Gegensatz zu den Interessen der Bewohner der Verflechtungsräume, die in Form von Lärm- und Abgasbelästigungen oder der Opferung von Naherholungsgebieten die sozialen Lasten zu tragen haben. Angesichts der Widersprüchlichkeit dieser Interessen, die zeigt, daß es ein eindeutig von vornherein feststehendes »Allgemeinwohl« nicht gibt, und angesichts der hohen Kosten, die die öffentlichen Hände für die Bodenorganisation des Luftverkehrs aufzuwenden haben, werden so »an sich« eine Durchprüfung der Alternativen einer umfassenden Verkehrskonzeption und damit eine eigentliche Zielplanung erforderlich. In diesem Rahmen wäre zu prüfen und politisch abzuwägen: Sind in der international vergleichsweise kleinen Bundesrepublik wirklich mehrere Großflughäfen innerhalb der Verflechtungsräume notwendig oder genügt nicht ein einziger außerhalb der Verflechtungsräume? Der institutionelle Ort für eine solche umfassende Abwägung wäre die nationale Zentralebene, also der Bund. Eine solche Zielplanung aber fand de facto nicht statt, wie sich am verkehrspolitischen Programm der Bundesregierung, dem sog. »Leber-Plan« zeigen läßt. Im Mittelpunkt des Leber-Plans steht das Verhältnis Straße – Schiene[61], ohne das Verhältnis des Luftverkehrs zu diesen Verkehrsarten zu behandeln. Der Luftverkehr scheint im Leber-Plan nur am Rande und der Vollständigkeit halber aufgenommen worden zu sein. Ohne Auseinandersetzung mit theoretisch erörterten verkehrspolitischen Überlegungen, nach denen der Bundesrepublik mit ihrem im internationalen Vergleich bereits gut ausgebauten Straßen- und Schienenverkehrssystem »an sich« ein einziger Interkontinentalflughafen genüge[62], übernahm der Leber-Plan als Förderungsschwerpunkte jene Standorte innerhalb von Verflechtungsräumen, die entweder bereits etabliert waren (Frankfurt, Köln-Bonn, Berlin, Hamburg) oder auf die, wie im Falle Münchens, die verselbständigte Standortplanung drängte[63]. Eine Erörterung des

[61] Zur öffentlichen Reaktion vgl.: Der Bundesminister für Verkehr (Hrsg.), Das Verkehrspolitische Programm im Spiegelbild der öffentlichen Meinung, Bad Godesberg o. J. (1967).

[62] Vgl. dazu: »Verkehrsumschau: Eine neue Phase im Wettbewerb der Flugplätze«, in: Internationales Archiv für Verkehrswesen, 1956, S. 134; »Verkehrsumschau: Über den Standort der Flughäfen entscheidet der Wettbewerb«, ebd. 1957, S. 228; vgl. ferner 1970: Spiegel-Report über den Luftverkehr der 70er Jahre, in: DER SPIEGEL, Nr. 18 vom 27. 4. 1970, S. 214–226.

[63] Vgl. dazu auch: *Werner Kreipe*, Aufgaben und Ziele der deutschen Luftverkehrspolitik, in: Internationales Archiv für Verkehrswesen 1966, S. 72.

Sinns von Großflughäfen im Verflechtungsbereich städtischer Zentren hätte freilich die Frage aufgeworfen, ob angesichts der technischen Möglichkeiten für die Entwicklung schienengebundener Schnellbahnen nicht im dicht besiedelten Raum der Bundesrepublik eine völlig neue Verkehrsorientierung angebracht sei.

2.4. Politisierungen durch Widerstandsaktionen und administrative Gegenstrategien

2.4.1. Aktionen gegen den Großflughafen[64]

Das Charakteristische des Großflughafen-Falles ist, daß das Fehlen einer Zielplanung, die der aufwendigen Standortsuche im Münchener Verflechtungsraum eine einsehbare Begründung hätte geben können, im Laufe des langwierigen Planungsprozesses selbst zum politischen Problem wurde – und zwar durch die Protestaktionen der von den jeweils vorgeschlagenen Standorten betroffenen Bevölkerung. Auch hier war ein langsamer Entwicklungsprozeß festzustellen. Am Anfang standen die Proteste aus der Bevölkerung des Münchener Ostens gegen die Belästigungen durch den Flughafen Riem. Als institutionelle Wortführer spielten hier die stadtteilsweise organisierten Bezirksausschüsse eine besondere Rolle. Ihre Aktionen waren der Stadtverwaltung in ihrer Hinausverlagerungs-Strategie willkommen. Sie schwollen immer dann an und wurden von der Verwaltung mit Wohlwollen aufgegriffen, wenn es darum ging, einen neuerlichen Vorschlag, es bei dem Ausbau von Riem zu belassen, abzuwehren.

Die Phase der ersten Proteste gegen die neu vorgeschlagenen Standorte in der Region ist gekennzeichnet durch das »St. Florians-Prinzip«: die Notwendigkeit eines citynahen Standorts wird noch nicht in Frage gestellt, die Zielsetzung des Widerstands beschränkt sich auf die Forderung »nicht bei uns – woanders!«.

Typisch hierfür ist die »Schutzgemeinschaft Hofoldinger Forst«, die im April 1966 »vorsorglich« von den Bürgermeistern 18 betroffener Gemeinden gegründet wird und deren Aktivität mit der Einleitung eines ROV für den Standort Hofolding ständig steigt, bis sich der Bayrische Ministerrat im August 1969 vorläufig »endgültig« für Erding-Nord entscheidet.

Kristallisationskern dieser Schutzgemeinschaft (SGM) war ein Braue-

[64] Dem folgenden Abschnitt liegt ein Manuskript von *Wendelin Strubelt* zugrunde: Schutzgemeinschaften und Bürgerinitiativen – Der Fall des Münchner Großflughafens, Konstanz 1972.

rei- und Gasthofbesitzer, dem auch der Titel eines »heimlichen Königs des Hofoldinger Forstes« zugeschrieben wird. Gleichwohl blieb er mehr im Hintergrund. Im Vordergrund agierten zuerst die Bürgermeister der betroffenen Gemeinden. Zwei Ereignisse werden nach Gründung der SGM entscheidend für ihren weiteren Weg und wohl auch für ihren Erfolg. Zum einen stößt zu der SGM ein Kreis von interessierten und einflußreichen Bürgern.

Ihnen gelingt es, die mehr lose organisierte SGM zu einem straff organisierten Kampfverband umzuwandeln und sich der Unterstützung mächtiger Politiker zu versichern. Zum anderen gelingt es der SGM durch ihr Auftreten nicht nur, die unmittelbar betroffenen Gemeinden zu mobilisieren, sondern ihren Zielen schließt sich fast das ganze bayerische Oberland an, ganz zu schweigen von der potentiellen Kraft der Prominenz, die in diesem Gebiet traditionell ansässig ist. Am Ende ihres Kampfes gehören der SGM über 100 Gemeinden und 5 Landkreise an, darüber hinaus korporativ eine Reihe von Verbänden, unter denen fast alle maßgeblichen Naturschutzverbände vertreten sind. So kann sie denn schließlich werbekräftig behaupten, hinter ihr stehen über 1 Million Menschen.

Anfänglich geht es der SGM vornehmlich um die Sicherung der eigenen Existenz durch die Abwehr des geplanten Flughafens. Zur Abwehr wird jedoch zunehmend die Offensive erforderlich, die sie im Sinne des »St. Florians Prinzip« ergreift, indem sie auf andere mögliche Standorte, die ebenfalls nach ihrer Ansicht zur Wahl stehen, hinweist. Vor allem gelingt es ihr schließlich, den an sich schon ausgeschlossenen Standort Erding-Nord wieder ins Gespräch zu bringen und so das »Standortkarussell« neu und letztlich zu ihren Gunsten in Bewegung zu bringen.

In allen Argumenten, die die SGM verwendet, dominiert der Gedanke des Naturschutzes. Sei es, daß sie auf die potentielle Gefährdung eines reichhaltigen Grundwasservorrates hinweist, sei es, daß sie auf die Zerstörung einer Landschaft hinweist, die in allen bisherigen Planungen ausdrücklich als wichtiges Naherholungsgebiet für die Münchner Bevölkerung ausgewiesen worden war. Jenseits aller inhaltlichen Forderungen gelingt es der SGM, fachlichen wie inhaltlichen Anforderungen gerecht zu werden, indem sie sowohl fundiertes Sachwissen anbieten kann wie auch bayerisches Lokalkolorit. Äußerlich scheinen die Aktionen der SGM den üblichen Charakter solcher Vereinigungen zu besitzen. Versammlungen werden abgehalten, Proteste lautstark geäußert, Resolutionen verabschiedet und von den gewählten Repräsentanten ihrer Wahlkreise in den jeweiligen Gremien vertreten. Hinter dieser äußerlichen Fassade gelang es aber dem engeren Kreis der SGM – nicht zuletzt aufgrund seiner vielfältigen Beziehungen –

sich in einem solchen Maße Verbindungen und Informationsmöglichkeiten zu beschaffen, daß alle verborgenen Blößen der Flughafenplanung ausgenützt werden konnten. (Greifbar z. B. durch die Veröffentlichung von Gutachten, die an sich nur für den amtlichen Gebrauch bestimmt waren.) Diese Mobilisierung aller Kräfte, nicht zuletzt unterstützt von einer einflußreichen, hier aber eindeutig parteiischen Zeitung – dem Münchner Merkur – brachte es zustande, daß das Projekt Hofolding als politisch undurchsetzbar angesehen wurde. An diesem Punkt muß erwähnt werden, daß im vorliegenden Fall die Münchener Presse eine entscheidende Rolle spielte, und zwar nicht nur als Multiplikator der im Münchener Rathaus veröffentlichten Verfahrensaspekte, sondern vor allem in zweierlei Hinsicht: zum einen informierte sie auch unabhängig von spektakulären Entscheidungen von sich aus über den Prozeßverlauf, hielt das Thema im Aufmerksamkeitsbereich des Publikums und diente als Medium der Informationsvermittlung selbst unter den beteiligten Behörden, die oft aus der Presse erfuhren, was ihre Verhandlungspartner ihnen nicht mitteilen mochten. Zum anderen schaltete sie sich an kritischen Verfahrenspunkten redaktionell ein und beeinflußte damit auch über ihre Informationsfunktion hinaus den Prozeßverlauf[65].

Doch darf dieser Befund nicht als Beweis der Macht der »öffentlichen Meinung« überinterpretiert werden. Festzuhalten bleibt, daß es im Falle Hofolding einer kleinen Kerngruppe gelang, ihr Anliegen mit ihren Gegnern auf gleicher Ebene auszufechten, wobei ihre Gleichartigkeit nach sozialer Herkunft und Ausbildung diese Auseinandersetzung als einen Kampf zwischen gleich »Großen« erscheinen läßt, die sich schließlich auf Kosten eines vermeintlich schwächeren Dritten einigten: des Standorts Erding-Nord.

Erst nach der Kabinettsentscheidung zugunsten dieses Standorts wird die zugrunde liegende Frage aufgerollt: Braucht München überhaupt einen Großflughafen? Und daß diese Frage institutionell zur Kenntnis genommen wird, muß von den Standortbetroffenen mühsam erstritten werden.

Wie im Falle Hofolding war Kristallisationskern der SGM Erding-Nord eine Einzelpersönlichkeit, genauer gesagt ein gewerbetreibendes Ehepaar, das in seinem Betrieb die heimischen Produkte der landwirtschaftlichen Sonderkulturen veredelt. Sie weckten zwar nicht erst das Protestpotential der betroffenen Landwirte und Gemeindeoberhäupter, ihr Verdienst ist es aber, dies in eine organisatorische Form geleitet zu haben.

[65] So die Kampagne des MÜNCHNER MERKUR gegen den Standort Hofolding: »Die Affäre Hofolding«, eine Dokumentation von *Oskar Wolfbauer* und *Wolfgang Hansen*, 8 Folgen, Sept. und Okt. 1967.

Die Spitzen der Städte Freising und Erding und der gleichnamigen Landkreise verhielten sich generell viel zurückhaltender als vergleichbare Städte und Landkreise im Falle Hofolding, teilweise optierten sie sogar offen für den Flughafen, da sie sich von ihm eine wirtschaftliche Belebung erhofften. Da die Abwehrfront gegen diesen Plan nicht so einheitlich auftreten konnte wie im Falle Hofolding, traten interne Streitigkeiten auf. Es steht sogar zu vermuten, daß die Front der Gegner trotz der kurz nach der Standortentscheidung gegründeten »Eigentümervereinigung gegen Grundabtretung« abgebröckelt wäre, wenn nicht 1970 im Zuge des nach dem Luftverkehrsgesetz notwendigen Genehmigungsverfahrens bekannt geworden wäre, in welchem Ausmaße einige Gemeinden von Lärm betroffen sein würden. Diese Entwicklung führte ein neues Element in die Trägerschaft der Flughafengegner ein: die Gemeinde Neufahrn. Diese Gemeinde war zwar bereits von Anfang an mit ihren gewählten Vertretern gegen den Flughafen aufgetreten, aber hier gewann die Gegnerschaft nun eine »Massenbasis« des Engagements, die die SGM im Falle Hofolding nicht besessen hatte. Junge Familien der mittleren Arbeitnehmerschaft, die vor den Belastungen des Münchner Wohnungsmarkts in die »aufstrebende« Umlandgemeinde Neufahrn ausgewichen waren und deren Ernährer meist nach München pendelten, sahen sich persönlich betrogen und zum Widerstand herausgefordert.

Sie gründeten eine Bürgerinitiative, die nun ungehindert von institutionellen Zwängen, denen die gewählten Vertreter der Gemeinden ausgesetzt sind, den Kampf gegen den Flughafen aufnahm. Dieser ersten Gründung folgten noch mehrere in anderen Orten des angewachsenen Verdichtungsraumes, der sich zwischen München und Freising erstreckt. Nun erst wurde offenbar, daß der Standort Erding-Nord nicht nur ein dünn besiedeltes Gebiet landwirtschaftlich magerer Nutzung betrifft, wie die prominenten Gegner des Standorts Hofolding immer wieder der weiteren Öffentlichkeit suggeriert hatten. Seine Lärm- und Schmutzzonen ergreifen einen Raum, in dem eine verstärkte Wohn- und Arbeitsplatzansiedlung zur Entlastung der Kernstadt geplant war und zum größten Teil schon im Entstehen ist.

Die Widerstandsaktionen entwickelten sich auf drei Ebenen: eine wesentliche Rolle spielte der Rechtsstreit vor dem Verwaltungsgericht, in dem die betroffenen Gemeinden als Institutionen gegen das Land klagten. Schon vor der Standortentscheidung gelang es ihnen, die Einsicht in alle Unterlagen des ROV zu erzwingen[66], die ihnen in der formellen Anhörung zum Teil verweigert worden waren, weil sie nicht »fachlich«, sondern nur »aus örtlicher Sicht« zu den Flughafenplänen

[66] Beschluß des Bayerischen Verwaltungsgerichtshofes vom 22. 5. 1969, vgl. SZ vom 23. 5. 1969: »Flughafenakten – für 10 Gemeinden offen«.

Stellung zu nehmen hätten. Am 24. 5. 1971 urteilt das Münchener Verwaltungsgericht auch zugunsten der noch weitergehenden Forderung der Kommunen: das Land habe ein neues ROV nach dem neuen Landesplanungsgesetz durchzuführen und dabei nicht nur *einen* Standort für sich zu prüfen, sondern »eine vergleichende Auseinandersetzung des vorgesehenen mit anderen möglichen Flughafenstandorten« vorzunehmen[67]. Eine nicht unwesentliche Rolle in den juristischen Kämpfen spielte ein junger Anwalt, der als Unbekannter die Vertretung der Gemeinden übernommen hatte und sich mit der Durchfechtung der Verfahren einen Namen als Spezialist in dieser Rechtsmaterie schuf.

Der SGM selbst wurde die Aufgabe der Koordinierung der Maßnahmen der Gemeinden zuteil, während die Bürgerinitiativen – bewußt locker organisiert – gleichsam die vorderste Front des Kampfes bildeten, die wegen ihrer institutionell ungebundenen Form auch scharfe persönliche Angriffe vorbringen und schlagzeilenwirksame Aktionen starten können. Einen der Höhepunkte bildete eine Protestaktion der Frauen mit ihren Kindern vor dem Bayerischen Wirtschaftsministerium gegen Minister Schedl, während der in den Nebenstraßen die Bayerische Bereitschaftspolizei auf die zum Eingreifen berechtigende »Störung« wartete.

Dieser gestaffelte Widerstand aber gewann gegenüber den Protestaktionen à la Hofolding vor allem dadurch eine neue Qualität, daß er sich nicht auf das Weiterschieben des schwarzen Standort-Peters beschränkte, sondern nun bewußt die Voraussetzungen der Standortfrage selbst angriff. Gestützt auf die in den Massenmedien anrollende »Umweltschutz«-Diskussion, die gerade durch die Einstellungsentscheidung des amerikanischen Kongresses in Sachen Überschall-Verkehrsflugzeug eine aktuelle Pointe gewann, wurde nun die Frage nach der einen Standort im Verflechtungsraum München rechtfertigenden Luftverkehrskonzeption und ihres Verhältnisses zu den Möglichkeiten des Schienenschnellverkehrs aufgeworfen, und jetzt wurde plötzlich offenbar, daß all die vielen Instanzen, die sich an dem aufwendigen Imponiergehabe der Standortplanung beteiligt hatten, wie im Märchen von des Kaisers neuen Kleidern auf die »naive« Frage des Kindes keine Antwort wußten. Der springende Punkt, das Fehlen einer politischen Zielplanung und -diskussion und damit der Kurzschluß zwischen der Maßnahmeplanung und der Zielrichtung der gesellschaftlich herrschenden Interessen war so durch eine Reihe politischer Widerstandsaktionen aufgedeckt worden. In ihnen hatte sich selbst die Widersprüchlichkeit dominanter und abhängiger Interessen niedergeschlagen – mit der Tendenz zur Abwälzung der Lasten auf die Schwächsten. Das dem

[67] Zitat nach der Meldung der SZ vom 4. 6. 1971, S. 19.

– anscheinend »rein technisch« gewordenen – Standortproblem zugrundeliegende *politische* Problem der sozialen Lasten- und Nutzenverteilung war so durch ad hoc ansetzende politische Aktionen von der »Legitimationsseite« im Sinne des Offe-Schemas dem politisch-administrativen System auf den Tisch gelegt worden. Die Administration reagierte darauf mit einer klassischen »Entpolitisierungstaktik«: Liegenlassen. Die Standortfrage schmort ohne endgültigen Abschluß weiter. Und hier zeigt sich eine strukturelle Schwäche von Politisierungen im Wege von Widerstandsaktionen ad hoc: Sie können politische Probleme aufwerfen, sie können Initialzündungen geben, doch die Zündungen müssen sich anderswo fortsetzen, um nicht wieder zu verlöschen. Wer soll das aufgeworfene politische Problem aufgreifen, da es als solches bestehen bleibt? Im Falle des Flughafenstandorts: die Kosten des gegenwärtigen Zustandes tragen die Anwohner von Riem, die »Entlastungsstadt« Perlach wächst in der Einflugschneise, die »Verlegung« von Riem wird immer dringlicher. Aber wohin? Genügt ein Großflughafen in Süddeutschland außerhalb der Verflechtungsräume – oder gar nur ein Regionalflughafen? Soll an die Stelle eines Münchener Großflughafens ein Regionalflughafen mit eingeschränkten Lärm- und Schmutzzonen treten? Können verschärfte Produktionsvorschriften für Flugzeuge die Lärm- und Schmutzentwicklung drastisch vermindern? Die administrative Tendenz zur Nichtbefassung bei politischem Widerstand ist durchaus imstande, plötzlich und ad hoc aufbrechende Ansatzpunkte einer politischen Strategie wieder zu verschütten. Das Thema entfällt der politischen Aufmerksamkeit, und die Tendenz zur Lösung auf Kosten der Schwächsten tritt wieder in Kraft und findet dann wahrscheinlich sogar grimmige Zustimmung: Wenn alle die leidige Flughafenfrage satt haben, werden sehr viele nicht unmittelbar Betroffene eine plötzlich zum »endgültigen Abschluß der Frage« aus der administrativen Tasche gezogene Alternative: »Riem oder Erding-Nord« akzeptieren und bei wachsenden Protesten rund um Riem fordern, daß mit den Erdingern »endlich kurzer Prozeß gemacht wird«. Das führt auf das strukturelle Problem zurück:

Die organisatorische Verstetigung politischer Initiativen, die durch ad hoc aufbrechende politische Probleme plötzlich sichtbar werden, aber ohne derartige »Transfers« wieder versacken. Politische Strategien und administrative Gegenstrategien zu diesem Punkt werden im Ansatz an der Entwicklung des »Lehel-Falles« sichtbar: eine durch Widerstandsaktionen ad hoc bewirkte Politisierung setzt sich im Verwaltungsapparat und in der Mehrheitspartei fort, bzw. wird von ihnen aufgegriffen.

2.4.2. Die Lehel-Aktionen und die »offene Planung«

Im Münchener Stadtteil Lehel aktualisierte sich der Zielkonflikt zwischen dem Citykonzept des Stadtentwicklungsplans und dem Ziel der Erhaltung des »historisch und organisch entstandenen Gefüges der Stadt«. Aufgrund der Ausweisung als Kerngebiet kauften in diesem Altbau-Wohngebiet Kapitalgesellschaften in großem Umfang Grundstücke auf. Der Quadratmeterpreis stieg von 1963 bis 1970 von 370 auf 900 DM[68]. Wenn auf den neuerworbenen Grundstücken statt Büros überhaupt noch Wohnungen gebaut werden, so betragen die Mietpreise 14 DM und darüber pro Quadratmeter gegenüber Mieten für die Altbauten von durchschnittlich 2,50 DM pro Quadratmeter[69]. Anfang 1970 haben im Lehel Kündigungen, Hausabbrüche und Mietensteigerungen ein Ausmaß erreicht, »das die gesamte Bevölkerung in Angst und Unruhe versetzt«[70]. Schlagzeile der »Süddeutschen Zeitung« vom 20. Juni 1970: »Dem Lehel droht der Ausverkauf«. Initiiert von Mitgliedern der SPD-Sektion Lehel und einer studentischen Projektgruppe wird am 6. April 1970 eine »Interessengemeinschaft der Sanierungsbetroffenen im Lehel« gegründet, der später weitere folgen[71].

Das gegenüber der noch vorwiegend Verfahrensfragen betreffenden Prinz-Carl-Palais-Diskussion Neue der Lehel-Proteste liegt in der öffentlich-politischen Thematisierung der Konflikthaftigkeit des Wachstums- und Konzentrationsprozesses selbst, der sich, vom Stadtentwicklungsplan und der ihm folgenden Kerngebietausweisung für die City noch unbefragt als Entwicklungsziel gesetzt, sich für die Stadtbewohner gerade der unteren Einkommensschichten als Verschlechterung ihrer Lebensbedingungen auswirkt: Als Verdrängung aus der Stadt in die Stadtrandsiedlungen, als Trennung von Wohn- und Arbeitsplatz mit höherem Zeit- und Kostenaufwand, höhere Miete, schlechtere Versorgung und Verlust gerade jenes vielfältigen städtischen »Gefüges«, das gegenüber der Spezialisierung in kahle Wohnblocks draußen und ebenso kahle Kaufhaus- und Büroblocks drinnen, was von den Wahlmöglichkeiten der individuellen Bedürfnisbefriedigung nur einen wesentlichen Aspekt der »Lebensqualität« ausmacht.

Im Lehel erreichten noch 50 Prozent aller Erwerbstätigen ihren Arbeitsplatz zu Fuß, 40 Prozent in weniger als zehn Minuten, anderseits lag das Einkommen der Leheler unter dem Durchschnitt, der Bevölkerungsanteil der Rentner und Über-65-Jährigen dagegen über

[68] *Hoffmann/Patellis,* a.a.O., S. 63.
[69] A.a.O., S. 64.
[70] A.a.O., S. 60.
[71] A.a.O., S. 74 ff.

dem Durchschnitt[72]. Die Herrschaft der dominanten über die abhängigen Bedürfnisse war hier in Gestalt von Häuserabbrüchen, Kündigungen und Mietzinssteigerungen sichtbar und durch die öffentliche Gegenwehr der Betroffenen auch politisch bewußt geworden.

In diesem Veröffentlichungsprozeß spielte wiederum die Münchener Presse eine erhebliche Rolle. Nicht nur, weil sie die Lehel-Aktionen stadtweit bekannt machte, sondern auch weil sie durch ihre Berichterstattung den Betroffenen selbst den Rücken stärkte. Denn diese verhalf ihnen dazu, die den einzelnen treffenden Belastungen nicht als individuelles Schicksal, sondern als Erscheinungsformen einer strukturellen Benachteiligung zu erkennen, die viele, die in gleicher Lage sind, gemeinsam trifft und deren Gründe und Verantwortliche politisch bestimmbar sind.

Nun sind auch Presseunternehmen in ihren Exponenten – Verleger und abhängig beschäftigte Journalisten – in die gesellschaftliche Herrschaftsstruktur eingebunden. Wie kam es also zu dieser Funktion? Die »Planungsbeauftragten« des Münchener Forums berichten darüber: »Wir haben zunächst versucht, die Presse davon zu überzeugen, in der Öffentlichkeit Partei zu ergreifen, so daß in der Tagespresse gezielte, kontinuierlich erscheinende Reportagen gebracht würden. Über das Forum hatten wir Kontakt mit der obersten Hierarchie der zwei Münchener Zeitungsverlage. Wir versuchten zu erreichen, daß jede Zeitung einen ständigen Pressebegleiter für die Aktionszeit im Lehel einsetzte. Damit erreichten wir innerbetriebliche Anweisungen an die Lokalredaktion. Die Journalisten, die sich später schließlich mit der Berichterstattung über das Lehel befaßten, bekamen keine inhaltlichen Anweisungen von oben und arbeiteten so innerhalb des Rahmens ihrer Zeitung relativ unabhängig.«[73]

Die Stadtverwaltung reagiert auf die Mieter-Proteste mit dem Verfahrenstyp der »offenen Planung«, in dem die bisherigen Planungen für das Lehel erneut in Frage gestellt werden sollen. »Offene Planung« wird später definiert als »Mittel zu dem Ziel, die auf das Planungsgebiet bezogenen Interessen und Vorstellungen aller (!) Betroffenen über ein iteratives Dialogverfahren in den Planungsprozeß einzubeziehen und in der politischen Entscheidung zu berücksichtigen«[74]. Hierfür wird auf seiten der Stadt zusätzlich zum schon bestehenden Arbeitskreis »Altstadtring Nord/Ost« »auf der untersten Ebene der Verwaltungshierarchie« eine Projektgruppe zur »Wahrnehmung der

72 A.a.O., S. 61.
73 A.a.O., S. 86.
74 So die Broschüre: Altstadtring Nord-Ost 2, herausgegeben von der Landeshauptstadt München, Baureferat Stadtplanung, November 1970, Teil 4, S. 7.

Situation und der Erarbeitung der Entscheidungsgrundlagen« gebildet. Weiterhin wird das Münchner Diskussionsforum eingeschaltet, das wiederum zwei »Planungsbeauftragte« benennt – eben die Autoren der Fallstudie, Hoffmann und Patellis. »Öffentlichkeit« wird nun auch von der Stadt in einem über die Institutionen hinausreichenden Sinn verstanden: Es sei davon auszugehen, »daß unter der Öffentlichkeit nicht nur die Fachverbände, die organisierten wirtschaftlichen und politisch bedeutsamen Interessengruppen verstanden werden können, vielmehr auch die wesentlich größere Öffentlichkeit der Nichtorganisierten und auch in der Formulierung ihrer Interessen nicht geübten Gruppen. Gemeint sind die Bürger in ihrer vielfältigsten Form wie zum Beispiel Mieter, alte Menschen, Schüler, Fußgänger, Einkaufende usw.«[75]

Was die Stadt in dem Prozeß der »offenen Planung« wirklich zur Disposition stellen kann, ist die Ausweisung des Lehel im Flächennutzungsplan als »Kerngebiet« mit dem Vorrang der Gewerbenutzung. Der Planungsprozeß kann also bestenfalls eine Rückwidmung zu »allgemeinem Wohngebiet« erbringen. Die Forderungen der von Hausabbrüchen, Kündigungen und Mietsteigerungen Betroffenen und Bedrohten richten sich darauf, den *tatsächlichen* »Umstrukturierungsprozeß« rückgängig zu machen, zumindest aufzuhalten, um die einkommensschwachen Mieter billiger Wohnungen zu schützen. Das nun abrollende aufwendige Planungsverfahren unter »Beteiligung der Öffentlichkeit am Planungsgeschehen«, so der Beschluß des Münchener Stadtrats vom 4. 3. 1970, steht deshalb von Anbeginn unter zwei gegensätzlichen Zielrichtungen und einander widerstreitenden Strategien: einmal die Planungsalternative so lange hin und her zu wenden, bis »die Öffentlichkeit« darauf eingestimmt, das Protestpotential erschöpft ist und der Stadtrat mit einer abschließenden Entscheidung die »offene Planung« beenden kann. Dem steht der Versuch gegenüber, in der »offenen Planung« das soziale Problem, das die Proteste ausgelöst hatte und seine strukturellen Gründe so deutlich, bekannt und bewußt zu machen, daß ein Legitimitätsdruck entsteht, der die politischen Instanzen zwingt, etwas zu seiner tatsächlichen Lösung zu tun. Also von vornherein eine über die Flächennutzungsplan-Alternative hinauszielende, auf politische »Transfers« über die Kommunalebene hinaus spekulierende Strategie. Die Entwicklung dieses Widerspruchs im Laufe des Planungsverfahrens zeigt, daß sich keine klare Frontstellung zwischen »Verwaltung« und »Nicht-Verwaltung« ergibt, sondern daß sich

[75] Beschluß des Stadtentwicklungs- und Stadtplanungsausschusses der Landeshauptstadt München vom 4. März 1970, abgedruckt bei *Hans Pflaumer*, a.a.O., S. 59. Über die Aktionen im Rahmen der »offenen Planung Lehel« berichtet mit einer ausführlichen »Chronik« die Arbeit von *Hoffmann* und *Patellis*.

der Konflikt in den Verwaltungsapparat selbst hineinzieht. Die von der administrativen »Systemtheorie« geforderte »Innen-Außen-Differenzierung«, die »Systemgrenze«, die die »interne« Problemverarbeitung gegen die »äußeren« sozialen Probleme abschirmen soll, wird durchlöchert, d. h. insofern findet bereits ein erster »Transfer« statt. Der inneradministrative Konflikt entzündet sich einmal zwischen dem Baureferat als der »Maßnahme«-Instanz, die von den Baugesuchen der finanzkräftigen Bauinteressenten bedrängt wird, und dem Stadtentwicklungsreferat als der an den politischen Legitimationsproblemen orientierten »Zielplanungs«-Instanz. Er äußert sich z. B., als im Dezember 1970 dem Antrag des Baureferats an den Stadtrat, vier vom Einzelfall her entscheidungsreife Baugesuche von Wirtschaftsunternehmen im Lehel zu genehmigen, vom Stadtentwicklungsreferat der Antrag entgegengestellt wird, die Baugesuche mit Rücksicht auf den Wandel der Stadtentwicklungsziele und die laufende »offene Planung« zurückzustellen. Der Konflikt entzündet sich aber auch in vertikaler Dimension: zwischen den Hierarchiechefs und ihnen unterstellten Mitarbeiten, und zwar im Baureferat ebenso, wie im Stadtentwicklungsreferat. Das betrifft einmal die auf unterer Hierarchieebene gebildete städtische »Projektgruppe«, die in ihren Räumen mit den »Planungsbeauftragten« des Münchner Forums zusammenarbeitet und mit den Aktionsgruppen im Lehel direkt Kontakt hält. Hoffmann und Patellis berichten darüber: »In den Räumen der Projektgruppe entsteht durch die intensive Zusammenarbeit mit den städtischen Beamten eine Pionieratmosphäre. Da die Gruppe verhältnismäßig abgeschlossen gegenüber dem übrigen Apparat arbeitet, wirken Diskussionen und private Gespräche als Katalysatoren, die das Selbstverständnis der städtischen Planer problematisieren ... In dieser ersten Zeit gilt die Loyalität der Projektgruppe zuerst den Betroffenen und dann der Verwaltung ... In dieser Situation aktualisiert sich aber auch der persönliche Konflikt der städtischen Beamten, die einerseits den Weisungen der Hierarchie verpflichtet sind und andererseits entsprechend ihrer Einsicht in die Probleme handeln möchten«[76]. Dieser Konflikt »aktualisiert« sich genau an dem Punkt, an dem die Projektgruppe versucht, von der strengen Beschränkung auf die Flächennutzungsplanung abzugehen und das soziale Problem selbst auf die administrative Tagesordnung zu setzen: als sie versucht, sich selbst in einem Arbeitspapier die Frage zur Bearbeitung zu stellen »Wie ist es aus juristischer Sicht zu erreichen, Wohnen für einkommensschwache Mieter im Lehel möglich zu machen?«, also eine Frage, die zwar das Problem trifft, aber offensichtlich über die baurechtliche Flächennutzungsplanung hinaus in den Bereich der

[76] *Hoffmann/Patellis*, a.a.O., S. 79.

sozialen Maßnahmeplanung geht, erhält sie vom Chef der »Gruppe Stadtplanung« die dienstliche Weisung, das Papier »wieder einzuziehen«, denn: »Die Bearbeitung der Planungsaufgaben für obiges Gebiet erfolgt ausschließlich nach der von der Gruppenleitung aufgestellten und vom Herrn Stadtbaurat gebilligten ›Disposition für die Bearbeitung durch die Gruppe Stadtplanung‹ vom 17. 8. 1970, auf der Grundlage des von der Gruppenleitung aufgestellten und vom Herrn Stadtbaurat gebilligten Planungsprogramm vom 17. 8. 1970«[77].

Im Stadtentwicklungsreferat bricht der Konflikt an der dort ressortierenden »Öffentlichkeitsarbeit« der »offenen Planung« auf. Ein Beispiel dafür ist die Broschüre »Öffentliche Planung Lehel« aus dem Jahre 1971. Der von einem Mitarbeiter des Stadtentwicklungsreferats verfaßte Entwurf wird vom Referatschef total umgeschrieben, wobei er alle scharfen Formulierungen herausstreicht und durch verbindlich-beschwichtigendes Amtsdeutsch ersetzt, denn, so lautet seine Begründung: »Es ist nicht Aufgabe der Verwaltung, die Bevölkerung zu politisieren«[78]. Statt der – ursprünglich von der liberalen Süddeutschen Zeitung, nicht der DKP geprägten – Formulierung: »Droht dem Lehel der Ausverkauf?«, hieß es beispielsweise in der Broschüre nun: »Droht dem Lehel ein grundlegender struktureller Wandel?« Als Gründe für die »Umstrukturierung« des Lehel vom Wohn- zum Geschäftsviertel werden in der Broschüre zwar der »kapitalistisch organisierte Wohnungsmarkt, das Bodenrecht und die Marktwirtschaft« verantwortlich gemacht, mit keinem Wort jedoch das von der Stadt selbst durchgesetzte sternförmige Verkehrssystem, das alle Wege in die City führte und damit zur Aufwertung der City-Lagen und zum Rendite-Druck auf die Wohnhäuser der City entscheidend mit beigetragen hatte. Die Ausweisung der Citywohnlagen einschließlich des Lehel als Kerngebiet hatte seine Logik ja gerade aus dieser Verkehrskonzeption gewonnen. Die auf politische Transfers zur Bundesebene (Bodenrecht) abzielende Argumentation des Stadtentwicklungsreferats in der Diskussion mit den Lehel-Betroffenen war also zugleich eine »Entpolitisierungsstrategie« in bezug auf die von der Administration durchgesetzte städtische Verkehrspolitik. Was den kommunalen Verantwortungsbereich selbst anbetraf, arbeitete die Verwaltung zielstrebig darauf hin, das zutagegetretene politische Problem auf drei Alternativen für den Flächennutzungsplan »kleinzuarbeiten«: »Totales Kerngebiet, reines Wohngebiet, und Wohngebiet mit Kernrandzonen. Bei der Variante Wohngebiet mit Kerngebiet-Randzonen verlaufen die Grenzen so, daß der Grund der Münchner Rückversicherung (deren Direktor Dr. Sonnenholzner als Mitglied des Programmausschusses des »Münchner Fo-

[77] A.a.O., S. 72.
[78] Interview mit dem Entwurfsverfasser.

rums« Vertreter »der Öffentlichkeit« im städtischen »Arbeitskreis Altstadtring Nord-Ost« ist, d. Verf.) als Kerngebiet ausgewiesen würde. Für jede »Alternative« werden Zahlenbilanzen zusammengestellt: Wieviele Bewohner müßten umgesetzt werden, mit wieviel Autos würden die Straßen belastet, usw. Die ökonomischen Folgen jeder »Alternative«, ihre Auswirkungen auf die Mieten und die soziale Situation der Bewohner kommen nicht mehr zur Sprache«[79].

Über diese Alternativen veranstaltet die Stadtverwaltung im März 1971 eine große »Öffentlichkeitsphase« der offenen Planung Lehel mit Ausstellung, Plakaten, Versammlungen, einer Fragebogenaktion und der oben bereits erwähnten Broschüre. Die städtischen Ausgaben für diese Aktion belaufen sich auf 205 976 DM[80]. Nach Abschluß der Aktion im Juni 1971 beschließt der Stadtrat, den Flächennutzungsplan im Sinne der dritten Alternative zu ändern, für die sich der städtische Arbeitskreis »Altstadtring Nord-Ost« bereits im Dezember 1969 ausgesprochen hatte, die nun aber als »Ergebnis« der offenen Planung erschien. Die Verwaltungsvorlage wählte die Formulierung, das Lehel »der Tendenz nach zum allgemeinen Wohngebiet« zu erklären, eine Formulierung mit weitem Interpretationsspielraum, die der aus Legitimationsgründen erforderlichen »Absichtserklärung« Rechnung trug, gegenteilige Maßnahmen jedoch nicht ausschloß. Die Verantwortlichen der Stadtverwaltung betrachteten damit die »offene Planung« als abgeschlossen. Der studentischen »Projektgruppe Aktion Lehel«, die einen städtischen Laden gemietet hatte, wurde gekündigt, denn der Zweck der Anmietung bestehe nicht mehr[81]. Die Gruppe war dagegen der Auffassung, ihre Arbeit im Lehel sei keineswegs beendet, sondern beginne eigentlich erst, denn es gehe doch darum, »aus dem Viertel ›tatsächlich‹ ein Wohngebiet zu machen«. Tatsächlich war zwar der Entpolitisierungszweck der offenen Planung erfüllt, die Protestaktionen waren im Planungsprozeß aufgefangen, beschäftigt und zur Ruhe gebracht worden, das zugrunde liegende soziale Problem mit dem Tendenzbeschluß des Stadtrats aber keineswegs gelöst. Tatsächlich gingen die Hausabbrüche, Kündigungen und Mietsteigerungen unbeeindruckt weiter.

Der politische Konflikt schlägt auf die Maßnahmeseite durch

Im August 1972 wurde bekannt, daß das Baureferat im Jahre 1971 über 400 Abbruchgenehmigungen erteilt hatte und daß in letzter Zeit Häuser ohne Genehmigung abgebrochen wurden, ohne daß das Bau-

[79] *Hoffmann/Patellis*, a.a.O., S. 119.
[80] A.a.O., S. 129.
[81] SZ vom 20. 1. 1972.

referat dagegen eingeschritten war. Die Zentralkasse Bayerischer Volksbanken hatte ohne Genehmigung ein Haus abgebrochen und war dafür vom Baureferat mit einem »Zwangsgeld« von DM 1000,- belegt worden[82]. Die »Disjunktion« von Zielsetzungen und Maßnahmen war erneut politisch aufgebrochen. Doch nun, nachdem die städtische »Zielplanung« abgeschlossen und der Stadtbaurat Chef der Maßnahmeinstanz geworden war, verlief die Front des Konflikts unmittelbar zwischen jenen SPD-Vertretern, die sich als Vertreter der abhängigen Interessen verstanden, und deshalb auf den zu ihrer Berücksichtigung beschlossenen Zielvorstellungen beharrten, und dem gleichfalls der SPD angehörenden Stadtbaurat, der sich auf das geltende Recht berief: »Nehmen Sie doch zur Kenntnis, daß das Planungsrecht, insbesondere das Boden- und Baurecht, Ihre Interessen nicht deckt«, hielt er den Lehelern entgegen[83]. Doch war Gegenstand des Konflikts gerade, ob der Stadtbaurat im Rahmen des rechtlich Zulässigen Maßnahmen ergriffen hatte, die den politischen Zielsetzungen entsprachen oder die Rechtsauslegung zur »organisatorischen Disjunktion« gebraucht hatte. Ein Beispiel war die bestenfalls »symbolische« Zwangsgeldverhängung im Falle des genehmigungslosen Hausabbruchs durch die Zentralkasse Bayerischer Volksbanken. Die SPD-Sektion Lehel warf dem Baureferat vor, es habe unterlassen, »die wirkungsvollen gesetzlichen Möglichkeiten (Polizeieinsatz) zur Erzwingung der Einstellung des gesetzwidrigen Abbruchs anzuwenden«. Dies stehe »im eklatanten Gegensatz zu aufwendigen Polizeieinsätzen, die in letzter Zeit zum Schutz der Interessen von Eigentümern leerstehender Häuser durchgeführt wurden«[84]. Ein anderes Beispiel war die Anwendung einer Entschließung des Bayerischen Innenministeriums zum Vollzug der »ersten Verordnung über das Verbot der Zweckentfremdung von Wohnraum vom 23. 12. 1971«, wonach die Zweckentfremdungsgenehmigung auch dann noch verweigert werden könne, wenn die Abbruchgenehmigung schon erteilt worden sei. Diese Entschließung war bei ihrer Bekanntgabe von den SPD-Stadträten mit »Jubel« als Handhabe einer praktischen Wohnraumsicherungspolitik begrüßt worden. Im Stadtratsplenum brachte als einziger der Vertreter des Haus- und Grundbesitzervereins dagegen rechtliche Bedenken vor, war aber von der SPD-Fraktion dafür »ausgelacht und verspottet« worden. Bürgermeister Steinkohl (CSU) erklärte, »es könne von der Stadt München nicht verlangt werden, juristischer als das Innenministerium oder die Regierung von Oberbayern zu sein. Stadtbaurat Zech, Sozialreferent Sieber, sowie deren Rechtsexperten und die Stadträte aller Fraktionen

[82] SZ vom 23. 8. 1972.
[83] SZ vom 1. 12. 1972.
[84] SZ vom 23. 8. 1972.

pflichteten Steinkohl bei«[85]. Der Antrag auf rechtliche Überprüfung wurde niedergestimmt. Die städtischen Spitzenbeamten verschwiegen in der Sitzung, daß sie in der nachträglichen Genehmigungsverweigerung einen glatten Verstoß gegen die Bayerische Bauordnung sahen und deshalb nicht daran dachten, dieses Mittel anzuwenden. Sie ließen im Gegenteil aus Gründen der Legitimation gegenüber den Betroffenen die Politiker und die Öffentlichkeit in dem Glauben, es sei ein entscheidender Erfolg zugunsten der unmittelbar von Hausabbrüchen bedrohten Leheler Mieter erreicht worden. Was sie wirklich taten, blieb der Öffentlichkeit zunächst unbekannt: sie wiesen am Tage nach der Stadtratssitzung die Aufsichtsbehörde schriftlich darauf hin, die Entschließung sei rechtsfehlerhaft. Als dieses »doppelte Spiel« im September von der Süddeutschen Zeitung aufgedeckt wurde, beriefen sie sich auf das Beamtenrecht: nämlich die Pflicht, Vorgesetzte – in Weisungssachen also die Aufsichtsbehörde, auf »offenkundige« Rechtsfehler aufmerksam zu machen[86], eine Pflicht, die sie offensichtlich gegenüber den gewählten Vertretern der Bevölkerung als nicht bestehend ansahen. Sie griffen nun jene als »nörgelnde Kritiker« an, die ihnen vorhielten, an der Verbreitung des Rechtsirrtums selbst mitgewirkt zu haben und führten zur Rechtfertigung ihres Verhaltens, wie es dem theoretischen Modell entspricht, Argumente aus dem Bereich der fiskalischen Abhängigkeit an: »selbst wenn das Baureferat nicht auf den Rechtsfehler der ME vom 21. Februar aufmerksam gemacht hätte, so hätten dies ohne Zweifel die betroffenen finanzstarken Eigentümer in Form kostspieliger Prozesse getan«; und: »Das Baureferat hat schon wiederholt erklärt, daß alte Abbruchgenehmigungen bei einer Änderung der Rechtslage nachträglich nach Artikel 96 Absatz 1 Ziffer 3 der Bayerischen Bauordnung widerrufen werden können, daß aber dann nach Artikel 96 Absatz 2 der Bayerischen Bauordnung dem Eigentümer eine Entschädigung zu zahlen ist. Bisher wurde von allen Seiten betont, daß eine solche Handhabung wegen der riesigen anfallenden Summen völlig unmöglich ist.« Das Dilemma der Administration zwischen der Loyalität gegenüber Programmsetzungen aus dem politischen Prozeß und der strukturellen Abhängigkeit gegenüber den rechtlich abgesicherten dominanten Interessen war so von ihr selbst hervorgehoben worden, aber bezeichnenderweise als nachträgliche Entschuldigung für ihre spezifische Art, dieses Dilemma für sich selbst aufzulösen: des öffentlichen Bekenntnisses zu den politischen Zielen und des nichtöffentlichen Handelns im Sinne der strukturellen Abhängigkeit, die sie, bevor sie handelt, verschweigt und damit gegenüber den politischen Programmforderungen »entpolitisiert«, nachträglich aber als Rechtfer-

[85] SZ vom 14. 9. 1972: »Doppeltes Spiel des Baureferats«.
[86] Stellungnahme, abgedruckt in der SZ vom 18. 9. 1972.

tigungsargument hervorholt, wenn sie ihre Maßnahmen entgegen den erklärten Zielsetzungen getroffen hat. Diese administrative Taktik kommt meistens nicht heraus – und darauf richtet sich das Kalkül, denn eine Zielabweichung durch Maßnahmen läßt sich nur durch die Detailbeobachtung der Maßnahmen feststellen – mit ein Grund, weswegen wir diese Fälle bis ins winzige Detail verfolgen. Werden sie offenbar, so erscheinen sie von der politischen Seite aus als Loyalitätsverweigerung. Auf die Häuserabbruch-Fälle reagierte die Münchner Stadträtin – und Bewohnerin des Lehel – Ingrid Schönhuber so: »Die aufgeführten Fälle zeigten erneut, daß jedes Nachlassen der öffentlichen Wachsamkeit einer ›Ermunterung zu rücksichtslosem Gewinnstreben‹ von einzelnen oder Gruppen gleichkomme, ›denen eine gesellschaftspolitisch indifferente Beamtenschaft nur wenig Widerstand entgegengesetzt‹«[87]. Der Vorwurf traf konzentriert den als politischen Hierarchiechef gewählten Stadtbaurat – und hieran aktualisierte sich die innerparteiliche Konfliktsfront: die SPD-Sektion Lehel forderte, gegen den Stadtbaurat ein Parteiausschlußverfahren wegen parteischädigenden Verhaltens einzuleiten, denn sein Verhalten stelle einen »schweren Verstoß gegen die kommunalpolitischen Grundsätze der Münchner SPD und gegen die erklärten Bemühungen von OB Kronawitter zur Erhaltung des bestehenden Wohnraums im Lehel dar«[88]. Daß dieser Antrag überhaupt möglich war, war eine Folge der in der Münchner SPD wieder in Gang gekommenen Programmdiskussion. Dem stellten sich jedoch sofort die administrationsloyalen Genossen der SPD-Stadtratsfraktion entgegen: in einem Brief an den SPD-Unterbezirksvorstand erklärten der Fraktionsvorsitzende Hans Preißinger und seine Fraktionskollegen Fritz Schuster und Gerson Peck, »daß der Genosse Zech das Vertrauen der Mehrheit der SPD-Stadtratsfraktion besitzt. Man werde sich mit aller Entschiedenheit dafür einsetzen, ›daß man ihm nicht aus der eigenen Partei heraus den Boden für seine schwierige Aufgabe als Stadtbaurat entzieht und damit die Partei dem Gelächter der Öffentlichkeit ausgesetzt wird‹.«[89] Hier war die Funktion der Partei angesprochen, Loyalität gegenüber dem Handeln der administrativen Instanzen beizubringen und »die Öffentlichkeit« hierzu als Bündnispartner aufgerufen. Doch auch die andere Seite im innerparteilichen Konflikt, die die Loyalität gegenüber dem erklärten Programm vor die Loyalität gegenüber den Maßnahmen der Amtsträger stellte, hatte bereits Fürsprecher in den Massenmedien gewonnen. Otto Vilser, der Lokaljournalist der Süddeutschen Zeitung, schrieb: »Daß die vom Baureferat selbst vorgeschlagene Wiederausweisung des Lehels als allge-

[87] SZ vom 18. 8. 1972.
[88] SZ vom 23. 8. 1972.
[89] SZ vom 2. 9. 1972.

meines Wohngebiet ›in der Tendenz‹ nichts als Schaumschlägerei war, beweisen die Abbrüche von Wohnhäusern in der Tattenbachstraße ... Auch der Stadtrat konnte guten Gewissens glauben, die Erhaltung der Innenstadtrandgebiete als Wohnviertel eingeleitet zu haben. ... Der Stadtrat war ... zu gutgläubig, wie sich jetzt herausstellte. Das Baureferat kümmert sich nämlich recht wenig um Beschlüsse ... Das ist nicht nur ein Affront gegen den in Stadtratsbeschlüssen deutlich zum Ausdruck kommenden Bürgerwillen. Insbesondere wird auch der Oberbürgermeister lächerlich gemacht, der mit einer großangelegten Aktion bekanntlich die leerstehenden Wohnhäuser erfassen und wiederbeleben möchte.«[90] Was also das »Gelächter der Öffentlichkeit« auslösen würde, hing vom Standort in dieser Öffentlichkeit ab. Vor diesem Hintergrund sind die Auseinandersetzungen innerhalb der Münchner SPD zur Zeit des Lehel-Konflikts zu sehen, in der einer politischen »Transfer«-Strategie, die sich an der Funktion der Partei, Vermittler politischer Zielforderungen in den institutionellen Apparat hinein zu sein, orientierte, eine administrative Gegenstrategie entgegentrat, die sich an dem Modell orientierte, eine Partei sei eine Organisation zur Beibringung von Massenkonsens zu den an der Spitze des Institutionenapparats formulierten Programmzielen.

2.4.3. Innerparteilicher Widerstand und die Gegenstrategie der »Abgrenzung«

Bundesweit bekannt wurde dieser Gegensatz in der Münchener SPD durch OB Vogels dramatischen Rücktritt von seiner neuerlichen Kandidatur für das Oberbürgermeisteramt und seine demonstrative Wahl zum Münchener Parteivorsitzenden, nachdem der gegen Vogel oppositionelle Parteivorstand auf einem außerordentlichen Unterbezirksparteitag am 27. 2. 1971 abgewählt worden war. Unter Berufung auf die »gespannte Aufmerksamkeit der ganzen Bundesrepublik«[91] hatte Vogel in dieser Auseinandersetzung die Parole für eine bundesweite »Front gegen die Jusos«[92] ausgegeben. Ein Jahr später jedoch mußte Vogel im Parteivorsitz dem ehemaligen Landesvorsitzenden der Jungsozialisten und seinerzeitigen Mitglied des am 27. 2. 1971 abgewählten Parteivorstandes Rudolf Schöfberger weichen, zog sich aus der Münchener Politik heraus, wurde am 6. 5. 1972 Landesvorsitzender der Bayri-

[90] SZ vom 18. 8. 1972: »Falsches Spiel im Baureferat«.
[91] *Vogel*, a.a.O., S. 231.
[92] So der Titel des SPIEGEL vom 1. 3. 1971.

schen SPD und nach dem SPD-Wahlsieg bei der Bundestagswahl 1972 Bundesminister.

Uns interessieren weniger die von Vogel selbst breit geschilderten persönlichen Aspekte der Auseinandersetzung[93], sondern die Verknüpfung der inhaltlichen mit den parteistrukturellen Aspekten des Konflikts. Am 4. Dezember 1972 schrieb die Süddeutsche Zeitung rückblickend:

»Was in den Münchner Stadtvierteln geschah, das diktierte lange Jahre lang eine selbstgefällige Stadtverwaltung im Verein mit einem in Planungsfragen nur mäßig engagierten Stadtrat. Der Bürger, den die Entscheidungen am eigenen Leib betrafen, hatte seinen Mund zu halten – bis zu jenem Tag, an dem der Bogen überspannt wurde. Der barbarische Prinz-Carl-Palais-Tunnel und die Zerstückelung der Maximilianstraße sowie ganzer gewachsener Wohnviertel durch den Altstadtring waren das Signal, das den Bürger zum erstenmal auf den Plan rief. Als die auf einer Fehlentscheidung des Stadtrats (Kerngebietsausweisung) beruhende schleichende Zerstörung des Stadtteils Lehel immer krassere Ausmaße annahm, schwoll der Ruf nach einer »Demokratisierung« des städtischen Planungswesens zu einem unüberhörbaren Chor an ... Unter dem Motto, die Gesellschaft müsse nicht nur am Arbeitsplatz, sondern auch im Wohnbereich verändert werden, ist der SPD-Parteitag (vom Dezember 1972, d. Verf.) zur Offensive gegen die eigenen Parteifreunde im Rathaus angetreten ...«

Diese innerparteiliche »Offensive« hatte sich Zug um Zug mit dem Aufbrechen der inhaltlich-politischen Probleme der herrschenden administrativen Stadtentwicklungspolitik entwickelt. Bereits bei der Analyse des Trassenkonflikts von 1960 hatten wir gesehen, wie das Problem der sozialen Nutzen- und Lastenverteilung aus der politischen Diskussion verdrängt, »entpolitisiert« worden war. Auch wenn die innerparteiliche Opposition nie völlig verschwand, selbst nach dem großen Wahlerfolg Vogels bei der Wiederwahl nicht[94], gab es in der Partei »bis 1969 nahezu keine Meinungsverschiedenheiten«[95]. OB Vogel »ging zu den Vorstandssitzungen, wenn kommunale Themen zur Diskussion standen, trug mit Hans Preißinger (dem Vorsitzenden der SPD-Stadtratsfraktion, d. Verf.) zusammen vor und fand in aller Regel Zustimmung. Ebenso liefen die Dinge auf den alljährlichen kommunalpolitischen UB-Konferenzen, die es in dieser Form außerhalb Münchens kaum gab. Hans Preißinger und ich referierten ... Die Linie der Stadtratsfraktion und des Oberbürgermeisters wurde einstimmig oder mit überwältigender Mehrheit gebilligt«[96]. Dann jedoch, so

[93] *Vogel*, a.a.O., S. 213–247.
[94] Vgl. dazu: *Vogel*, a.a.O., S. 90.
[95] *Vogel*, a.a.O., S. 215.
[96] Ebd.

schreibt Vogel, wurde »die Strategie zur inhaltlichen Veränderung der Münchener sozialdemokratischen Politik im Grundsatz und im Detail ... immer deutlicher erkennbar. Dem wollten sich meine Freunde und ich nicht kampflos beugen«[97].

Der »inhaltliche« Streitpunkt wird deutlich, wenn man vergleicht, was Vogel selbst auf dem entscheidenden Unterbezirksparteitag vom 27. 2. 1971 als Erfolge seiner Politik heraushob: »München hat als eine der ersten Städte der Bundesrepublik einen Stadtentwicklungsplan erarbeitet, ein Stadtentwicklungsreferat errichtet, mit konkreter Stadtforschung begonnen, offene Planungsverfahren in Gang gesetzt, eine Krankenhausreform verwirklicht, für eine Finanz- und Bodenreform gekämpft, die Münchener Linie der Polizei entwickelt, dem Schienenverkehr gegenüber dem Individualverkehr deutliche Priorität eingeräumt und mit dem Aufbau der Region München begonnen.«[98] Formale Punkte also. Die Frage aber war nun: welchen Inhalt haben diese Formen? Prinz-Carl-Palais, Maximilianstraße und Lehel hatten die Fragen aufgeworfen: welchen sozialen Nutzen schaffen Stadtentwicklungsplan, Stadtentwicklungsreferat, offene Planung und die in München gewählte Anlage des Schienenverkehrs, wem kommen diese Nutzen zugute und wer hat die Lasten zu tragen? Was Vogel als »persönliche Angriffe« aufnahm, ließ sich auf die Frage zurückführen, ob die administrative Stadtentwicklungspolitik nicht gerade jene Entwicklung mit gefördert hatte, die sie in ihren programmatischen Erklärungen selbst als »Krise der Städte« bezeichnet hatte, so daß eine »inhaltliche« Änderung der Stadtentwicklungspolitik erforderlich sei. Diese kritischen Fragen wurden nun in der Partei selbst gestellt. Für den späteren Juso-Bundesvorsitzenden Wolfgang Roth stellte sich der Konflikt in der Münchener SPD auf dem Höhepunkt der Krise 1971 so dar: »Als jetzt die Partei sich wieder verstärkt kommunalpolitischen Fragen zuwandte und die Engpässe in der Münchener Politik genau analysierte, zeigte sich, daß Vogel die Fähigkeit zur Diskussion in der Partei verloren hatte. Die Partei hatte Vogel zwischen 1960 und 1970 aus der Kritik entlassen.«[99] Roth interpretierte den Konflikt vor allem als Problem der »innerparteilichen Demokratie«. In der Tat war mit dem inhaltlichen Streit ein Konflikt über die Funktion der Partei verbunden, der jedoch seine Heftigkeit aus dem Problem des Verhältnisses zu Gruppen außerhalb der Partei gewann. Vogel und seine politischen Freunde waren darüber empört, daß seine innerparteilichen Kritiker »versuchen, Bürger planmäßig gegen die sozialdemokratischen Amts- und Mandatsträger zu mobilisieren« und »zu diesem Zweck auch mit

[97] A.a.O., S. 221.
[98] A.a.O., S. 231 f.
[99] SPIEGEL-Gespräch in der genannten Nummer vom 1. 3. 1971, S. 30.

anderen Gruppen zusammen« arbeiten. Zur Motivierung der Bürger würden »– in sich durchaus folgerichtig – Forderungen erhoben, die überhaupt oder doch auf absehbare Zeit unerfüllbar sind«[100], aber »progressiver und geschlossener und deshalb anziehender« wirkten als die Vorschläge der Richtung, die »die finanziellen Möglichkeiten im Auge behält«[101]. Vogels Kontrahent und Nachfolger im Parteivorsitz ordnete in einem späteren Interview diese Auffassungen zwei gegensätzlichen Rollen zu: die letztere den Kommunalpolitikern »die ja nur innerhalb jener Grenzen Politik machen können, die ihnen durch den Gesetzgeber und durch die Gemeindefinanzen gesetzt sind« und die erstere jenem Politiker und »Abgeordneten, der nicht verwalten muß, sondern sich voll auf die Vertretung der Bürgerinteressen konzentrieren kann«[102]. Der innerparteiliche Streit ging darum: sieht die Struktur einer Partei, die die »Regierungsmehrheit« stellt, auch diese Politiker-Rolle als selbständige vor und damit auch den innerparteilichen Konflikt mit den Amtsträgern? Ist die Partei eine Organisation, die Personen in Ämter bringt und sie prinzipiell unterstützt, im Amt hält und gegen Kritik von außen absichert – eine Auffassung, der die Haltung Preißingers, zuletzt im Konflikt mit Stadtbaurat Zech, entspricht – oder ist die Partei eine Organisation, die programmatische Ziele entwickelt und die Amtsträger daraufhin kontrolliert, daß sie sie einhalten? Dann ist es konsequent, daß Amtsträger aus der eigenen Partei heraus öffentlich kritisiert werden, wenn ihre Maßnahmen den erklärten Zielen widersprechen – und diese Öffentlichkeit bedeutet notwendig auch Gemeinsamkeit mit denen, die außerhalb der Partei die gleiche Kritik erheben. Nun hatten wir gesehen, daß die Nichtübereinstimmung von Maßnahme und Zielsetzung gerade ein Aktionsmuster ist, das der Administration erlaubt, bei legitimatorischer Abhängigkeit von der Programmsetzung doch entsprechend der fiskalischen Abhängigkeit vom ökonomischen Wertschöpfungsprozeß handeln zu können. Die Amtsträger, die dieses Dilemma meist – wie gezeigt – realistisch sehen, wehren sich darum dagegen, daß die strukturelle Abhängigkeit, in der sie stehen, ihnen persönlich zum Vorwurf gemacht wird. Insbesondere dann, wenn dieser zum Abwahlgrund gemacht wird. Sie fordern deshalb von ihrer Parteiorganisation Verständnis und Loyalität. Diejenigen Parteimitglieder jedoch, die der Loyalität gegenüber dem Amtsträger die Loyalität gegenüber den so strukturell immer wieder vernachlässigten Interessen voranstellen – die sie gerade deshalb eben auch »planmäßig mobilisieren« – sehen in öffentlicher Kritik und Abwahl das spezifische Berufsrisiko eines jeden, der sich unter

[100] *Vogel*, a.a.O., S. 243.
[101] A.a.O., S. 246.
[102] SZ vom 25./26. 3. 1972.

den Bedingungen struktureller Abhängigkeit des Staatsapparates in ein politisches Amt wählen läßt. Sie verlangen von ihm, daß er dieses Risiko auch persönlich trägt, weil nur so die strukturelle Abhängigkeit selbst zum politischen Thema gemacht werden kann. Dies der Sinn der politischen »Transfer«-Strategie.

Im Falle Münchens wurde die innerparteiliche Opposition gegen OB Vogel und die administrationsloyale Gruppe um den Fraktionsvorsitzenden von einer Gruppe organisiert, »die mehr oder weniger weitgehend mit der AG der Jungsozialisten identisch war«[103]. Die Jungsozialisten hatten auf ihrem Bundeskongreß in München 1969 im Anschluß an die mit dem CDU-Konzept »der formierten Gesellschaft« und der Auseinandersetzung um die Notstandsgesetze aufgeworfenen Fragen der Entwicklungsrichtung unserer Gesellschaft eine politische Grundsatzdebatte geführt, die eine an den Zielnormen gesellschaftlicher Freiheit und Gleichheit orientierte langfristige Entwicklungsperspektive aufzuzeigen versuchte und so die herrschaftlichen Strukturelemente unserer Gesellschaft politisch in Frage stellte[104].

Grundsatz- und Langfristorientierung verknüpften sich jedoch sehr schnell mit kommunalpolitischer Konkretisierung, da die gesellschaftlichen Strukturdefekte gerade in den Kommunen der Verflechtungsräume an den Ergebnissen des tatsächlichen Entwicklungsprozesses in mehr und mehr Einzelfällen als konkrete politische Probleme sichtbar wurden. In München hatte der Prinz-Carl-Palais-Konflikt bereits 1966 schlagartig das Vertrauen in die Richtigkeit und Fortschrittlichkeit der herrschenden Entwicklungsrichtung erschüttert, auch wenn die strukturelle Ungleichheit der sozialen Nutzen- und Lastenverteilung noch nicht so deutlich wurde wie im Lehel-Fall. Im Februar 1970, also zur Zeit des Anlaufs des Lehel-Konfliktes wird in München jener UB-Vorstand gewählt, der sich auf die administrationskritische Gruppe in der Münchener SPD stützt. Im September 1970, mitten in der Lehel-Krise, legt eine Gruppe Münchener Jungsozialisten ein kommunalpolitisches Programm vor, das Langfristforderungen[105] mit dem Prinzip verknüpft, die unmittelbare politische Arbeit an *den* Problemen anzusetzen, »die die Bevölkerung selbst erkannt hat«[106]. Das Programm soll auf einer großen Bundeskonferenz der Jusos im April 1971 diskutiert werden. Überall in der Bundesrepublik beginnen Jungsozialisten kom-

[103] *Vogel*, a.a.O., S. 219.

[104] Die Beschlüsse sind abgedruckt in: Reihe Jugend Heft 1, hrsg. vom SPD-Vorstand, Bonn 1970. Vgl. vor allem S. 9 f. und S. 35 f.: »Thesen zur Notwendigkeit einer langfristigen Zielvorstellung zur Gesellschafts- und Wirtschaftspolitik.

[105] Kritisch dazu: *Vogel*, a.a.O., S. 225.

[106] SPIEGEL vom 1. 3. 1971, S. 26.

munalpolitische ad-hoc-Aktionen zu beginnen und zu unterstützen, die sich gegen Planungen und Maßnahmen von der SPD getragener Stadtverwaltungen richten[107]. Wolfgang Roth sagte in dem genannten Spiegel-Gespräch: »Wir haben in defekten gesellschaftlichen Bereichen zu arbeiten begonnen.«[108] An den Aktionen sind die DKP und andere politische Gruppierungen, die sich links von ihr einordnen, beteiligt[109]. Damit war das Problem der »Aktionseinheit« aufgeworfen, das den Jusos den von Vogel erhobenen Vorwurf eintrug, mit »anderen Gruppen« zusammenzuarbeiten, um die Bürger gegen die Amtsträger der eigenen Partei zu mobilisieren und so die Identität der SPD als Partei in Frage zu stellen. Wolfgang Roth formulierte den Standpunkt der Jusos so: »Aktionen durchzuführen, an denen auch Kommunisten beteiligt sind, wie es im Rahmen unserer eigenen Zielsetzungen angebracht erscheint. Aber auf keinen Fall werden wir mit Kommunisten gemeinsam langfristige Perspektiven entwickeln.«[110]

Im Falle Münchens sah die Situation der Vogel-Administration zu Beginn des Jahres 1971 so aus: sie war von seiten der Lehel-Aktionen und der innerparteilischen Opposition her einem doppelten politischen Angriff ausgesetzt, der ihre bisher betriebene Stadtentwicklungspolitik »im Grundsatz und im Detail« kritisch in Frage stellte und »inhaltlich« verändern wollte. Das Grundsätzliche der Stadtentwicklungspolitik, Förderung und Vorantreiben der city-orientierten Agglomeration auf der Basis der Trennung von Wohnstätten an den Haltestätten des Verkehrssterns »draußen« und Arbeits- und Einkaufsstätten in der City »drinnen«, war in seiner sozialen Problematik am Detail des Lehel ad hoc politisch streitig geworden. Die ad hoc Politisierung durch die Lehel-Aktionen hatte die Administration bereits begonnen, durch den Verfahrenstyp der »offenen Planung« administrativ aufzufangen und auf die Flächennutzungsplanalternativen kleinzuarbeiten. Die innerparteiliche Opposition war für sie gefährlicher, weil sie den im Lehel ad hoc organisierten Widerstand gerade in jener politischen Input-Struktur organisatorisch verfestigte, die ihre auf allgemeinen Wahlen beruhende Legitimation vermittelte: die Mehrheit der Bürger hatte SPD gewählt. Der 1970 gewählte Parteivorstand war nicht willens, sich in der innerparteilichen Auseinandersetzung eindeutig auf die Administrationsseite zu schlagen und sie gegen die Kritiker aus der eigenen Partei in Schutz zu nehmen. Vor dem Hintergrund des mit der »Zerstörung des Stadtteils Lehel« »zu einem unüberhörbaren Chor« angeschwollenen »Ruf nach einer Demokratisierung des städtischen

107 Vgl. dazu die Zusammenstellung des SPIEGEL, a.a.O., S. 21 ff.
108 A.a.O., S. 33.
109 Zum Lehel vgl. *Hoffmann/Patellis*, a.a.O., S. 96 f., 102 ff.
110 In dem SPIEGEL-Gespräch, a.a.O., S. 32.

Planungswesens«[111] begann sich nun auch innerhalb der Mehrheitspartei der bisherige, von OB und Fraktionsvorsitz zu den Parteigremien verlaufende hierarchische Willensbildungsprozeß umzukehren. In dieser Situation wählte OB Vogel die Gegenstrategie des Ausbruchs aus dem sich abzeichnenden administrativen Getto in Richtung auf die Partei. Er legte die erneute OB-Kandidatur nieder, seine Freunde sammelten Unterschriften für einen Mißtrauensantrag gegen den Parteivorstand, Vogel selbst bewarb sich um den Posten des Münchener SPD-Vorsitzenden. Diese Strategie zielte auf eine Entpolitisierung der in München aufgebrochenen Kontroverse um die Inhalte der Stadtentwicklungspolitik, indem sie den Kernpunkt des Konflikts auf die Ebene der Organisationspolitik der SPD insgesamt und die Frage der Loyalität gegenüber Vogel zur Frage der Loyalität gegenüber Willy Brandt verschob. Die »Aktionseinheit«, die sich gerade an der konkreten Aktualisierung inhaltlicher Stadtentwicklungsprobleme gebildet hatte, erschien nun unter organisatorischem Aspekt als der Punkt, an dem sich die Geister scheiden: »In Bonn benutzte man die Münchener Vorgänge, um am 26. 2. im Parteivorstand und Parteirat den Abgrenzungsbeschluß gegenüber kommunistischen und anarchistischen Gruppen zu bekräftigen und zu präzisieren«[112], wobei Vogel als »der Chef-Ankläger der Jusos«[113] auftrat. Und: »Ist es keine bedenkliche Verwischung der Trennungslinie gegenüber dem Kommunismus«, rief Vogel auf dem entscheidenden UB-Parteitag zur Abwahl des Münchener Vorstandes am 27. 2. 1971 aus, »wenn gerade die Genossin Rohn im Auftrag des Unterbezirksvorstands mit zwei oder drei anderen Mitgliedern des Parteirats noch gestern gegen die Vorlagen Willy Brandts über die Abgrenzung der Sozialdemokratie gegen Kommunismus und Anarchismus stimmt?«[114] Vogel sah den Aufbau der »Front gegen die Jusos« bereits vorwiegend unter dem Aspekt der Bundespolitik: »Mein entscheidender Beweggrund«, so schreibt er, »war die Sorge, daß die SPD-Bundesregierung eine Episode bleibt« und »daß die Millionen, die wir zusätzlich brauchen, um auch nach 1973 regieren zu können, durch diesen Kurs abgestoßen werden«[115].

In der Tat war 1971 durchaus offen, ob der Abschluß der Ostverträge der SPD von der Bundeswählerschaft als abschreckende »Kommunisten-Kumpanei«[116] ausgelegt werden würde, so daß die innenpolitische »Abgrenzung« ihre Wahlchancen erhöhen würde. Der wahl-

[111] SZ vom 4. 12. 1972.
[112] *Vogel,* a.a.O., S. 229.
[113] DER SPIEGEL, a.a.O., S. 20.
[114] *Vogel,* a.a.O., S. 234.
[115] *Vogel,* a.a.O., S. 235.
[116] DER SPIEGEL, a.a.O., S. 23.

taktischen Ausnutzung der angenommenen Kommunistenfurcht lag darum, wenn man so will, ebenfalls eine politische »Transfer«-Strategie zugrunde, nämlich die Frage der Bodenrechtsreform von der Kommunal- auf die Bundesebene zu bugsieren und dort zum politischen Thema zu machen. Das bedeutete inhaltlich jedoch zugleich die vom Verstädterungsprozeß in den Verflechtungsräumen aufgeworfenen politischen Probleme primär durch die Brille des Bodenrechts zu sehen und weitergehende Problemanalysen aus der politischen Diskussion auszuschließen[117]. Denn eine konsequente Handhabung des innerparteilichen Verbots von »Aktionsgemeinsamkeiten« mußte alle Argumentationen als unzulässig aus der öffentlichen Diskussion ausschließen, die in ihr auch von Kommunisten vertreten werden.

Die Unterscheidung von »zulässigen« und »unzulässigen« Politisierungen nach dem Kriterium, welche politische Organisation daran beteiligt ist, eröffnet die am weitesten in das politische Vorfeld hinausgreifende administrative Strategie zur Absicherung ihrer Handlungsmuster. Sie verlegt die »organisatorische Disjunktion« von der innerparteilichen Grenze zwischen Vorstand und Mitgliedschaft, an die Vogel sie in München mit der Übernahme des Parteivorsitzes kurzfristig wieder hatte verlegen können, bis zur Grenze zwischen Parteimitgliedern und Nichtmitgliedern vor und versucht, diese Grenze dichtzumachen. Diese Grenzziehung erlaubt es, die innerparteiliche Opposition von außerparteilichen Aktionen abzutrennen und mit den innerorganisatorischen Mitteln der Parteidisziplin unter Kontrolle zu halten. Ad-hoc-Aktionen lassen sich als politisch unzulässig durch polizeiliche Gewalt disziplinieren, wenn sie von politisch »illegitimen« Organisationen getragen oder unterstützt werden.

Im innerparteilichen Feld zeigte sich der Widerstreit dieser Strategien im München der Nach-Vogel-Ära an dem Versuch, ein Mitglied der mit der Stadtratswahl 1972 in die Fraktion vorgedrungenen Oppositionsgruppe mit Hilfe des »Unvereinbarkeitsbeschlusses« zu Fall zu bringen. Für das polizeiliche Vorgehen gegen ad-hoc-Aktionen zu Stadtentwicklungsproblemen von der Art der Lehel-Zerstörung steht die Geschichte der Häuserbesetzungen und Demonstrationen im Frankfurter Westend[118].

[117] Vgl. Vogels Diskussionsbeitrag auf der Kommunalpolitischen Juso-Konferenz im April 1971 in Mannheim, in: *Wolfgang Roth* (Hrsg.), Kommunalpolitik für wen?, Reinbek 1971, S. 146.

[118] Zu einem frühen Fall zur Zeit des Lehel-Konflikts vgl. DIE ZEIT Nr. 41 vom 8. 10. 1971, S. 11 »Das Ende einer Hausbesetzung in Frankfurt – Tränengas, Schlagstöcke und Steine – Straßenschlacht um soziales Wohnen«.

3. Die Ratio der administrativen »Rationalisierung« und ihre Ultima Ratio

Die Befunde zur herrschenden Politik der Verstädterungen zeigen die reale Tendenz, durch die verschiedensten Grenzziehungen mit Filterfunktion das administrative Handeln von den inhaltlichen sozialen Problemen und der Anleitung durch den demokratischen Willensbildungsprozeß abzukoppeln. Daß diese Strategie zur Entpolitisierung der Politik als Rationalisierungsstrategie ausgegeben werden kann, ist eine Leistung der Verwaltungswissenschaft – genauer gesagt, der auf Politik und Verwaltung angewendeten modernen Systemtheorie[119] und ihres fremdwortreichen verschleiernden Jargons. Aus den widersprüchlichen institutionellen Strukturelementen – Parlamenten, Verwaltung und Gerichten – macht sie das Staatsverwaltungssystem mit der Gewaltenteilung als Innendifferenzierung. Da das System aus institutionellen Rollenbeschrieben besteht, in der Systemsprache: aus »generalisierten Verhaltenserwartungen«, d. h. also nicht aus den Stelleninhabern selbst, verlaufen die Grenzen des Systems gegenüber dem eigenen Personal, dem Publikum und »der Politik«, die die Umwelt des Systems bilden. Die Funktion des Systems ist, laufend Entscheidungen zu fällen. Soweit die Beschreibung. Die Empfehlung der Systemtheorie lautet: »Invarianthalten« der Systemgrenzen, also Abtrennung der laufenden Entscheidungsfindung von der Politik, Beschränkung der Politik auf die Beibringung »generalisierten Konsenses« für die »Selektionsleistungen« des Systems, interne Selbstprogrammierung, Verstärkung der Selektivität durch wissenschaftliche Selbstreflexion der Verwaltung[120]. Warum? Die Außenlenkung der Verwaltung über den demokratischen Willensbildungsprozeß ist ein Irrglaube, Wählen unter Alternativen geht nur systemintern, Entscheiden im Verwaltungsapparat ist der Inbegriff gesellschaftlicher Selbstbestimmung und darf deshalb von Politik und Publikum nicht gestört werden. Warum? Die Umwelt von Politik und Publikum ist für den Systembestand gefährlich komplex, die Komplexität muß systemintern reduziert werden, um den Bestand zu sichern. Wie geschieht das? »Die Umweltproblematik wird in systemeigene Begriffe gefaßt, als systemeigene Problematik

[119] Die knappste Zusammenfassung findet sich unter dem Stichwort »Entwurf«, in: *Niklas Luhmann*, Theorie der Verwaltungswissenschaft, Köln 1966, S. 63 ff.

[120] *Niklas Luhmann*, Politikbegriffe und die »Politisierung« der Verwaltung, in: Demokratie und Verwaltung, Schriftenreihe der Hochschule Speyer, Bd. 50, Berlin 1972, S. 211 ff. (228).

widergespiegelt und nach gelernten Reaktionsmustern bearbeitet. Deshalb kann man sagen, daß ein System rational ist in dem Maße, als es seine Probleme bestandssicher formulieren und lösen kann. Rationalität in diesem Sinne ist mithin eine Systemkategorie. Sie bezieht sich nicht auf inhaltlich vorgezeichnete Werte oder Wirkungen des Handelns, sondern auf Erhaltung einer relativ einfachen, begrenzten und dadurch dem menschlichen Erlebnispotential angepaßten Systemordnung in einer überkomplexen Welt.«[121]

Also: Jedes System, das seine Probleme bestandssicher formulieren und lösen kann, ist rational. Wie es das fertigbringt, zu wessen Gunsten und zu wessen Lasten, ist gleichgültig, denn Rationalität bezieht sich nicht auf inhaltlich vorgezeichnete Normen, beispielsweise auch nicht auf die Zielnormen des Grundgesetzes. Unter dem Aspekt des Systembestandes sind alle Lösungen gleich – »funktional äquivalent«, wie es bei Luhmann heißt – herrschaftliche und freiheitliche, gewaltsame, die den generalisierten Konsens erzwingen, und friedliche, die ihn durch Überzeugung gewinnen. Soweit der Beitrag der Wissenschaft zur Aufhebung des politischen Unterscheidungsvermögens, der alle Strategien zur Bestandssicherung einer institutionellen Systemordnung für rational erklärt, wenn sie nur Erfolg haben.

Sich das klarzumachen ist wichtig, weil nur auf dem Hintergrund dieser nach rechts gewendeten Systemtheorie das Reden von der »Systemüberwindung« verständlich wird. Die zentralen Empfehlungen der Systemtheorie nämlich stehen eindeutig im Widerspruch zu den Zielnormen des Grundgesetzes. Die Bürokratie zur gesellschaftlichen Steuerungszentrale und zum Inbegriff der Selbstbestimmung zu erheben, widerspricht der grundgesetzlichen Zielrichtung, die sie auf eine lediglich »vollziehende« Gewalt (Art. 20 Abs. 2 GG) beschränkt wissen will, die vom Prozeß demokratischer Politik angeleitet werden soll. Die Grenzziehung zur Politik, die diese auf den Prozeß der Beibringung allgemeinen Konsenses, also praktisch die Akklamation, beschränken will – und so die Verwaltung voll der Seite der fiskalischen Abhängigkeit ausliefert – steht deshalb nicht im Einklang mit den Zielnormen des Grundgesetzes. Wer ihnen zu geschichtlicher Wirksamkeit verhelfen will, muß freilich diese Art von System überwinden. Allerdings fällt die Rede von der Systemüberwindung selbst oft dem Verwirrspiel der Systemsprache zum Opfer, wenn sie die Theorie schon für volle Wirklichkeit hält und als geschlossenes System wahrnimmt, was in Wahrheit eine widersprüchliche Struktur aus gegensätzlichen Elementen und Strategien ist.

Der moderne Begriff der Systemrationalität tilgt gerade das Ele-

[121] *Luhmann*, Theorie der Verwaltungswissenschaft, a.a.O., S. 92.

ment, das dem Begriff der Rationalisierung den Sinn gibt, das Element der Ratio, dessen Wortsinn die vernünftige Berechnung ist. Es verschwindet die Vernunft, es bleibt die Berechnung in der Form des ökonomisch-fiskalischen Kalküls allein übrig. Auch das ist ein Teil der Strategie, die legitimatorischen Ansprüche soweit zu entleeren, daß sich mit ihnen alles rechtfertigen läßt und sie nichts mehr anmahnen.

Auf eine solche Ausflucht ist die administrative Rationalisierungsstrategie auch angewiesen. Zwar kann sie den anscheinend so ›weichen‹ politischen Zielkriterien gesellschaftlicher Freiheit und Gleichheit das »harte« Kostenkalkül entgegenstellen. Doch muß sie sich immer noch ihnen gegenüber rechtfertigen. Und das fällt ihr um so schwerer, da ihr Trumpf des Knappheitsarguments gezinkt ist. Es spiegelt nicht die wirkliche gesellschaftliche Knappheit wider, nämlich die Grenzen der natürlichen Ressourcen und des gesellschaftlichen Arbeitsvermögens. Es spiegelt lediglich die künstliche Knappheit des aus zweiter Hand finanzierten Staatshaushalts.

Und da ihr der Weg einer wirksamen Ausdehnung des »staatlichen Korridors« auf Kosten der privaten Wertschöpfung, den sie selbst für vernünftig erklärt, aufgrund der eigenen fiskalischen Abhängigkeit von ihr verbaut ist, muß sie das Gegenteil von dem tun, was sie will. Sie muß bei eben den öffentlichen Dienstleistungen sparen, die sie erweitern will, weil in einer entwickelten und das heißt verstädterten Gesellschaft das Lebensniveau der Vielen zunehmend von einer solchen Erweiterung abhängt.

Wir können nun einen generellen Schluß ziehen: Die Galbraith'sche Hoffnung, »der Staat« der modernen Industriegesellschaft werde die außer rationale Kontrolle geratene Warenproduktion des »Industriesystems« wieder »in den Dienst sozialer Ziele stellen«, geht im Wege der herrschenden Ausgabenrationalisierung nicht auf. Sie kann auch nicht aufgehen, weil der bürokratisch organisierte Staatsapparat selbst eine Herrschaftsstruktur ist, die im Hinblick auf jene von Galbraith gemeinten sozialen Zielsetzungen selbst der politischen Außensteuerung bedarf. Diese aber sucht die administrative »Rationalisierungs«-Strategie gerade abzukappen. Damit beraubt sie sich selbst der politischen Kraft, die erforderlich wäre, um die fiskalische Abhängigkeit zu lösen und liefert sich ihr stattdessen um so stärker aus. Zur Lenkung der Entwicklung in Richtung auf die sozialen Zielsetzungen gesellschaftlicher Freiheit und Gleichheit ist eine *politische* »Strategie der äußeren Linie« über den demokratischen Willensbildungsprozeß erforderlich. Der Staatsapparat bringt aus sich selbst stets die Tendenz zur Verselbständigung der Administration gegenüber der Politik hervor, die die herrschaftlichen Strukturelemente auf Kosten der demokratischen Zielansprüche stärkt.

Daraus folgt auch ihre große Gefahr. Denn die mangelnde Überzeugungskraft dessen, was sie als Rationalisierung ausgibt, ist durch Gewalt ersetzbar. Spricht sich herum, daß die Ratio, die Vernunft, aus der herrschenden »Rationalisierung« getilgt ist, liegt für die Herrschenden der Rückgriff auf die »Ultima Ratio« nahe. Und die Ultima Ratio der Herrschaft war stets die Gewalt. Aus diesem Grunde ist die Ansammlung und Konzentration von staatlichem Gewaltpotential in der Demokratie so bedenklich und steter Anlaß zur Wachsamkeit. Denn Gewaltsamkeit als Ersatz für rationale Überzeugung trifft zunächst jene, die an der Rationalität der herrschenden Politik Zweifel äußern und die man deshalb aus der Politik auszuschließen versucht. Doch dieser Zweifel ist das politisch fruchtbare und historisch weiterbringende Element, das freilich nur um den Preis der Auseinandersetzung mit historisch rückwärts gewandten Positionen zu haben ist. Das Verbot politischer Kritik in der Form des Verbots politischer Parteien ist deshalb für eine freiheitlich-demokratische Verfassung ebenso absurd, wie die Aberkennung individueller Grundrechte. Grundrechte können nicht aberkannt werden oder sie sind keine. Daß das Grundgesetz beides zuläßt, widerspricht seinen eigenen Zielgrundsätzen und ist nur aus der Angstsituation zur Zeit seiner Entstehung erklärbar. Die Vernunft der Demokratie zeigt sich in der Nichtanwendung dieser Vorschriften, die im Falle der individuellen Grundrechtsaberkennung bisher durchgehalten wurde, während im Falle des Parteiverbots der Sündenfall von 1956 durch die Tolerierung von NPD und DKP korrigiert werden sollte. Zwar wird keine Rechtsordnung umhin können, terroristische Akte zu verbieten. Der politische Terrorist als Überzeugungstäter muß es stets auf sich nehmen, sowohl Verbrecher als auch Märtyrer zu sein. Der Unterschied, den eine freiheitlich-demokratische Verfassung machen muß, liegt darin, daß sie zwar konkrete gewaltsame Handlungen verbieten, politische Kritik aber als solche nicht unterdrücken darf – sei es in Form des Parteiverbots, der Grundrechtsbeschränkung oder der beruflichen Benachteiligung – ohne sich selbst als unfreiheitliche zu überführen. Die Bereitschaft, die institutionelle Gewaltsamkeit des Staates nicht nur zur Ahndung konkreter, vom Strafgesetztatbestand klar bezeichneter Gewaltakte einzusetzen, sondern um radikale politische Kritik aus der öffentlichen Diskussion auszuschließen, ist das sichere Zeichen einer herrschaftlichen Politik, die mit Gewalt aufrecht erhalten will, was gegenüber politischer Kritik rational nicht zu rechtfertigen ist.

3. Teil: Politik der Verstädterung als politische Strategie

1. Entwicklungsperspektiven der städtischen Krise

Das strukturelle Problem

Fassen wir noch einmal zusammen, was wir für das wesentliche Strukturproblem städtischer Entwicklung in der schon entwickelten westlichen Gesellschaft halten: Die verselbständigte, organisatorisch und räumlich konzentrierte Warenproduktion läßt sich nicht mehr im Zaum ihres historischen Sinnes halten, nämlich jene Güterfülle herzustellen, die die Abhängigkeit der Menschen von der Natur aufhebt. Sie muß unabhängig davon ständig neue Produkte auf den Markt werfen und »vermarkten«, weil ihre innere Uhr der Akkumulation auf Warenvermehrung eingestellt ist. Die Ausbeutung der Natur, die zur Beseitigung der Abhängigkeit von ihr erforderlich war, schießt über das rationale Maß hinaus, ihre destruktiven Züge der Erschöpfung natürlicher Ressourcen innerhalb wie außerhalb der menschlichen Natur treten deshalb so deutlich hervor. Dem Staat, der diese Schäden kompensieren sollte, sind aufgrund seiner eigenen fiskalischen Abhängigkeit von diesem Prozeß die Hände gebunden, seine Strategie der Ausgabenrationalisierung, die ihn institutionell im Gleichgewicht halten soll, trifft gerade die öffentlichen Dienstleistungen. Und genau deren Erweiterung wäre zur Kompensation jener Schäden, zur Herstellung von Lebensqualität unter den Bedingungen verstädterter Lebensweise erforderlich. Die Entwicklungsrichtung des gesellschaftlichen Arbeitsprozesses, die eine qualitative Weiterentwicklung der schon entwickelten Gesellschaft erlaubte, wird von der gegenwärtigen Produktionsstruktur blockiert. Die Fortschreibung dieser Struktur eröffnet also einen durchaus krisenhaften Ausblick. Vor allem zwei Krisenherde sind es, an denen die Unzulänglichkeit der gegenwärtigen Struktur der Wertschöpfung immer wieder aufbricht: die andauernde Weltwährungskrise als der Überschußkrise des internationalen Geldüberhangs, der neue Verwertungs- und Anlagemöglichkeiten sucht und dessen inflationstreibende Kraft die nationalen Regierungen in Atem hält – und die andauernde Krise der städtischen Lebensbedingungen als der Erscheinungsform der Mangelkrise, in der sich am anderen Ende die Finanzdecke immer wieder als zu kurz erweist, und die sich in immer neuen Protestaktionen der Bevölkerung ausdrückt. Die Widersprüchlichkeit der gegenwärtigen gesellschaftlichen Struktur wird bewirken, daß vor allem an diesen beiden Herden immer wieder aktuelle Krisen auftreten. Sie werden sich jedoch nicht zu der großen ökonomischen Zusammenbruchskrise aufaddieren, von der manche hoffen, die gesellschaftliche Vernunft werde ihnen dann wie eine reife Frucht vom Baume der Geschichte in den Schoß fallen, wenn sie nur lange genug zu warten wüßten. Hier spricht das historische Beispiel der deutschen Bewältigung der Weltwirtschaftskrise eine zu deutliche Sprache. Gehen wir auf den städtischen Krisenherd noch etwas genauer ein. Hier zeichnen sich zwei entgegengesetzte, für die städtische Bevölkerung in ihrer Konsequenz jedoch gleich bedrohliche Entwicklungsrichtungen ab.

Weitere Agglomeration oder Entleerung der Städte?

Halten die Bedingungen gegenwärtiger Warenproduktion an, ist ferner das politische System in der Lage, die Investitionsneigung der Unternehmen aufrecht zu erhalten, so werden jene Perspektiven relevant, die eine fast totale Verstädterung der entwickelten westlichen Gesellschaften voraussagen. Das heißt nicht nur, daß 90 % der Bevölkerung in Verflechtungsräumen wohnen werden, sondern daß zugleich dieser Bevölkerungsanteil den sich kumulierenden Belastungen dieser gesellschaftlichen und physischen Umwelt ausgesetzt ist. Es ist nicht nur die Abhängigkeit von einer physisch entfremdeten Umwelt, in der die ökonomisch nicht verwertbaren Freiräume schwinden. Es ist auch die Abhängigkeit von Dienstleistungen, die gegenüber der materiellen Güterproduktion nicht rationalisiert werden können, und die als sozialstaatliche Leistungen vermittelt werden müssen. Ihr Nachhinken wird systematisch nicht behoben, solange sie nur aus der fiskalischen Abschöpfung von der Warenproduktion bestritten werden können. Die Themen »Wohnen«, »Umweltverbesserung«, »Kommunikations- und sozialer Freiraum« werden nicht verschwinden, vielmehr aktualisiert werden – unter welchen technologischen Formen der eingangs zitierten »flexiblen, dichten und mobilen« Raumstadt auch immer. Die Perspektive zunehmender Verstädterung, die veräußerlichte »urbane Gesellschaft« ist das gängige Zukunftsmuster. Aber es ist nicht das einzig mögliche. Zunächst können sich die immanenten Bedingungen des Warenproduktionsprozesses ändern. Eine noch weiter automatisierte Produktion mag sich aus den historischen Bindungen an die Verflechtung um historische Städte vollends lösen: der überdurchschnittliche Anstieg der Grundrente mag als Kostenfaktor die Güterproduktion auf völlig grüner Wiese begünstigen. Unmittelbare menschliche Kontakte der Dienstleistungen für die Verteilung von Waren können durch Telekommunikation ersetzt werden. Steigen die Belastungen städtischer

Umwelt zu stark an, werden auch die administrativen Entscheidungszentren in die intakteren und gehobenen Randzonen der Verflechtungsräume ausweichen. Finden schließlich zu hohe fiskalische Abschöpfungen statt, geht die Kuh tatsächlich von der Weide: das Kapital verlagert seine Produktionsstätten in neue Absatzmärkte selbst. Das wäre die logische Fortsetzung der heutigen Ersetzung von Arbeitskraftimport durch Kapitalexport.

Ein weiteres Moment bildet die heute akut gewordene Wachstumskrise. Der stoffliche Produktionsprozeß und Verbrauchsprozeß, d. h. die Verarbeitung natürlicher Ressourcen zu marktfähigen Waren und ihre anschließenden Ablagerung durch Gebrauch, stößt an eine physische Grenze. Was von den physischen Anforderungen eine Verminderung des materiellen Verschleißes, eine bessere Ausnutzung der Materialien heißen mag, kann sich umsetzen in eine extreme räumliche Dezentralisation: Ist das Zeitalter des billigen Massenkonsums vorbei, stößt der materielle Produktionsprozeß an die obere Decke, so entfällt auch die Voraussetzung städtischer Agglomeration als Sphäre gesteigerter Güterproduktion und des entsprechenden Verbrauchs. Jedem Einwohner sein Gemüsebeet, größte Selbstversorgung auf geringerem Lebensstandard mag dann die Losung sein.

Und das heißt für die Bewohner der städtischen Zentren: rette sich, wer kann.

Krise als politische Entscheidungssituation

Aktuelle Krisen stellen Auswahlsituationen dar, in denen sich die Probleme so zuspitzen, daß neue Handlungswege gewählt werden müssen. Sie sind die Situationen der Unruhe, in denen offenbar wird, daß unsicher ist, was sicher schien. Sie können bei den Betroffenen stets Angst und Hoffnung zugleich auslösen. Die angstauslösende Wirkung der Krise ist stets der Anknüpfungspunkt von Strategien zur Festigung der bestehenden Herrschaft. In diesem Gleis kann eine geschickte Handhabung des staatlichen Drohpotentials, beispielsweise mit einem gezielten Herausgreifen von Sündenböcken in Situationen sich zusammenballender Unruhe in der Tat aus einem Gramm Gewalt ein Pfund Schrecken gewinnen, wie Bertram Groß[1] es ausgedrückt hat. Der verstärkte Rückgriff auf staatliche Gewalt als die institutionelle Strategie in Krisensituationen kann durchaus erfolgreich sein. Hat diese gesteigerte Möglichkeiten der sozialen Kontrolle und Disziplinierung zur Verfügung, so können sich zusätzlich die Bedingungen politischer Meinungs-

[1] *Bertram M. Groß*, Friendly Fascism – A Model for America, in: Social Policy, Vol. 1 (1970).

äußerung, Interessenartikulation und Diskussion weiter verschlechtern. Verstädterung, wo sie unmittelbare Lebenszusammenhänge auseinanderreißt, wo kaserniertes Wohnen und kaserniertes Arbeiten in völlig verschiedenen Welten von Schlafstadt und Geschäftscity stattfindet, wo soziale Abschottung Fremdarbeiter, Facharbeiter, Angestellte und Beamte, leitende Funktionäre aseptisch voneinander trennt, wo nur noch Wohnen, Arbeiten, Versorgen, Erholen in ihrer reinen Form vorherrschen, aber nirgends mehr ein Lebenszusammenhang sichtbar wird, da ist das schrittweise Abgleiten in den städtisch-freundlichen Faschismus, vor dem Bertram Groß gewarnt hat, eine reale Möglichkeit.

2. Welcher Fortschritt ist für die verstädterte Gesellschaft möglich?

Die Frage darf wieder gestellt werden

Doch es gibt auch Anzeichen, daß die Karte der Angst überreizt werden kann: die Drohung mit der Gefahr aus dem Osten und der materiellen Not ist angesichts der veränderten Weltlage nicht mehr so wirksam wie 1948. Hohe Arbeitsproduktivität und Aktiengesellschaften, in denen sich Kommunisten und Kapitalisten die Anteile 51:49 teilen, sprechen eine andere Sprache. Auch ist es wieder erlaubt, über die weitere Entwicklung der schon entwickelten westlichen Gesellschaft nachzudenken. Die anscheinend so unveränderliche Alternative zwischen östlichem und westlichem System, wie sie sich 1948 zu stellen schien, hat sich zunehmend differenziert. Halten wir kurz die Fixpunkte der Entwicklung fest:

Das letzte Wort zu einer über die kapitalistische Gesellschaftsformation hinausweisenden Entwicklung in Richtung auf die Zielnormen gesellschaftlicher Freiheit und Gleichheit war in der deutschen Geschichte der Zielbegriff der Arbeiterbewegung, der »Sozialismus« gewesen. Was Sozialismus inhaltlich sei, schien lange durch den von der Sowjetunion eingeschlagenen Entwicklungsweg definiert. Rossana Rossanda[2] hat das Dilemma der westeuropäischen Linken angesichts der Wirklichkeit des Sozialismus als Staatsmacht beschrieben. Diese Wirklichkeit widersprach ihren eigenen Zielvorstellungen, wie sie das Kommunistische Manifest von 1848 formuliert hatte: »An die Stelle der alten bürgerlichen Gesellschaft mit ihren Klassen und Klassengegensätzen tritt eine Assoziation, worin die freie Entwicklung eines jeden die Bedingung für die freie Entwicklung aller ist.«[3] Doch die sowjetische Staatsmacht war eben die einzige nachkapitalistische und schien so allein einen Fortschrittsweg offenzuhalten. Praktische Politik schien so lange nur zwischen zwei Übeln der Gewaltsamkeit das geringere wählen zu können. Am Ende schien es sogar, als richteten sich die sowjetischen Entwicklungsziele darauf, das zu erreichen, was die entwickelten westlichen Länder schon hatten. Das machte wieder bewußt, daß die Sowjetunion ein Entwicklungsland war, das über eine forcierte Industrialisierung die Fülle verbrauchbarer Güter und Dienstleistungen der entwickelten Länder erst erreichen mußte. Unter der Parole

[2] *Rossana Rossanda*, in: Der Sozialismus als Staatsmacht. Ein Dilemma und fünf Berichte, Kursbuch 30, 1972, S. 1 ff.
[3] Zitiert nach Einzelausgabe Berlin 1955, S. 34.

des »Einholens« und »Überholens« wurden Konsumstandards entwickelter kapitalistischer Gesellschaften plötzlich zu inhaltlichen Kriterien sozialistischer Entwicklung. Die innersozialistische Kritik am sowjetischen Entwicklungsmodell, sei es von jugoslawischen, chinesischen oder vom Standpunkt der westeuropäischen kommunistischen Parteien aus, machte wieder bewußt, daß die marxistische Theorie kein ausgearbeitetes Zielmodell gesellschaftlicher Entwicklung enthielt und jeder praktisch eingeschlagene Entwicklungsweg Anlaß zur Kritik bot. Die Blokkierung, die das sowjetische Entwicklungsmodell in den Köpfen derer ausgelöst hatte, die über die weitere Entwicklung der westlichen Gesellschaft nachdachten, löste sich. Das Starren auf das sowjetische Modell – sowohl als Vorbild wie als Abschreckung – als der einzigen Alternative zum gegenwärtigen Gesellschaftszustand wich der nüchternen Einschätzung, daß jede Gesellschaft von ihren eigenen Strukturbedingungen und Entwicklungsstadien aus über ihre Weiterentwicklung nachzudenken habe. Damit ist zugleich das gängige Argument hinfällig, weil auch die Sowjetunion ihre Verstädterungs- und Umweltprobleme habe, gäbe es zu den unsrigen keine alternativen Lösungsmöglichkeiten.

Rückblick auf das politische Programm: Fortschritt von der herrschaftlichen zur freiheitlichen Vergesellschaftung

Die Idee des gesellschaftlichen Fortschritts erhielt für die entwickelten westlichen Gesellschaften eine neue Chance. Sie erschienen wieder als Stadien im Geschichtsprozeß und ihre strukturelle Widersprüchlichkeit als Momentaufnahme in einem historischen Auseinandersetzungsprozeß gegensätzlicher Kräfte und Interessen. Die Strategien zur Absicherung bestehender Herrschaftspositionen wurden wieder als solche erkennbar. Ansätze zur Neuformulierung von Strategien gesellschaftlichen Fortschritts besannen sich wieder auf Anknüpfungspunkte an historische Entwicklungslinien. »Fortschritt« hatte stets das Vorantreiben des Geschichtsprozesses in Richtung auf gesellschaftliche Freiheit und Gleichheit und deshalb den Kampf gegen die Elemente gesellschaftsstruktureller Ungleichheit und Abhängigkeit gemeint. Stadien auf diesem Wege waren die Erringung bürgerlicher Rechtsgleichheit und Willensfreiheit der politischen Demokratie mit ihrer Gleichheit der Stimmbürger, deren lokale Wahlprozesse den zentralen Staatsapparat anleiten sollen, und die Bindung der Staatsgewalt an die Grundrechte der Bürger ... Doch begleitet war dieser Weg von der Herausbildung der Herrschaftsstruktur des industriellen Betriebs, die bürgerliche Rechtsgleichheit und Willensfreiheit mit der Ungleichheit der Rollen von Kapital und Arbeit und der Abhängigkeit des Arbeitsverhältnisses füllt. Ebenso war die Erringung der politischen Demokratie begleitet von der Vervollkommnung der staatlichen Herrschaftsapparate ihrem gegenüber dem demokratischen Prozeß verselbständigten fiskalischen Kalkül. Die grundrechtlichen Garantien sind begleitet von der staatlichen Befugnis zur Feindsetzung, zum Ausschluß von Gruppen und Einzelnen aus dem Kreis der politisch Freien und Gleichen, mit ihrer Dynamik der Gewaltsamkeit gegen Wenige und der Einschüchterung Vieler. Diese unheilvolle Dynamik, die mit der staatlichen Bestimmung einer Gruppe als Feind beginnt und wonach schließlich ein jeder zum Feind werden kann, der sich nicht selbst der militanten Bekämpfung des Feindes anschließt, hat historisch schon manche freiheitliche Entwicklung zurückgeworfen.

Keine Freiheit ohne Herrschaft?

Strategien gesellschaftlichen Fortschritts würden also die Elemente von Freiheit und Gleichheit auf Kosten der herrschaftlichen Strukturelemente vorantreiben, um sie zu den gesellschaftlich bestimmenden zu machen. Doch haben nicht die geschichtlichen Anstrengungen der Aufhebung gesellschaftlicher Herrschaft stets ein noch größeres Herrschaftspotential hervorgebracht? Ist nicht der Versuch zur Rationalisierung von Herrschaft im emphatischen Sinne der Aufklärung deshalb stets zum Scheitern verurteilt, weil der Begriff der Vernunft, der sich gegen Herrschaft auflehnt, selbst herrschaftlicher Natur ist, so daß er gar keine freiheitliche Alternative begründen kann?

Wäre dem so, so wäre in der Tat eine politische Strategie gesellschaftlichen Fortschritts unmöglich, nicht weil die herrschaftlichen Kräfte sich als stärker erweisen, sondern weil sie sich selbst stets von alleine aufhebt. Der sog. »Fortschritt« reduzierte sich dann auf den Elitenwechsel, den Austausch der Herrschenden, wie Skeptiker schon immer behauptet haben, ohne daß es zum Faktum gesellschaftlicher Herrschaft die grundsätzliche Alternative einer freiheitlichen Gesellschaft gäbe. Diese Skepsis hat ihren subtilsten Ausdruck in Horkheimers und Adornos These von der »Dialektik der Aufklärung« gefunden. Und der von ihnen gesäte Zweifel ist in der gegenwärtigen politischen Diskussion um die Möglichkeit weiteren gesellschaftlichen Fortschritts keineswegs überwunden.

Der aufklärerische Begriff der »Vernunft«, der die Basis der Kritik an gesellschaftlichen Herrschaftsverhältnissen abgibt, hat in der Tat selbst ein herrschaftliches Element. Vernunft erkennt keine Herrschaft an, außer eben der Herrschaft der Vernunft selbst. Und Herrschaft der

Vernunft bedeutet Herrschaft über die Natur: Sowohl die Kontrolle über die äußere Natur, wie die Natur im Menschen selbst, seine Triebhaftigkeit. »Denken«, heißt es bei Horkheimer und Adorno, »entstand im Zuge der Befreiung aus der furchtbaren Natur, die am Schluß ganz unterjocht wird«[4]. Der »Fortschritt« der Rationalisierung wäre danach die Ersetzung der Herrschaft der Natur durch die Herrschaft des Verstandes, die sich nur behaupten kann, indem sie die innere wie die äußere Natur ständig unterdrückt. Damit wird sie selbst um ihren Sinn gebracht und läßt am Ende nur Zerstörung übrig. »Die verhaßte übermächtige Lockung, in die Natur zurückzufallen, ganz ausrotten, das ist die Grausamkeit, die der mißlungenen Zivilisation entspringt.«[5] Doch an diesem Zitat läßt sich auch der Umschlagpunkt bestimmen, an dem die Methode der Rationalisierung sich ändern muß, um »vernünftig« zu bleiben: Das Ziel der Naturbeherrschung ist rational, solange es darum geht, die Abhängigkeit des Menschen von der Natur aufzuheben, denn erst dann setzt die Freiheit des Wählenkönnens ein.

Solange braucht Vernunft ihr herrschaftliches Element als »Gegenmacht«, um sich selbst aus der Übermacht der Natur zu befreien.

Der Mensch kann nun wählen zwischen einer linearen Fortsetzung des Kampfes gegen die Natur bis zu ihrer Vernichtung und dem Übergang zu ihrer bewußten Kultivierung. Am Beispiel der pflanzlichen Natur: Er kann wählen zwischen dem Weg zu Raubbau, Abholzung und Erosion und dem Weg gärtnerischer Pflege, die selbst für die Regenerierung der Natur sorgt, und nur so viel verbraucht, wie regeneriert wird.

Der pflegende Austausch, der zu wählen versteht, ohne herrschen zu müssen, ist auch das Grundmuster eines freiheitlichen Umgangs des Menschen mit seiner eigenen Natur wie mit der der anderen. Im Bereich der erotischen Beziehungen hat sich in unserer Gesellschaft bereits ein Entwicklungsprozeß in dieser Richtung vollzogen. Vernunft wird nicht mehr in der Unterdrückung der Sexualität gesehen, sondern in ihrer bewußten Kultivierung. Nicht mehr in ihrer eisernen Niederhaltung und Verdrängung durch die Kontrolle des naturbeherrschenden Verstandes, sondern gerade in der wachen Sinnlichkeit des, wie Thomas Mann es formuliert hatte, »genauen Gefühls«. Ausgehend von der Aufklärungsarbeit der Psychoanalyse ist zuerst in diesem Bereich wieder das andere, das sinnliche Element im Begriff der Vernunft bewußt geworden, das das herrschaftliche Element des Verstandes aus einer Unterdrückungsinstanz in das Form- und Bewußtseinselement der Natur zu verwandeln versteht. Damit wird im Stadium des Wählen-

[4] *Max Horkheimer, Theodor W. Adorno,* Die Dialektik der Aufklärung, Amsterdam 1947, S. 127.
[5] A.a.O., S. 134.

Könnens ein Naturvertrauen möglich, das durch den Verstand hindurchgegangen ist und sich damit von der Angst vor der unbegriffenen Natur befreien kann. Das schließt die Freiheit zur Hingabe ein, die das Ich stärkt, weil es die vorbewußte Angst des Ichverlusts überwunden hat. So wird auch heute weithin verstanden, daß freiheitliche Bindungen unter Gleichen möglich sind, und daß eine Ehe oder partnerschaftliche Beziehung dann nicht normal ist, wenn der eine Partner herrscht und der andere sich unterwirft. Das aber gilt auch für alle anderen Sozialbeziehungen, die die Entfaltung menschlichen Lebens ausmachen. Stets ist ein solcher Begriff gelungener Aufklärung letztlich der Inhalt dessen gewesen, was in der städtischen Lebensweise, die den Menschen von den Zwängen der Natur freistellt, als »Urbanität« bezeichnet und erhofft worden ist. »Urban« ist das Kennzeichen einer freiheitlichen Entfaltung menschlichen Lebens, nicht nur seiner Erotik, sondern seiner gesamten Produktivität.

Fortschritt im Stadium der Güterfülle

Die Warenproduktion und ihre herrschaftliche Struktur lassen sich nun der historischen Aufgabe zuordnen, die Abhängigkeit des Menschen von der Kargheit der Natur aufzuheben.

Ist ein Stadium der Güterfülle erreicht, das die Versorgung aller Gesellschaftsmitglieder mit den notwendigen Lebensgütern ermöglicht, die Herrschaft der materiellen Not also überwunden ist, wird eine Produktionsstruktur unvernünftig, die immer weiter fingiert, als Waren produzierte Güter seien knapp, während in Wahrheit bei zunehemender Verstädterung die Dienstleistungen von Ärzten, Lehrern und Sozialarbeitern und die Leistungen öffentlicher Versorgungseinrichtungen knapp werden. Um in dieser Lage die Freiheit des Wählenkönnens historisch weiterzubringen, ist zunächst eine Umorientierung des Begriffs der gesellschaftlichen Produktivität erforderlich, der die Veränderung der Knappheitsbedingungen überhaupt erfassen läßt.

Marktmäßige und »außermarktmäßige« Produktion

Volkswirtschaftliche Produktivität wird heute grundsätzlich immer noch als Ausstoß der Warenproduktion definiert und zu Marktpreisen gemessen[6]. Die Leistungen, die nicht in der Warenform erbracht wer-

[6] Vgl. hierzu und zum Folgenden: *Gottfried Bombach*, Konsum oder Investitionen für die Zukunft?, in: Qualität des Lebens, Bd. 7, Qualitatives Wachstum, Frankfurt 1972, S. 38 ff.

den, können deshalb mangels Marktpreis auch nicht als Beiträge zur Produktivität gemessen werden, wie etwa die Leistungen des Lehrers, des Sozialarbeiters und des planenden Verwaltungsmannes. Sie werden deshalb entweder schlicht als unproduktiv definiert – oder ihre Produktivität wird nach Kosten gemessen, also nach dem Gehalt. Gehaltserhöhungen zählen dann in der Berechnung des Bruttosozialprodukts als Erhöhungen der Produktivität. Wirkliche Leistungssteigerungen werden dagegen nicht gezählt. Warum diese Ungereimtheiten? Weil die Warenproduktion die gesellschaftlich dominante Produktionsweise ist und man deshalb für die Arbeiten, die nicht in Waren eingehen, auf Hilfskonstruktionen ausweichen muß. Sie werden als Wertschöpfung ganz unberücksichtigt gelassen, als Kosten verbucht – oder, was die neueste Variante ist, mit Hilfe von sogenannten Sozialindikatoren, »social indicators«, zu erfassen gesucht. Darin kündigt sich an, daß unter der Decke der Warenproduktion sich bereits eine neue Art des Produzierens entwickelt hat, wenn man als Produktion die Bereitstellung der für die Befriedigung der Lebensbedürfnisse zusammenlebender Menschen erforderlichen Güter und Dienstleistungen versteht. In diesem Sinne ist selbstverständlich auch die Leistung des Lehrers, der den Menschen Bildung vermittelt, »produktiv«, ebenso wie die Leistungen des Stadtplaners und Stadtarchitekten, die ein bestimmtes Stadtbild schaffen, das von den darin lebenden Menschen als mehr oder weniger wertvoll erlebt wird. Und hier kündigt sich auch bereits die neue Bewertungsweise an, die bei kollektiven Gütern und Dienstleistungen nicht mehr über einen individuell zurechenbaren Preis erfolgen kann, zu dem der einzelne die Leistung als Ware abnimmt, sondern nur über die politische Diskussion und über die politische Auswahl. Soziale Indikatoren, wie die Klassengröße pro Lehrer und die Bettenanzahl pro behandelnden Arzt, können Anhaltspunkte und Kriterien der politischen Willensbildung sein, können diese aber als Bewertungsverfahren nicht ersetzen. Und je breiter und tiefer die politische Programmdiskussion, die der politischen Programmwahl vorausgeht, ist, um so demokratischer ist sie. Bei einigen Gütern ist die politische Bewertungsweise aufgrund der Art des Gutes erforderlich, wie z. B. bei der Gestaltung des Stadtbildes und bei den dafür aufzuwendenden Planungs- und Gestaltungsleistungen. Insofern ist die Rede von den sogenannten »öffentlichen Gütern«, die deshalb nicht zu Waren werden können, weil sie nicht abpackbar zu haben sind, also entweder allen oder keinem zugänglich zu machen sind, richtig. Im Falle des Stadtbildes kann das Gut nur kollektiv erstellt werden oder man muß darauf verzichten, also das Aussehen der Stadt dem überlassen, was beim Drauflosbauen der einzelnen Bauherren dabei herauskommt. Hier verdankt sich das Gut selbst der politischen Wertsetzung und der kollektiven – zumindest mehrheitlichen – Bereitschaft der städtisch Zusammenlebenden, dafür Ressourcen einzusetzen.

Andere Güter können sowohl in der Warenform wie in der politischen Form bereitgestellt werden, wie am Beispiel der rentierlichen Privatschule gezeigt worden ist. Ihre Definition als »öffentliche Güter« verdankt sich dem auf Gleichheit der Versorgung Aller abzielenden Willen der Bürger. Die Produktionsstruktur in unserer Gesellschaft ist also bereits gespalten, und die für eine Weiterentwicklung der Lebensbedingungen bei städtischer Lebensweise erforderliche Verschiebung der Produktion zu den sogenannten öffentlichen Dienstleistungen hin wird durch die institutionelle Trennung und die fiskalische Abhängigkeit der staatlichen Wertschöpfung von der privaten Warenproduktion behindert. Sie übt den Druck auf die öffentliche Produktion aus, nach Maßstäben der Warenform zu rationalisieren, d. h., öffentliche Dienstleistungen zu Warenpreisen oder kostendeckenden Gebühren abzugeben und in personalintensiven Diensten die Leistungen einzuschränken. Dem steht ein politischer Gegendruck gegenüber, der von der politischen Bewertungsweise ausgeht und anhand von Leistungsstandards mit allgemeinen Steuermitteln eine die freie Entfaltung Aller ermöglichende Versorgung sicherstellen will. Auch die politische Rationalisierungsstrategie hat Erfolge aufzuweisen. So ist bereits die Benutzung öffentlicher Schulen gebührenfrei möglich, die der öffentlichen Verkehrsmittel dagegen nicht. Im Hochschulbereich dringt die fiskalische Rationalisierung mit der Einführung der Regelstudienzeiten zur Erhöhung der Umschlagsgeschwindigkeit pro Studienplatz auf Kosten der Ausbildungsbedürfnisse der Benutzer wieder vor. Die Entdeckung, daß öffentliche Bildungsinvestitionen auch »produktiv« sind, ist sofort in die fiskalische Rationalisierungsstrategie vereinnahmt worden. Als produktiv ist sofort nur das verstanden worden, was unmittelbar der Berufsausbildung dient, sich also wieder »auszahlt«. Die volle Produktivität menschlicher Bildung wurde damit gleich wieder wegdefiniert.

»Der Staat« als Planungs- und Entscheidungsapparat hat auch, wie gezeigt, aufgrund seiner eigenen fiskalischen Abhängigkeit nicht das erforderliche Gegengewicht, um die Produktivität nach politischen Kriterien gegenüber der Warenform auszudehnen, also die notwendige Verschiebung in den Bereich öffentlicher Dienstleistungen zu bewirken. Dafür fehlt gewissermaßen die Verschiebungsebene, solange die staatliche Wertschöpfung selbst auf der privaten Warenproduktion huckepack reitet. Dem entspricht auf der Ebene des einzelnen, daß er in die institutionell vorgeprägten Rollen von Produzent, Konsument und Staatsbürger auseinanderdividiert ist. Er kann als Staatsbürger nur über die Mittel verfügen, die er im Rahmen der Warenproduktion erarbeitet hat und die ohne Gefährdung der Akkumulation wieder abschöpfbar sind. Er kann sich in dieser Struktur nicht entscheiden, weniger Waren und dafür mehr öffentliche Güter zu produzieren oder einen geringeren Güterausstoß für angenehmere Arbeitsbedingungen in Kauf zu nehmen.

Deshalb muß man auf den der politischen Produktion zugrunde liegenden Kreislauf zurückgehen: der Staatsbürger als Konsument öffentlicher Güter artikuliert seine Bedürfnisse politisch – im Auseinandersetzungsprozeß wird geklärt, welche Aufwendungen an natürlichen Ressourcen und Arbeitskraft für die Erstellung der Güter erforderlich sind – im Auswahlprozeß wird entschieden, welche Güter mit welchen Aufwendungen erstellt werden, die Verwaltung produziert entsprechend dem politisch gewählten Produktionsprogramm beispielsweise den output Bildung und setzt dafür die zur Verfügung gestellten Ressourcen ein: Baumaterialien, zu deren Gewinnung aus Steinen und Erden wieder Arbeitskraft erforderlich war, Bauarbeiten für Schulen und die Arbeitskraft der Lehrer, die dann den Bürgern in Form von Aus- und Fortbildung zugute kommt.

»Leistungsverwaltung« oder politische Produktion von »Lebensqualität«?

Mit Bedacht haben wir nicht gesagt, daß der Bürger das »Produkt« Bildung »abnimmt«, denn es kommt darauf an, auch in der Form der Leistungserbringung die Warenform zu überwinden. Der Lehrer kann ein Lehrprogramm anbieten, das die Lernenden abnehmen wie eine Ware. Das ist an sich noch nicht schlecht, kann aber nicht alles sein. Bildung bedeutet auch, daß der Lehrende den Lernenden zeigt und hilft, sich und untereinander selbst zu bilden, d. h. Sensibilität für jenen freiheitlichen Umgang mit sich und anderen zu entfalten, die mit dem Begriff der »Urbanität« gemeint ist. Denn dies ist auch die Voraussetzung dafür, herrschaftliche Verhaltensanforderungen zu erkennen und sich ihnen gegenüber zur Wehr setzen zu können.

Alle höheren Dienstleistungen, deren Inhalt darin besteht, daß Menschen nicht Dinge, sondern Menschen »behandeln«, unterliegen der Gefahr, daß die Dienstleistenden ihr Gegenüber wie ein Ding bearbeiten, statt als Mensch mit ihm umzugehen. Gerade gegenüber den Leistungsempfängern kann die politische Produktion zur administrativen Abfertigung degenerieren, wenn die Warenform als Normalstandard nicht überwunden wird. Das ist so lange nicht der Fall, wie es als normal gilt, daß abpackbare Leistungen gegen Gebühr erbracht werden, wie es beispielsweise unser Krankenkassensystem voraussetzt. Dieses zwingt geradezu zum Denken und Kalkulieren in der Warenform und entwürdigt damit den Arzt ebenso wie den Patienten.

Ein freiheitlicher Umgang ist erst dann möglich, wenn »Geld keine Rolle spielt«. In der herrschaftlichen Form der Freiheit, die wenige sich ermöglichen, indem sie die Vielen von ihr ausschließen, spielt Geld dann keine Rolle, wenn der Patient so viel davon hat, daß er den Arzt »standesgemäß« honorieren kann, ohne nachrechnen zu müssen. So hielten es einst auch die reichen Familien mit ihren Hauslehrern.

In der Form der Gleichheit spielt die Geldfrage in der Leistungsbeziehung dann keine Rolle mehr, wenn sowohl der Unterhalt der Leistenden als auch die Leistung selbst aus der Warenform gelöst ist, wie es etwa im Umgang der aus öffentlichen Haushalten besoldeten Lehrer mit ihren Schülern heute schon weithin zur gesellschaftlichen Norm geworden ist.

Das Beispiel widerlegt auch den gängigen Einwand, daß der Leistungswille sofort erlischt, wenn die Leistung nicht unmittelbar gegen Geld getauscht wird. Das Argument spielt zur Verteidigung etwa der kaufmännisch betriebenen Arztpraxis immer noch eine entscheidende Rolle. Hier können wir an Galbraith' Erörterung der Arbeitsmotivation anknüpfen. Er hatte besonders ausführlich dargelegt, daß selbst im modernen Wirtschaftsunternehmen für die anspruchsvolleren Dienstleistungen der von ihm so genannten »Technostruktur« die Einkommenshöhe nicht mehr der entscheidende Antrieb zur Leistung ist. Die Sicherstellung des Lebensunterhalts vorausgesetzt, nehmen gerade für die komplizierteren Dienstleistungen andere Motive die entscheidende Rolle ein. Galbraith hatte hier insbesondere die »Teilnahme an der Macht einer großen Organisation« als Leistungsmotiv hervorgehoben, und wir hatten unsere Bedenken dagegen vorgebracht. Dieses Motiv ist in der Wirklichkeit sicher vorhanden, aber im freiheitlichen Sinne nicht akzeptabel oder gar vorbildlich. Denken wir an die modernen Lehrer zurück, so tritt auch ein anderes Motiv in den Vordergrund, das Claus Offe die »Identifikation des Arbeitenden mit der Arbeitsaufgabe« genannt hat[7]. Es ist die sinn- und zweckentsprechende Bewältigung der gestellten Aufgabe, die zum entscheidenden Leistungsmotiv wird und die nicht allein durch Geld zu kaufen oder durch Anweisungen zu erzwingen ist. So ist als Gefahrenquelle politisch organisierter Produktivität auch stets zu beachten, daß administrative, inhaltlich nicht gerechtfertigte Zwangsmaßnahmen, letztlich also staatliche Gewaltsamkeit, in die Leistungsbeziehung eindringen können. Das ist ihre spe-

[7] *Claus Offe,* Tauschverhältnis und politische Steuerung. Zur Aktualität des Legitimationsproblems, in: *ders.,* Strukturprobleme des kapitalistischen Staates, edition suhrkamp, 549, Frankfurt 1972, S. 47.

zifische, herrschaftliche Gefährdung. Dafür ist die Rohrstockpädagogik der alten Volksschule, die den angehenden Volksgenossen den Gehorsam einbläute, das klassische Beispiel. Das formale Recht der öffentlichen Schule als »Anstaltsrecht«, das die Schüler als »Anstaltsbenutzer« dem »besonderen Gewaltverhältnis« der Schule unterwirft, wie es in der juristischen Fachsprache heißt, und ihre Selbsttätigkeit in möglichst engen Grenzen reglementiert, spricht jedoch auch heute noch diese Sprache.

Die Möglichkeit der politischen Produktion, strukturelle Ungleichheit und Abhängigkeit zu überwinden, bleibt ungenutzt, solange sich die öffentliche Bedürfnisvermittlung qualitativ nicht von derjenigen der privaten Warenwirtschaft unterscheidet. Das heißt: Genau wie auf dem Warenmarkt der Konsument nicht Herr seiner Bedürfnisse ist, kann der einzelne die »politisch vermittelten Bedürfnisse« oft nur als vergegenständlichte Leistung einer arbeitsteiligen Organisation und um den Preis formeller Unterwerfung und faktischer Entmündigung vorfinden. Dabei ist nicht nur die bereits genannte Tendenz von Verwaltungsorganisationen festzustellen, aus menschlichen Bedürfnissen nach Gesundheit, sozialer oder materieller Hilfe die entfremdete Form der »Behandlung« und des aktenmäßigen »Falles« zu machen. Es gibt auch zwischen privater Kapitalgesellschaft und öffentlicher Verwaltung nicht nur die Parallelen der Verselbständigung von Organisationszielen und die rasante Aufwandsteigerung für dieselbe Leistung. Entscheidender ist, daß ein großer Teil der öffentlichen Verwaltungsorganisationen – wie die großen privatwirtschaftlichen – institutionell die Möglichkeit hat, die sozialen Normen über Wert und Unwert von Bedürfnissen zu bestimmen, statt sie durch den Willensbildungsprozeß der Bürger gesetzt zu erhalten. Hier liegt der Grund für das soziale Scheitern öffentlicher Wohlfahrtsprogramme, wie sie gerade zur Behebung städtischer Armut und Unterversorgung ersonnen wurden. Musterbeispiel ist hier immer noch der amerikanische »war on poverty«, dessen gewaltsam administrativer Zugriff schon in seinem Namen »Krieg gegen die Armut« deutlich genug zum Ausdruck gebracht worden war. Er weist uns auf die Behebung eines grundlegenden Mißverständnisses, dem praktische Politik gerade in der Art »sozialer Reformpolitik« heutzutage zu unterliegen droht: wenn Politik die brauchbare Unterscheidung von »Lebensstandard« und »Lebensqualität« zur Kennzeichnung eines aktuellen Mangelzustandes geprägt hat, so geht die Unterscheidung in der Praxis meist wieder verloren. Reformpolitik sucht dann nicht die Diskrepanz zwischen Lebensstandard und Lebensqualität zu verringern, sondern durch den Verkauf institutioneller Leistungen öffentlichen Konsum nach dem Modell des privaten Lebensstandards zu organisieren.

Auf diese Problematik kommt praktische Politik erst ansatzweise, etwa dort, wo bemerkt wird, daß die administrative Bestimmung dessen, was als »krank« zu gelten habe, und seine »Behandlung« nach dem Schema der Massengüterproduktion der menschlichen Gesundheit nicht näher kommt – und wo nun, unheimlich beschwerlich, weil sich die ganze Umwelt anders dreht, eine Sozialplanung versucht, das therapeutische Potential der Selbstorganisation Betroffener zu entfalten.

Beispiel Stadtstruktur

Bezogen auf die Gestaltung der Stadtstruktur wäre daraus der Schluß zu ziehen, daß das Potential der Stadt zur Entwicklung von Lebensqualität nicht zuletzt in der Vermittlung von Chancen liegt, Stadt als Handlungsraum zu nutzen, in welchem kollektive Eigeninitiative, soziale Aktion im Sinne eigener Entwicklung und Befriedigung von Bedürfnissen möglich wird. Das hieße, den »Gebrauchswert« von Stadt zu verbessern.

Beispiele solcher Politik gibt es bereits, freilich nicht als Regel. Dazu gehört die Einrichtung des großen Fußgängerbereichs zwischen Stachus und Marienplatz in der Münchener Innenstadt oder auch die Aktion, die Innenhöfe der innenstädtischen Gebäudeblocks zu öffnen und den Fußgängern zugänglich zu machen. Nun hat es jedoch gerade mit der Münchener Fußgängerzone seine besondere Bewandtnis, die man kennen muß, um nicht die schlichte Sperrung von City-Straßen für den Autoverkehr schon für ein Zaubermittel zur Schaffung von »Urbanität« zu halten. Auch die Münchener Fußgängerzone forderte ihre städtebaulichen Opfer: sie war erkauft mit der rigorosen Durchbrechung alter Bausubstanz für den mehrspurigen »Altstadtring«, der die Zufahrt zur City und ihr Umfahren ermöglichen sollte. Die Durchschneidung der Prinz-Regenten-Straße, die Untertunnelung des Prinz-Carl-Palais, die Abtrennung des Altstadtteils Lehel von der City sind Beispiele für die verunstaltenden Eingriffe, die berücksichtigen muß, wer die Fußgängerzone lobt. Ebenso war das sternförmig auf die City zuführende Massenverkehrssystem eine Bedingung ihrer Möglichkeit. Gerade das enorme Steigen der Lagewerte in der City, das dadurch mitbedingt ist, treibt aber die Tendenz zur monofunktionalen Nutzung des Citybodens durch Kauf- und Bürohäuser an, die die Lagewerte ökonomisch realisiert und dabei die weniger profitträchtigen, aber liebenswerteren Nutzungen verdrängt. Dennoch sind solche – und das macht eben das besondere des Münchener Fußgängerbereichs aus – dort zumindest bisher noch vorhanden. Zwischen Stachus und Marienplatz kann man immer noch mehr als nur einkaufen. Es gibt dort noch Kinos, Restaurants, Brunnen, Kirchen, historische Bauten und nicht nur Geschäfte und Kaufhäuser wie anderenorts, wo Fußgängerzonen auch als Vehikel von »Lebensqualität« angepriesen werden. In der Münchener Innenstadt gibt es Überreste einer noch nicht durchökonomisierten Stadt aus der feudalen und patrizialen Ära, in der die Stadt selbst noch Wohnbereich der Oberklassen war, die sich noch nicht in Vorstadtbungalows zurückgezogen hatten. Stadt war deshalb von ihnen mit »Gebrauchswert« als Lebensraum ausgestattet worden – mit ein Grund, warum heute bei den Definitionsversuchen von »Lebensqualität« so oft auf vorindustrielle Beispiele zurückgegriffen wird. Wo heute solche Strukturelemente nicht einfach nur aus früheren Stadtzuständen erhalten werden können – und auch das ist gegenüber dem unerbittlichen Renditekalkül schwer genug und oft ganz unmöglich, wie sich gerade in München etwa an den Beispielen von Biergärten und Altstadtcafés gezeigt hat –, sondern wo sie neu geschaffen werden müßten, wären ganz erhebliche Aufwendungen erforderlich. Restaurants und Cafés erlauben bekanntlich keine volle Realisierung des Lagewerts, Zwangsauflagen und Gebote vertreiben, wo sie möglich sind, die Investitionsneigung oder verteuern die angebotenen Leistungen so – etwa im Falle »citynahen« Wohnungsneubaus –, daß sie wiederum nur elitärer Nutzung zugänglich sind. Und für Einrichtungen, die, wie etwa die historischen Kirchen, überhaupt nicht rentierlich sind, findet sich in der Struktur der Warenproduktion gar kein Investor. Wo also eine Stadtstruktur erst erstellt werden muß, die nicht nur aus Einrichtungen des Warenumschlags besteht, sondern auch jenen städtischen Gebrauchsnutzen vermittelt, von dem die Münchner Fußgängerzone – historisch überkommen – noch etwas besitzt und was ihren Charme ausmacht, so kann sie nur im Wege der politisch vermittelten Produktion geschaffen werden.

Nun liegt zwar eine entscheidende Schranke für eine Weiterentwicklung in diese Richtung bekanntlich im Schutz des privaten Renditekalküls durch das gegenwärtige Bodenrecht, das nicht zuletzt aufgrund seiner grotesken Auswirkungen in den Kernzonen der Verflechtungsräume zum politischen Thema geworden ist. Die Überwindung dieses Hindernisses wird darum ein wesentliches Ziel einer auf mehr gesellschaftliche Freiheit und Gleichheit angelegten Politik der Verstädterung sein. Doch Kommunalisierung oder Verstaatlichung städtischen Bodens reicht als Zielwert allein nicht aus. Auch hier kann Staatseigentum sich als politischer Fetisch erweisen, der allein noch keine qualitative Verbesserung von Art und Weise der Bodennutzung bewirkt, so wie Staatseigentum an Produktionsmitteln für sich noch keine Veränderung der Produktionsweise anzeigen muß. Das strukturelle Problem liegt darin, einen Prozeß von eindimensional in der Warenform kalkulierenden Nutzungsentscheidungen überzuführen in einen demokratischen Auswahlprozeß, in den die gemeinschaftlichen Bedürfnisse eingehen und in dem widersprüchliche Problemanforderungen als offene Zielkonflikte ausgetragen werden können. Das ist von den heutigen institutionalisierten Formen politischen Handelns als überwiegend bürokratischen nicht zu leisten. Die Vorkehrungen für die Anleitung der bürokratisierten Apparate von »außen« und »unten« müssen erheblich erweitert und intensiviert werden, soll aus öffentlichem Nutzungsrecht etwas anderes als ein Staatsmonopol werden.

Politische Produktion und politisches Wählen

Halten wir fest: das Kriterium der Freiheitlichkeit ist an beiden Seiten des Prozesses politischer Produktion anzusetzen: an der »output«- wie an der »input«-Seite. Das Freiheitselement liegt beide Male im Wählen-Können, das nicht durch die Warenform strukturell ungleich verteilt sein darf. Das Wählen-Können auf der Leistungsseite setzt auf der input-Seite Wahlprozesse voraus, aus denen sich ergibt, welche Leistungen überhaupt erbracht werden sollen und welche Aufwendungen dafür als gerechtfertigt angesehen werden. Praktisch ist dafür eine Struktur »doppelten Inputs« erforderlich, in der auch von der Leistungsseite aus Vorschläge ungehindert und unverformt in den Entscheidungsprozeß eingehen können, worauf noch zurückzukommen sein wird. Der Kreislauf ist *im Modell* geschlossen, wenn die Wählenden auf der einen Seite im Prinzip auch die Wählenden auf der anderen Seite sind, d. h., daß eine solche Übereinstimmung nicht strukturell ausgeschlossen wird.

Aus der Gesellschaftlichkeit des Produktionsprozesses ergibt sich zwar, daß diejenigen, die politisch wählen, die die Aufwendungen erbringen und denen die Leistungen zugutekommen, nicht im Einzelfall miteinander identisch sind. Das aber ist im Kreislauf des Marktmodells auch nicht anders. Auch auf dem Markt nimmt nicht jeder gerade nur das Produkt ab, an dessen Produktion er selbst mitgewirkt hat. Dagegen ist seine Staatsbürgerrolle vom Marktkreislauf ganz abgetrennt. In der Konsequenz der politischen Produktion liegt es indes, daß die sozialen Rollen der politisch Wählenden, der Produzenten und der »Konsumenten« zusammenfallen, d. h. nicht strukturell verschieden verteilt sind. Dadurch werden Auswahlen möglich, in denen Arbeitsbedingungen, Produktion für individuellen Konsum in der Warenform und Inanspruchnahme von Arbeitskraft für öffentliche Leistungen untereinander abgewogen und über politische Präferenzen entschieden werden können.

Das strukturelle Hindernis hierfür ist, wie oben dargelegt, der Vorrang der Wertschöpfung im Rahmen privater Warenproduktion, von der die politische Produktion als »sekundäre« fiskalisch abhängig ist. Zwar ist auch eine »primäre« politische Produktion nicht davon zu entbinden, Aufwand und erwünschte Leistung gegenüberzustellen und gegeneinander abzuwägen. Doch die Alternativen für politische Auswahlprozesse können entsprechend den *wirklichen* Knappheitsrelationen, d. h. den verfügbaren natürlichen Ressourcen und der verfügbaren Arbeitskraft, rechenbar gemacht werden. Dafür wird eine Verrechnungseinheit erforderlich, die sich aus der Bindung an das Geld in seiner Funktion als Warenäquivalent löst. Geld als Vermittler des Warentausches, das in seinem Volumen stets durch eine entsprechende Warenmasse gedeckt sein muß, um seinen Wert zu behalten, müßte auf seine Funktion als Indikator von *Waren*knappheit reduziert werden. Da es aber über die Warenproduktion hinaus die politisch vermittelte Produktivität von Arbeit gibt, die nicht in veräußerbare Waren eingeht, muß die Knappheit der gesamten Produktivität auch in einer über den Geldumlauf hinausgehenden Menge von Verrechnungseinheiten ausgedrückt werden, die nicht durch Warenwerte gedeckt sein müssen. Zur gesamten Deckungsmasse gehören dann auch die politisch produzierten Güter, die nicht nach Marktpreisen, sondern nach den von den Konsumenten im politischen Prozeß festgesetzten Gebrauchswerten berechnet werden. Denn die Werte der Persönlichkeitsbildung, des persönlichen Wohlbefindens durch Gesundheitsvorsorge und der »Urbanität« städtischer Siedlungen müssen politisch bestimmt werden, in dem Sinne der Entscheidung, wieviel Arbeit dafür den Bürgern die Sache wert ist. Die Warenproduktion kann aus ihrer die wirklichen Knappheitsverhältnisse verzerrenden dominierenden Stellung verdrängt und wie Galbraith es vom Staat erhoffte, auf ein vernünftiges Maß gebracht werden, indem die Aufteilung der gesellschaftlich verfügbaren Arbeitskraft auf die Bereiche der politischen und der Warenproduktion auf dem Wege des demokratischen Wahlprozesses vorgenommen wird. Das würde eine Umkehr der Dominanz-Verhältnisse bedeuten, d. h., der demokratische Willensbildungsprozeß bestimmte die für die Warenproduktion verfügbaren Ressourcen und nicht umgekehrt. Da sich die Warenproduktion in ihrem monopolistischen und derzeit entwicklungsbestimmenden Sektor der Anleitung durch die Marktwahl der individuellen Konsumenten entzogen hat, ist der politische Wahlprozeß der Individuen der einzig derzeit denkbare, der strukturell die Freiheit der Wahl eines Jeden ermöglicht, um die Produktionsapparate von außen anzuleiten. Auch hier ergeben sich im Modell die Produktionsprioritäten aus einer Millionenzahl individueller Wahlakte, nur nicht in der Form der Warennachfrage, die von den

Unternehmen registriert und umgesetzt werden muß, sondern in der Form der politischen Präferenzen, die von den Parteien registriert und im institutionellen Entscheidungsprozeß zusammengefaßt und umgesetzt werden müssen. Der Weg ist im Modell komplizierter, aber in der Wirklichkeit einfacher als der umgekehrte Versuch, den Monopolsektor den Marktbedingungen vollständiger Konkurrenz zu unterwerfen und auch sämtliche Staatsleistungen in Warenform anzubieten. Denn dem Versuch der Konzernentflechtung steht die auf Akkumulation und Rekonzentration gerichtete Eigendynamik der Produktion für den Markt entgegen, und die Warenform staatlicher Leistungen muß ganze Bevölkerungsgruppen von ihrer Erlangung ausschließen oder zur administrativen Abfertigung entarten, wie bereits gezeigt werden konnte. Der Monopolsektor kann nur mittelbar über den politischen Prozeß von außen her rationalisiert werden. Die Rationalisierungswirkung des Marktes ist auf den Restbereich des nicht monopolisierbaren Konkurrenzsektors beschränkt.

3. Strategien gesellschaftlichen Fortschritts

Fortschritt kann also nicht heißen, die staatliche Herrschaftsstruktur gegenüber der industriellen auszubauen, um »die Wirtschaft« der Kontrolle »des Staates« zu unterwerfen. Die Ersetzung der großbetrieblichen Bürokratie durch die staatliche oder ihre Zusammenlegung zu einer Superbürokratie wäre in der Tat keine freiheitliche Alternative. Eine Alternative wäre der Ausbau der Strukturen politischen Wählens gegenüber den Strukturen bürokratischen Entscheidens. Die programmatische Auseinandersetzung und politische Zielwahl der Bürger muß strukturell instand gesetzt werden, das Handeln der Großapparate anzuleiten. Und das ist ohne eine gegen die herrschaftlichen Strukturelemente gerichtete politische Konfliktstrategie, die die Widerstände ins Auge faßt und sich auf die Gegenstrategien einstellt, nicht zu haben.

3.1. Politische Strategie und politische Planung

Die Identifizierung des Gegners und das zielgerichtete Handeln zu seiner Überwindung sind die Merkmale des Begriffs der Strategie. Das Kennzeichen einer auf die Erringung gesellschaftlicher Freiheit und Gleichheit angelegten Strategie ist, daß sie sich nicht gegen eine gesellschaftliche Menschengruppe richtet, die zum Feind gesetzt werden soll. Das unterscheidet sie von allen herrschaftlichen Strategien. Sie richtet sich vielmehr gegen jene Strukturelemente der gesellschaftlichen Organisation, die strukturelle Ungleichheit und Abhängigkeit erzeugen, und deshalb einer freiheitlichen Selbstorganisation der Gesellschaftsmitglieder entgegenstehen. Sie muß deshalb jene Strukturelemente aktivieren, deren funktionaler Sinn bereits auf Freiheit und Gleichheit hin angelegt ist. Und das ist nur in ständiger Auseinandersetzung mit den Gegenstrategien möglich, die darauf gerichtet sind, die herrschaftlichen Elemente voranzutreiben. Das unterscheidet den Begriff der politischen Strategie von dem Begriff der politischen Planung, wie er Mitte der 60er Jahre als Medium des gesellschaftlichen Fortschritts verstanden wurde. Politische Planung bleibt unter den gegenwärtigen Strukturbedingungen im administrativen Getto befangen und verfällt, wenn sie nicht von einer politischen Strategie vorangetrieben wird, den institutionellen Zwängen der fiskalischen Abhängigkeit. Das zeigte sich für die Bundesrepublik konkret am Sieg der fiskalischen Ausgabenrationalisierung über das Programm der inneren Reformen, dessen Niederlage sich gerade an der Entwicklung der städtischen Lebensbedingungen ablesen läßt. Gesellschaftlicher Fortschritt ist auf administrativem Wege nicht möglich. Denn administrative Strategien können die Ungleichheitsstruktur nicht in Frage stellen, in denen sie sich selbst bewegen. Nur eine politische Strategie, die die äußere Linie des demokratischen Willensbildungsprozesses einschlägt und dabei die für ihn bereitgestellten Strukturen wieder belebt, ausweitet und zusätzliche schafft, kann ein Gegengewicht zu den Strategien der Festigung und Absicherung der herrschaftlichen Strukturelemente unserer widersprüchlichen Gesellschaft bilden.

Der hohe Zentralisationsgrad der großbetrieblichen und staatlichen Verwaltungen erfordert zu ihrer politischen Anleitung ein Zusammenwirken innerer und äußerer Auseinandersetzungsprozesse. In dieser Richtung zeigen sich in der gegenwärtigen Situation eine Reihe von Ansätzen.

3.2. Gegenwärtige Ansätze an der vernachlässigten Struktur politischen Wählens

3.2.1. Die politischen Ad-hoc-Aktionen: Widerstand gegen Innovation ohne Fortschritt

Hier ist zunächst anzuführen, daß innerhalb und außerhalb der Parteien die programmatische Auseinandersetzung um gesellschaftliche Entwicklungsziele wieder erwacht ist. Die neuere Kapitalismus- und Herrschaftskritik kommt ja nicht von ungefähr. An der Entwicklung der Lebensbedingungen in den städtischen Verflechtungsräumen zeigte sich selbst für einen Konservativen wie den britischen Premier Edward Heath »the ugly face of capitalism«: das häßliche Gesicht des Kapitalismus. In dem Maße, wie offenbar wurde, daß die tatsächlichen Entwicklungsergebnisse und der behauptete, und zur Rechtfertigung immer wieder hervorgehobene Sinn der Institutionen immer weiter auseinanderklaffen, wurden auch zunehmend kritische Fragen gestellt: Ob die gegenwärtige Struktur der privaten Warenproduktion, die doch angeblich alle menschlichen Bedürfnisse bestmöglich erfüllen soll, nicht ganze Bedürfnisgruppen ausfallen läßt, für deren Befriedigung dann »kein Geld mehr da« ist; ob die Verteilung der tatsächlich produzierten Warenfülle wirklich so ist, daß sie die zunehmende Disziplinierung der Arbeitsbedingungen nach Maßgabe des »Leistungsprinzips« rechtfertigen kann, usw. Die kritischen Fragen wurden außerhalb der Parteien und Gewerkschaften meist in und durch spontane Aktionen in der Form des *Widerstandes* aufgeworfen. Denn es zeigte sich, daß nicht jede Neuerung auch »Fortschritt« im Sinne seiner qualitativen Kriterien ist. So erwies sich manche »Innovation«, wie die »Umstrukturierung« städtischer Wohnquartiere, als eklatante Begünstigung weniger, finanzstarker Interessen zu Lasten der Masse der abhängigen Bevölkerung – und das zur Rechtfertigung in Anspruch genommene »Allgemeinwohl« als Tendenz zur Durchökonomisierung der Stadt nach dem Rentabilitätskriterium, die insgesamt zu einer Verschlechterung der Qualität städtischer Lebensbedingungen führt. Auch wenn viele der »Bürgerinitiativen« und Protestveranstaltungen der letzten Jahre im Detail nur »Halteaktionen« waren und sein konnten, die sich einzelnen Planungs- und Entwicklungsmaßnahmen spontan entgegenstemmten, so warfen sie in ihrer Häufung und Wiederkehr doch zunehmend die Frage nach Sinn und Vernünftigkeit des herrschenden Entwicklungsprozesses auf. Sie stoßen so auch immer wieder die Diskussion um die strukturellen Vorkehrungen an, die erforderlich sind, um die faktische Entwicklung auf die allgemein in Anspruch genommenen Zielnormen gesellschaftlicher Freiheit und Gleichheit zu orientieren, und halten dieses Problem auf der politischen Tagesordnung.

3.2.2. Die Auseinandersetzungen in den politischen Parteien

Die ad hoc organisierten – und insofern »spontanen« politischen Aktionen sind in Zusammenhang mit den gegenwärtigen innerparteilichen Auseinandersetzungen zu sehen, am offenkundigsten, aber nicht allein, in der SPD. Bürgerinitiativen und ad hoc organisierte Protestaktionen haben eine Rückbesinnung auf den gemeinten Sinn der Parteiorganisationen in der politischen Demokratie mit sich gebracht: nämlich input-Strukturen des politischen Entscheidungsprozesses zu sein. Spontane politische Willensbekundungen waren ein Zeichen dafür, daß die Parteien diesen ihren gemeinten Sinn offensichtlich nicht voll erfüllten. Andererseits wies die notwendige Schwäche »spontaner« politischer Initiativen, eben ihre mangelnde organisatorische Stetigkeit, darauf hin, daß die Parteien »an sich« ja gerade jene organisatorische Verstetigung für die Anleitung der staatlichen Apparate durch die Bürger selbst zur Verfügung stellen sollen. Tatsächlich aber hatte sich die Struktur der Parteien immer mehr in umgekehrter Richtung entwickelt: wie die Parlamente zu Ratifikationsorganen geworden waren, die die von der Administration vorformulierten Programme absegnen, waren auch die

Parteien zu Apparaten geworden, die von oben gesteuert werden, und die dazu da sind, den allgemeinen Konsens für die Führungsentscheidungen beizubringen. Die gegenwärtige Strukturdebatte innerhalb der politischen Parteien hat diesen Widerspruch zum Gegenstand der innerparteilichen Auseinandersetzung gemacht, wobei der Widerstand gegen die herrschaftlichen Tendenzen wenn auch nicht allein, so doch vorwiegend von den lokalen Parteiorganisationen der großen Verflechtungszentren ausgegangen ist. Zwischen dem Aufbrechen der sozialen Problematik des gegenwärtigen gesellschaftlichen Entwicklungsprozesses in den Verflechtungsräumen, den zunehmenden spontanen politischen Aktionen und der Wiederbelebung der innerparteilichen Diskussion besteht also ein enger Zusammenhang. Die Auseinandersetzung zwischen der Tendenz, die Willensbildung innerhalb der Parteien von oben straff zu führen und an den administrativen Handlungsmöglichkeiten im Rahmen der fiskalischen Abhängigkeit zu orientieren einerseits, und der Tendenz, die Willensbildung von unten anzuleiten und an programmatischen Zielsetzungen gesellschaftlicher Entwicklung zu orientieren, entzündete sich am innerparteilichen Rekrutierungsprozeß. Der Aufstieg zu Führungspositionen innerhalb der Parteien vollzieht sich in der Regel von der lokalen Ebene aus, insofern bieten die Parteien formal einen gegenläufigen Einflußweg zum staatlich-administrativen Gefälle von den Zentral- zu den Lokalinstanzen. Doch es macht eben einen entscheidenden Unterschied, ob die Kandidaten für politische Mandate jeweils vom Vorstand präsentiert und als solche akzeptiert werden, oder ob sie auf ihre programmatischen Zielsetzungen hin befragt werden, ob Gegenkandidaten aufgestellt werden und es zu tatsächlichen Auswahlen nach politisch-programmatischen Kriterien kommt. Auf dem Hintergrund der strukturellen Alternative, die Parteien als Organisationen aufzufassen, die den Willensbildungsprozeß über politische Alternativen von den Bürgern zu den institutionellen Entscheidungsgremien vermitteln sollen, oder sie als Organisationen anzusehen, die Politiker ins Amt bringen sollen, die dann nach institutionellen Kriterien entscheiden, ist die gegenwärtige Auseinandersetzung um das »repräsentative Mandat« zu verstehen. Die Formel, daß die Abgeordneten »an Aufträge und Weisungen nicht gebunden« seien, die ursprünglich den einzelnen vor Pressionen schützen sollte, die ökonomisch Mächtige auf ihn ausüben können, ist zunehmend zur Schutzbehauptung jener politischen Tendenz geworden, die programmatische Zielangaben zwar gern benutzt, um Wahlen zu gewinnen, die Mandatsträger dann aber gern davor bewahren möchte, an deren Einhaltung auch erinnert zu werden. Die mißverständliche Rede vom »imperativen«, also »befehlenden« Mandat meint nichts anderes, als daß Kandidaten für politische Ämter sich nicht nur als Personen, sondern auch mit einem politischen Programm zur Wahl stellen sollen und daß sie eben wieder abgewählt werden können, wenn sie im Amt das Gegenteil von dem tun, was sie zur Erlangung des Amts versprochen haben – bei festen Amtszeiten, wie im Falle der Abgeordneten, nach Ablauf der Wahlperiode. Das liegt in der Konsequenz des funktionellen Sinnes der Parteien, Vermittler des Willensbildungsprozesses von den Bürgern zu den institutionellen Entscheidungsinstanzen zu sein und damit die administrativen Apparate von außen anzuleiten. Für die Politiker selbst, die in institutionelle Entscheider-Rollen gewählt werden, kann erst dadurch ein Gegengewicht gegen ihre völlige Vereinnahmung in das administrative Entscheidungskalkül der fiskalischen Abhängigkeit geschaffen werden. Sie reicht ohnehin über die staatliche Parteienfinanzierung schon in die Parteien hinein, wo sie den Einfluß der Parteizentralen gegenüber der Mitgliedschaft aufgrund des Gewichts der Zentralkasse gegenüber den Mitgliedsbeiträgen stärkt. Andere Mechanismen, wie z. B. das Bundestagswahlrecht mit dem Einfluß der Parteizentralen auf die Aufstellung der Listenkandidaten und der lokalen Organisationen auf die Nominierung der Wahlkreiskandidaten, halten diese strukturelle Widersprüchlichkeit aufrecht. Dennoch ist eben Teil dieser Widersprüchlichkeit, daß die Parteien als Mitgliederorganisationen der politischen Willensbildung auch die Möglichkeit eröffnen, die Umsetzung programmatischer Zielerklärungen anzumahnen, da ihre Wahl- und Bestätigungsprozesse zwischen den allgemeinen Wahlterminen hierfür stetige Organisationsstrukturen zur Verfügung stellen. Freilich hängt das Funktionieren der Parteien als input-Strukturen nicht zuletzt davon ab, daß sie ihre Organisationsgrenzen nicht abschließen, sondern gegenüber den Nichtmitgliedern offen und durchlässig machen: scharfe Rollentrennung und Abschottung gegenüber außerorganisatorischen Diskussionen und Entwicklungen ist stets eine Bedingung dafür, innerorganisatorischen Herrschaftsdruck der Führungsspitzen gegenüber der Mitgliedschaft wirksam werden zu lassen.

3.2.3. Die planende Verwaltung und die »Demokratisierung der Planung«

Nun bleiben alle Versuche, die Parteien zu jenen Strukturen für die äußere Anleitung der administrativen Apparate zu machen, die ihrem demokratischen Sinn entsprechen, zum Scheitern verurteilt, wenn sie an der geschlossenen Front dieser Apparate abprallen. Die zunehmenden Auseinandersetzungen innerhalb der planenden Verwaltungsbürokratien um die Planungsziele und die sich daran anschließende Diskussion um neue Organisationsformen für die Funktionen politischer Planung, die von den Verwaltungen wahrgenommen werden, sind deshalb in Zusammenhang mit den parallelen Bewegungen innerhalb der politischen Parteien zu sehen und einzuschätzen. Auch diese Diskussion ist von der Lokalebene aus in Gang gesetzt und durch spontane politische Protestaktionen aktualisiert worden. Der nachgeholte politische Konflikt im Stadium der administrativen Ausführung wie im typischen Fall der Prinz-Carl-Palais-Planung hat das Problem einer »Demokratisierung der Planung« einerseits überhaupt aufgeworfen, andererseits aber zunächst nur in der Perspektive: Planende Verwaltung – Planungsbetroffene erscheinen lassen. Wie wir jedoch zeigen konnten, liegt hier keine eindeutige Frontbildung Verwaltung – Nichtverwaltung vor, sondern die gesellschaftsstrukturellen Widersprüche spiegeln sich in den innerbürokratischen Konfliktsmustern wider, allerdings auch mit ihrem spezifischen Abhängigkeitsgefälle. Zwar ist die »déformation professionelle« des Verwaltungsmannes, der soziale Problemlagen zunächst unter dem Blickwinkel fachkundiger Berufsarbeit aufnimmt, nicht ohne Bedeutung. Und in der professionellen Argumentation gewinnen das engere, aber klar umrissene Detail gegenüber dem weiteren, aber deswegen notwendig auch vageren Zusammenhang und das technische, zahlenmäßig ausdrückbare Kriterium gegenüber dem »weicheren« Sinn-Kriterium leicht die Überhand. Wir sahen das am Argumentationsschema der Verkehrsplanung. Doch ist zum einen diese Argumentationsstruktur bereits innerbürokratischen Auseinandersetzungsprozessen abgelesen. Zum anderen wird sie bei der Bestimmung von Prioritäten von dem Vorrang überlagert, den fiskalische Argumente gegenüber allen inhaltlichen gewinnen. Die zur Organisationsspitze hin zunehmende Orientierung an den Kriterien: Einnahmequellen erweitern, Einnahmenausfall vermeiden, Ausgaben sparen, Kosten abwälzen, sichert den Standort- und Erweiterungswünschen finanziell relevanter Unternehmen auch potente Fürsprecher innerhalb der Verwaltung, wenn sie mit den Absichten etwa der Stadt- und Grünplanung in Konflikt geraten – oder eine inhaltlich schlechtere Verkehrslösung erhält Priorität, weil der Finanzierungsbeitrag des Bundes größer zu sein scheint. Dagegen orientieren sich oft gerade die unteren Ränge der Hierarchie aus ihrer unmittelbaren Konfrontation mit den Problemen der Ausführung an den Interessen der »Betroffenen« und den Kriterien inhaltlicher Lösungen. Innerhalb bürokratischer Struktur aber brauchen diese Gegensätze nicht argumentativ ausgetragen zu werden, sondern können von der vorgesetzten Hierarchieebene »entschieden« werden, sei es durch Weisung, sei es, indem sie die Sache an sich zieht. Und das kraft hierarchischer Weisungsbefugnis, deren rationale Rechtfertigung sich von der Annahme herleitet, die Verwaltung sei ein Apparat zur »Vollziehung« der ihr von außen »politisch« gesetzten Programme[8]. Als planende ist die Verwaltung jedoch analog den Parteien input-Struktur der politischen Entscheidungsfindung, ohne entsprechend »von unten nach oben« strukturiert zu sein. Das hat zu der Forderung geführt, den Verwaltungen überhaupt die Planungsbefugnis zu entziehen und diese ausschließlich auf der Seite des durch Wahlen vermittelten input-Prozesses zu den Parlamenten anzusiedeln. Was Parteien und Parlamentarier danach an eigener Planungskapazität nicht aufzubringen vermöchten, sollte über »freie« Planungsteams erlangt werden, zumindest durch Planungsgruppen, die nicht selbst organisatorisch-hierarchischer Weisung unterstünden. Die Problemdiskussion ist damit aus der engen Fixierung auf das Verhältnis Planende Verwaltung – Planungsbetroffene gelöst worden und in den Zusammenhang des generellen Problems einer demokratischen Anleitung der Bürokratien »von außen« gestellt worden. In diesem Zusammenhang muß es zunächst darum gehen, ein Planungsmonopol der Verwaltungen zu verhindern und darauf zu bestehen, daß planende Verwaltungen als politisch input-Strukturen Organisationsformen erhalten, die Widerspruch und Auseinandersetzungsprozesse um die Programmalternativen gerade zur Norm erheben und ihrer Verzerrung durch die hierarchische Weisungsbefugnis entgegenwirken. Verstärkte Anstrengungen zur Anleitung der Großapparate von außen über den demokratischen Willensbildungsprozeß müssen deshalb mit Anstrengungen zu ihrer inneren Umstrukturierung einhergehen, um die internen Auseinandersetzungen der Bürokratien mit ihrem spezifischen Informationsvorsprung – nicht nur aufgrund professioneller Problemnähe, sondern auch aus der unmittelbaren Problemaufnahme während der Vollzugstätigkeit – für den demokratischen Entscheidungsprozeß fruchtbar zu machen.

3.3. Aspekte des politischen »Transfers«

3.3.1. Der »Transfer« von der Lokal- zur Zentralebene

Eine politische Gegenstrategie zur herrschenden Tendenz einer zunehmenden Bürokratisierung der Politik kann sich jedoch nicht nur auf die einzelnen politischen Ebenen für sich beziehen, sondern muß die Verknüpfungen zwischen zentraler und lokaler Ebene aufgreifen. Sie muß

[8] Vgl. dazu näher: *Grauhan*, Zur Struktur der planenden Verwaltung, in: STADTBAUWELT 22/1969, S. 132 ff.

sich dem herrschenden Einflußgefälle entgegenstemmen, wonach der Agglomerationsprozeß zentral angetrieben wird, die sozialen Folgekosten den Kommunen zugeschoben werden, wo sie sich potenzieren, während die kommunalen Ressourcen zu ihrer Linderung versiegen und das wenige zu Zwecken der zentralen Boom- und Rezessionskontrolle in Dienst genommen wird. Es kann nicht um Versuche zur Wiederherstellung kommunaler »Autonomie« gehen, denn eine auf die wirklichen Gründe eingehende Therapie der Verstädterungsprobleme ist von der kommunalen Ebene her nicht möglich. Es gilt gerade darum, der Strategie entgegenzutreten, die Krise der städtischen Lebensbedingungen als »kommunales« Problem abzutun. Die Probleme der Städte sind nicht nur die Probleme der Städte, sondern die Erscheinungsformen der Probleme der verstädterten Gesellschaft. Ansätze zu ihrer Lösung, zu einer positiven Politik der Verstädterung müssen auf allen Ebenen des politischen Systems vorangetrieben werden und können sich auch nicht nur auf die institutionellen Grenzen des politischen Systems beschränken. So verlangt schon die Inangriffnahme des Bodenrechtsproblems, erst recht des Ressourcenproblems, d. h. eine Aufhebung der fiskalischen Abhängigkeit, Mobilisierungen der Zentrale, die auch über eine Häufung lokaler politischer Mobilisierung im engeren Sinne allein nicht zu erreichen sein dürfte. Andere Problemaspekte, wie die Gestaltungsprobleme städtischer Strukturen und die Art der Organisierung öffentlicher Dienstleistungen, werden dagegen stets auf lokaler Ebene zu lösen sein.

Dennoch wird es zunächst darauf ankommen, auf der Seite des politischen input-Prozesses ein Gegengewicht zur herrschaftlichen Überformung der Kommunen durch die »höheren« politischen Ebenen auf dem Wege staatlich-administrativer Planungs-, Zuteilungs- und Regelungsprozesse zu schaffen. Ein Strang dabei wird die beobachtbare Tendenz zur Rückbindung der zentralen Amtsträger an ihre lokalen Nominierungsgremien sein. Dem innerparteilichen Weg, so schmal und umkehrbar er sein mag, kommt deshalb Bedeutung zu, weil er auf der input-Seite der einzig organisatorisch vorgeformte ist. Die politischen Ebenen sind institutionell nur auf der Seite administrativer Beziehungen untereinander verknüpft. Doch wird zunehmend die Frage zu stellen sein, ob nicht die kommunal stärker als im Staat ausgeprägten Organisationsformen demokratischer Willensbildung auch dort ihren Platz finden müssen, dort sogar ihr Potential besser entfalten können als in der Kommune. Das gilt schon von der Definition der kommunalen Vertretungskörperschaften als Entscheidungsorganen, die dem Argumentationspotential historisch fortgeschleppter restriktiver Parlamentsdefinitionen entgegenzuhalten wäre, mit dem beispielsweise immer noch behauptet wird, die »Planungshoheit« sei Sache der Regierung, was sowohl Sinn wie Buchstaben des Grundgesetzes widerspricht. Weiterhin ginge es beispielsweise darum, die plebiszitären Entscheidungsformen Bürgerentscheid und Bürgerbegehren, wie sie die baden-württembergische Gemeindeordnung wenn auch in rudimentärer Form so doch immerhin noch vorsieht, wieder auf die Zentralebene zu übertragen. Das Grundgesetz, das ausdrücklich »Abstimmungen« vorsieht, steht dem nicht entgegen, wie unter Berufung auf dessen angeblich ausschließliches »repräsentatives Prinzip« behauptet wird. Vielmehr hatte der parlamentarische Rat aus der Situation der Angst zur Zeit der Entstehung des Grundgesetzes heraus auf eine ausdrückliche Regelung verzichtet. Inzwischen haben die bayerischen Beispiele des Schul- und des Rundfunkbegehrens gezeigt, wie Referenden mit ihrem Zwang zur öffentlichen programmatischen Diskussion zur Belebung des politischen input-Prozesses beitragen können.

3.3.2. »Transfers« zwischen den Strukturen der Willensbildung

Zusammengefaßt läßt sich sagen: die politischen Parteien bedürfen der Anstöße von außen durch politische Aktionen und Gruppenbildungen ad hoc, um ihrer Tendenz zur Verherrschaftlichung von oben entgegenzuwirken. Ebenso bedürfen »spontane« Politisierungen nicht nur institutioneller Sprachrohre ad hoc, wie das Bürgerbegehren eins sein kann, sondern ebenso der organisatorischen *Verstetigung* durch jene Kräfte innerhalb der Parteien, die sich an der in Anspruch genommenen »input-Funktion« der Parteien orientieren und in innerparteilichen Auseinandersetzungsprozessen auch dazu stehen. Die politischen Prozesse auf der über allgemeine Wahlen vermittelten input-Seite insgesamt bedürfen zudem der Verbindung mit den Bemühungen um eine Umstrukturierung der bürokratischen Apparate der »Leistungsverwaltung« in politische Produktionsstrukturen, in denen die Produzenten öffentlicher Dienstleistungen nicht nur einen Freiheitsraum für den Umgang mit jenen haben, denen sie die Leistungen erbringen, sondern im Interesse dieser Leistungsbeziehung auch einen offen gelegten Zugang zum politischen Entscheidungsprozeß, der ihnen den Programmrahmen setzen soll. Entsprechend dem politischen Charakter der input-Funktion muß dieser »Planungs«-Weg innerorganisatorisch ebenfalls *politisch*, d. h. unter Ausschluß von Befehl und Gehorsam als Auseinandersetzungsprozeß organisiert sein.

Schließlich zeigt die Analyse der Verstädterung als Politikum, daß wesentliche Bestimmungsfaktoren in der Organisation des gesellschaftlichen Arbeitsprozesses liegen, daß die entscheidenden Konflikte letztlich um die Bewertung und Verteilung der gesellschaftlichen Arbeitskraft gehen und daß die Problematik der städtischen Lebensbedingungen wesentlich die der Arbeitsbedingungen mit umfaßt. Wenn von input-Strukturen des politischen Prozesses die Rede ist, können deshalb die Gewerkschaften nicht davon ausgeschlossen werden. Damit stehen auch die Formen gewerkschaftlicher Organisation zur politischen Diskussion. So fragt es sich z. B., ob die Branchenstruktur der Einzelgewerkschaften ihren politischen Funktionen gerecht wird, ob nicht eine stärkere Betonung des lokal-regionalen Organisationsprinzips angezeigt ist, mit dem der Bayerische Gewerkschaftsbund nach 1945 gerade im Hinblick auf seine politischen Aufgaben begonnen hatte[9]. Immerhin zeigt sich bereits an Einzelgewerkschaften wie der Lehrergewerkschaft und der ÖTV, daß Gewerkschaften heute mehr sind als bloße Tarifgegner der Kapitalseite im Bereich der privaten Warenproduktion.

[9] Über diesen Zusammenhang hat die Untersuchung von *Ulrich Cieplik*, Organisation und Funktion – Probleme gewerkschaftlicher Politik in Bayern 1945–1949, (Konstanzer Dissertation 1973) wichtige Aufschlüsse erbracht.

4. Stadtutopien und praktische Politik der Verstädterung

»Städtische« Lebensbedingungen in einem qualitativen Sinne, der mit dem Begriff der »Qualität des Lebens« in einer verstädterten Gesellschaft Ernst macht, müssen für die Vielen heute erst noch *produziert* werden. Wir hatten das als politisches Problem und als Problem einer darauf gerichteten Strategie politischer Willensbildung allgemein diskutiert. Inhaltlich wird es deshalb nicht nur darum gehen können, sich weiteren Verschlechterungen der realen Lebensbedingungen in den Verflechtungsräumen entgegenzustemmen, sondern um konkrete Maßnahmen zu ihrer Verbesserung.

Konkrete Vorschläge werden in vielen Stadtutopien angeboten, deren Fehler meist darin liegt, daß sie als primär technische verstanden werden. Es gilt jedoch, sie im Rahmen einer Politik der Verstädterung als Entwicklungsvorschläge ernst zu nehmen, d. h., ihre soziale Problematik in den Mittelpunkt zu stellen und zum Gegenstand politischer Willensbildungsprozesse zu machen. Das soll abschließend an einem konkreten Beispiel verdeutlicht werden. Das Verkehrssystem der Verflechtungsräume gilt gegenwärtig weithin noch als der Kernbereich notwendiger Innovation. So ist z. B. die Entwicklung eines neuen Massenverkehrsmittels, »das die Vorteile des KfZ mit denen des Schienenverkehrsmittels kombiniert«, der einzige inhaltliche Reformpunkt (neben Steuer- und Bodenrechtsreform), den Hans-Jochen Vogel als zur Verbesserung der Lebensqualität in den Verflechtungsräumen notwendig angegeben hat. Für ihn ist das »in erster Linie« ein Problem der »Technologie«[10]. Doch auch eine vergleichsweise so bescheidene Utopie wie diese, die an Versuche zur Entwicklung einer sogenannten »Kabinenbahn« anknüpfen kann[11], ist »in erster Linie« ein soziales Problem, das unter dem Aspekt politischer Zielkriterien diskutiert werden muß. So wäre zu fragen: Welche Wirkungen hätte ein solches Verkehrsmittel auf die Stadtstruktur und die Lebensbedingungen derer, die in ihr wohnen und arbeiten? Absehbar ist, daß die damit gewaltig vervielfältigte Verkehrskapazität den Trend zur Funktionstrennung weiter fördern würde: erleichterter Überallverkehr macht Arbeitsplätze und Wohnstätten noch weiter voneinander unabhängig. Die Folge wäre ein

[10] *Vogel*, a.a.O., S. 315.

[11] In USA u. a. von Ford und General Motors, vgl. DER SPIEGEL, Nr. 23/1972, S. 130–132, in der BRD dagegen bisher gerade nicht von den Autokonzernen, sondern z. B. von Krauss Maffei, Messerschmitt/Bölkow/Blohm, Demag, vgl. *Linder*, Nahverkehrsplanung und städtische Lebensbedingungen, a.a.O. (Vorwort), S. 220, Anm. 20.

erleichterter und vervielfältigter Zwangsverkehr für die Berufstätigen, ein »Zwangsverkehr im Luxuskäfig«, wie man ihn genannt hat, dessen gewaltige Investitions- und Betriebskosten in der gegenwärtigen Produktionsstruktur letztlich von den Arbeitnehmern selbst getragen werden müßten: über die Fahrpreise und/oder über die Steuern, selbst im Falle eines »Null-Tarifs«. Vogel selbst hat die Rechnung aufgemacht, wer im Falle der Steuerfinanzierung die Zeche zu zahlen hätte: »Ich habe ausrechnen lassen, was herauskäme, wenn man in München alle Einkommen über 100 000 DM nicht nur wie jetzt zu durchschnittlich 47 Prozent, sondern zu 90 Prozent wegsteuern würde. Eine solche enteignungsähnliche Steuer erbrächte im Jahr rund 86 Millionen DM. München benötigt aber allein für die dringendsten Investitionen zusätzlich 550 Millionen DM im Jahr. Es werden also alle, auch die Durchschnittsverdiener, ihren Beitrag leisten müssen.«[12]

Ein Kabinenbahnsystem ist also keineswegs »in erster Linie« ein technologisches Problem. Es ist zuallererst ein Problem der sozialen Vorteils- und Lastenverteilung: haben diejenigen, die es benutzen sollen, überhaupt ein Interesse daran, in noch verstärktem Maße kreuz und quer im Siedlungsraum herumreisen zu müssen, um Arbeits-, Einkaufs- und Erholungsstätten zu erreichen? Ist ihnen dieses Ergebnis so viel wert, um einen noch viel größeren Anteil ihrer Arbeitskraft dafür einzusetzen? Und zwar in der gegenwärtigen Struktur der Wertschöpfung dadurch, daß sie noch viel mehr Waren produzieren und kaufen müssen, weil nur die Wertschöpfung in der Warenproduktion die Gelder – über die Lohn- und Einkommenssteuer oder den aus dem Arbeitseinkommen gezahlten Fahrpreis – erbringt, mit denen das Verkehrssystem bezahlt werden muß. »Die Politik« jedenfalls würde mit der Förderung eines solchen Mammutprojekts keineswegs bereits »ihren Primat gegenüber der Wirtschaft« durchsetzen, »ihr Ziele stecken«[13] können, wie es bei Vogel heißt. Sondern das »ökonomische System« würde noch weiter »über seine Grenzen hinauswuchern«. Ehe daher unbesehen ein Kabinenbahnsystem als »einzig richtige« und als solches schon »fortschrittliche« Lösung ausgegeben und angenommen wird, so daß nur noch das technische Problem als erwähnenswert erscheint, wären in einer *politischen* Diskussion zunächst die Alternativen zu erörtern, die statt weiterer Förderung eine Einschränkung des städtischen Verkehrs vorschlagen. Auch hierzu gibt es »stadtutopische« Entwürfe, die auf eine räumliche Annäherung von Arbeiten, Wohnen, Versorgen und Erholen abzielen[14] und damit Zwangsverkehr so weit wie mög-

[12] *Vogel,* a.a.O., S. 310.
[13] A.a.O., .S 309.
[14] Vgl. *Wolfgang Roth* (Hrsg.), Kommunalpolitik für wen?, a.a.O., S. 74 und im Rahmen eines Verkehrskonzepts, S. 98.

lich überflüssig machen wollen[15]. Dem liegt ein Begriff städtischer Lebensweise als *Vergesellschaftungsform* zugrunde, einer städtischen Gesellschaft, die nicht primär Reisegesellschaft ist. Hier läge die Priorität bei Maßnahmen zur Förderung quartiermäßiger »Funktionsmischung«, die Verkehr nicht erzwingt und ihm deshalb auch keinen Vorrang einräumt. Die politische Problematik eines solchen Konzepts liegt ebenfalls auf der Hand: Zunächst wäre eine grundsätzliche Änderung in den Kriterien der Bodennutzung erforderlich, eine Zurechnung nicht nach dem höchsten Bodenertrag durch Wertschöpfung in der Warenproduktion – wobei die Aufteilung des Ertrags zwischen Grundeigner und Produktionsunternehmen ein internes Problem darstellt –, sondern nach politisch diskutierten Kriterien der Nutzungszuordnung unter dem Aspekt der Lebensqualität der Bewohner. Das setzte nicht nur eine Bodenrechtsreform voraus, die die politische Verfügung über die städtische Bodennutzung ermöglicht. Zugleich wäre damit ein Eingriff in das Standortkalkül der Unternehmen verbunden, das nicht mehr nach einzelbetrieblichen Kriterien »optimiert« werden könnte. Bei Fortbestand des Bodenmarkts wären öffentliche Mittel erforderlich, nicht nur um den Wohnungsbau mit den notwendigen Versorgungseinrichtungen zu fördern, sondern auch um dezentrale Standorte für Unternehmen begünstigen zu können. D. h., kurze Wege zwischen Wohn-, Arbeits- und Versorgungsstätten müssen in jedem Falle politisch produziert werden. Andererseits müßten einzelbetrieblich günstige Standorte politisch verhindert werden können, wenn sie nach den inhaltlichen Nutzungskriterien fehl am Platze sind. Damit wäre zugleich die Dominanz der Kriterien der Betriebsrationalisierung in Frage gestellt: das gilt nicht nur für die Abwälzung »externer Effekte« durch die verschmutzenden Produktionsstätten, die arbeitsplatznahes Wohnen verhindert, sondern auch für die Betriebsgrößen und -formen, die sich in eine Struktur städtischen Lebens, das Wohnen, Versorgen und Erholen mit umfaßt, fügen müssen. Arbeitsplatzstruktur und Arbeitsbedingungen, die vielberufene »Humanisierung der Arbeitsverhältnisse« ebenso wie die Gestaltungsprinzipien von Betriebs- und Bürogebäuden würden dann zu Gegenständen der politischen Diskussion.

Die Aufwendungen hierfür müßten in der gegenwärtigen Produktionsstruktur aus öffentlichen Mitteln bestritten werden, wobei im Bereich der Warenproduktion bei Zwangsauflagen mit Produktionseinschränkungen und Stillegungen zu rechnen wäre. Schon ein verringertes Verkehrsaufkommen ergäbe auch ein verringertes Bruttosozialprodukt. Die neu anfallenden Nutzen aber, wie eingesparte Fahrtkosten und Gewinne an freier Zeit und Wohlbefinden für die Berufstätigen, erscheinen in der BSP-Rechnung nicht. Sie würden sich in ihr sogar über ver-

[15] Ausführlicher dazu: *Linder*, a.a.O., S. 229–232.

minderte weitere Aufwendungen, beispielsweise für stress-lösende Arzneimittel und ärztliche Behandlungen, noch zusätzlich negativ ausdrücken. Damit sind Verminderungen der Steuererträge bei gleichzeitiger Belastung der öffentlichen Haushalte durch vermehrte Förderungsmaßnahmen verbunden. Die Gründe der strukturellen Fiskalkrise und die Alternative einer Produktion, die sich an politisch diskutierten Präferenzen der Bevölkerung orientiert und die wirklich knappen Ressourcen ohne die Verzerrungen derWarenform kalkuliert, werden so aus dem konkreten Prblemzusammenhang heraus zum politischen Thema.

Uns kam es hier darauf an, anhand des anscheinend so unproblematischen Kabinenbahnvorschlags und der Alternative: Vermehrung oder Verminderung des städtischen Massenverkehrs, zu der er unausgesprochen Stellung bezieht, die zugrundeliegenden politischen Problemknoten aufzuzeigen, die die politische Diskussion und Willensbildung zunehmend herausfordern. An Vorschlägen mangelt es nicht, ebensowenig an Anlässen zu ihrer politischen Diskussion: Die Entwicklung unserer Gesellschaft vollzieht sich krisenhaft, als Abfolge sich zuspitzender Entscheidungssituationen, deren Ergebnis Fortschritt, aber stets auch Rückschritt sein kann. Die Dauerkrise der städtischen Lebens- und Arbeitsbedingungen wird erfordern, daß den im Gewande »technologischer« Argumentation auftretenden administrativen Handlungsstrategien mal für mal politische Alternativen entgegengestellt werden, die in Konfliktprozessen durchgehalten werden müssen. Wahrscheinlich werden die herrschaftlichen Strategien stets darauf hinauslaufen, den Lebenszusammenhang von Arbeiten, Wohnen, Versorgen und Erholen nach dem Prinzip des »teile und herrsche« auseinanderzureißen, steigendes Verkehrsaufkommen unter dem Markenzeichen »forschrittlicher Mobilität« als Alleslöser anzupreisen und strukturelle Alternativen als »zu teuer« abzutun. Damit werden aber auch immer wieder die bürokratisch-großbetrieblichen Strukturelemente unserer verstädterten Gesellschaft und ihr über die fiskalische Abhängigkeit der Staatsbürokratien vermittelter Zusammenhang zum politisch-demokratischen Ärgernis. Verstädterung im Sinne einer »Möglichkeit aufklärerisch gelungener Vergesellschaftung« ist alles andere als ein selbsttätiges Entwicklungsgesetz des gegenwärtigen Verstädterungsprozesses unserer Gesellschaft. Doch obwohl die dominanten Kräfte in die Richtung der Verstärkung ihrer herrschaftlichen Strukturelemente drängen, bleibt aufgrund der Widersprüchlichkeit dieser, unserer Gesellschaft selbst die andere Möglichkeit *als Möglichkeit* in die Zukunft hinein offen. Soll sie realisiert werden, so müssen ihre weiteren Schritte entgegen der Durchsetzungskraft der strukturell gut abgesicherten Gegenkräfte unter Anspannung aller hierfür verfügbaren Kräfte in jeder größeren oder kleineren Entscheidungssituation politisch neu gewählt werden.